W0349475

Caroline Pigozzi

Franco-italienne, Caroline Pigozzi a étudié le droit et la gemmologie à Paris, et le journalisme à la New York University School of Journalism. D'abord journaliste politique au *Figaro Magazine*, elle devient ensuite grand reporter à Paris Match. Elle se fait alors connaître notamment en tant que spécialiste des questions religieuses et s'affirme comme l'une des rares femmes journalistes entretenant des rapports privilégiés avec le pape Jean-Paul II.

Elle est l'auteur de nombreux best-sellers parmi lesquels *Le Pape en privé* (2000), *Jacques et Bernadette en privé* (2002), *Ambassadeurs de Dieu* (2007), *Les Robes rouges* (2009), *Le Vatican indiscret* (2012) et, tout récemment, *Ainsi fait-il* (2013), écrit avec le père Henri Madelin. Son ouvrage, *Jean-Paul II intime* a été traduit en huit langues et a obtenu la médaille de vermeil de l'Académie française en 2006.

LE VATICAN
INDISCRET

CAROLINE PIGOZZI

LE VATICAN INDISCRET

Édition revue, corrigée et augmentée par l'auteur

PLON

FSC
www.fsc.org
MIXTE
Papier issu de sources responsables
FSC® C003309

Pocket, une marque d'Univers Poche,
est un éditeur qui s'engage pour la préservation
de son environnement et qui utilise du papier fabriqué
à partir de bois provenant de forêts gérées
de manière responsable.

Le Code de la propriété intellectuelle n'autorisant, aux termes de l'article L. 122-5, 2° et 3° a, d'une part, que les « copies ou reproductions strictement réservées à l'usage privé du copiste et non destinées à une utilisation collective » et, d'autre part, que les analyses et les courtes citations dans un but d'exemple et d'illustration, « toute représentation ou reproduction intégrale ou partielle faite sans le consentement de l'auteur ou de ses ayants droit ou ayants cause est illicite » (art. L. 122-4).
Cette représentation ou reproduction, par quelque procédé que ce soit, constituerait donc une contrefaçon, sanctionnée par les articles L. 335-2 et suivants du Code de la propriété intellectuelle.

© Plon, 2012
© 2014, Pocket, un département d'Univers Poche,
pour la présente édition
ISBN : 978-2-266-24238-7

À mes filles tendres
Marina et Cosima
À celles et ceux que j'aime
En mémoire de Marilou, ma mère,
et de Henri-Théodore Pigozzi, mon père.

« Toute chose appartient
à qui la rend meilleure. »

Bertolt BRECHT,
Le Cercle de craie caucasien.

AVANT-PROPOS

Pourquoi j'ai écrit ce livre

Benoît XVI venait, ce matin-là, en toute solennité, de remettre la barrette rouge à vingt-quatre cardinaux italiens et étrangers. Dans les fastes et les ors du décor grandiose et baroque de Saint-Pierre, la Rome céleste avait, selon la tradition, offert le 21 novembre 2010 une majestueuse cérémonie commentée simultanément par Fabio Zavattaro, pour la chaîne TG Uno, dans la basilique, et par moi-même en studio. Remontant dans ses appartements privés après la grand-messe, le Saint-Père allait donner depuis sa célèbre fenêtre sa bénédiction *urbi et orbi*. Le chronomètre m'indiquait qu'il ne me restait plus qu'une minute d'antenne. Je suivais le pape sur mon écran de contrôle, lui, entouré des techniciens de la RAI[1], me voyait du sien, quand Zavattaro me demanda de conclure car, à midi, l'évêque de Rome devait parler. Paniquée, sans vraiment réfléchir, je lançai alors à la surprise générale dans le micro : « Très Saint-

1. Télévision nationale italienne.

Père, je vous passe l'antenne ! – Je vous remercie et vous bénis ! », me répondit posément Benoît XVI. Je tremblais d'émotion. L'espace de quelques secondes, devant des millions de téléspectateurs italiens, j'avais dialogué en direct avec le représentant de Dieu sur Terre ! C'est ce jour-là, à cet instant précis, que j'ai décidé d'écrire un nouveau livre sur le pasteur d'un milliard deux cents millions d'âmes[1]. Non pas pour courir derrière les brebis du Seigneur ni parler de théologie, j'en serais bien incapable, mais pour tenter de décrypter le Vatican actuel. De toute manière, le catholicisme dans ses œuvres humanitaires et sociales m'attire davantage que le dialogue avec Dieu. La voix si calme de Joseph Ratzinger m'incitait à me relancer dans une enquête approfondie sur lui et ses proches, sur un Saint-Siège qui, défait de sa « polonitude », ne s'est pas pour autant « germanisé ». De plus, je me disais que, le jour lointain et historique où les quelque trois milliards de chrétiens d'Occident et d'Orient, frères séparés depuis mille ans, réussiraient de nouveau à s'unir, la souveraineté du pape ne serait plus qu'une Primauté d'honneur dont le siège apostolique, la cité du Vatican, n'aurait d'autre raison d'exister que symbolique. Ce au même titre que le Phanar, représentation officielle du Patriarcat œcuménique de Constantinople à Istanbul, ou l'Église des Douze-Apôtres à Moscou, lieu sacré de l'orthodoxie russe. Alors, puisque le temps de Dieu n'est pas celui des hommes, j'avais encore la possibilité de m'absorber dans un minutieux travail.

---

1. Le chiffre exact d'après les dernières statistiques du Vatican est de 1 195 671 000, arrondi à un milliard deux cents millions, car les chiffres officiels datent du 31 décembre 2010.

Le Vatican, baigné d'une chaude lumière, et ses monuments patinés par les siècles dégagent d'emblée une atmosphère particulière, où de dignes prélats et des cardinaux parfois sincèrement humbles s'inclinent et s'effacent, quand d'autres, vaniteux, préfèrent porter au quotidien la soutane rouge plutôt que le costume sombre de clergyman à col romain. Une manière de les repérer de loin, eux qui, vus d'hélicoptère place Saint-Pierre, ressemblent à des bêtes à bon Dieu !

Alors, une fois encore, je me suis plongée dans leur univers fascinant. Au cœur de cette capitale de la spiritualité où règnent le savoir-faire, l'intelligence, la sainte prudence… mais également la solitude. Lorsque j'avais recueilli les confidences de vingt cardinaux pour mon précédent ouvrage[1], j'avais été impressionnée par leur isolement surprenant. Ayant eu le privilège d'avoir pu découvrir ce qui se trame au fil des jours dans cette enceinte, j'ai tenu à en faire franchir les épaisses murailles à mes lecteurs. Ainsi pourront-ils partager le fruit de mes recherches, de mes interviews, de mes rencontres. Après une nouvelle enquête de deux ans et demi où, presque chaque jour, j'ai pris des notes, sur le dos d'enveloppes, sur des fiches, des bouts de papier, sur mes cahiers, partout, tout le temps, pour enfin terminer ce récit au cap d'Antibes, face au sanctuaire de La Garoupe d'où, régulièrement, le dimanche, j'entendais des cantiques s'élever vers le ciel. Dans cet endroit béni, berceau de ma jeunesse, les odeurs apaisantes des embruns de la Méditerranée, qui me rassurent lorsque je prends la plume, m'ont rappelé que cette insatiable curiosité pour les arcanes

1. *Les Robes rouges*, DDB/Plon, 2009.

du Vatican était sans doute inscrite dans mon ADN. En effet, Henri Théodore Pigozzi, mon père, capitaine d'industrie à la tête des usines Simca, rendait souvent visite dans les années 1950 à Mgr Angelo Giuseppe Roncalli[1], nonce à Paris. Tous deux, Italiens du Nord, avaient le même accent, et c'était alors pour mon père, qu'on considérait encore un peu comme un « rital », une grande fierté d'être reçu par le futur pape Jean XXIII. Il lui arrivait souvent de mettre une Simca à sa disposition – au sortir de la guerre, le garage de la nonciature de l'avenue du Président-Wilson n'était pas riche ! Plus tard, il racontera cela en famille avec bonheur. Et comble de tout, à cause des hautes responsabilités qui avaient été les siennes, à mes débuts de journaliste mes confrères me traitaient de « fille d'archevêque » ! Mon destin était scellé.

Enfant, ma gouvernante bolonaise, Mimi, voulant retrouver l'atmosphère de sa paroisse natale, ne résistait pas à m'emmener au cinéma voir et revoir les aventures de Don Camillo. Les intrigues du curé de village et de Peppone, le maire communiste de Brescello, qui n'avaient plus de secret pour moi, contribueront à éveiller ma curiosité sur ce milieu à l'époque lointain. Quelques années plus tard, je reçus la confirmation du cardinal-archevêque de Paris Maurice Feltin. J'étais si troublée par sa solennité lorsqu'il traça sur mon front le signe de croix avec le saint chrême que je bafouillai un *Pax tecum* – « Que la Paix soit avec toi » – au lieu de répondre « Amen » ! Il me regarda, les sourcils en accent circonflexe. Le dialogue avec les hauts prélats venait, ce dimanche, de se nouer à jamais ! Il se renforça

1. A été nonce apostolique de 1944 à 1953.

à Saint-Dominique de Rome où, pensionnaire, je fis la connaissance du père Poupard, notre aumônier. Celui-ci habitait chez les sœurs. Il travaillait à la section française de la secrétairerie d'État[1] et nous répétait : « La culture, c'est comme la confiture, moins on en a, plus on l'étale ! » Notre prêtre angevin aimait aussi émailler sa catéchèse de récits sur le pape Montini. Grâce à lui, nous avions l'impression de pénétrer dans le Vatican. Ce pensionnat réputé, où étudiaient des Italiennes de la « noblesse noire[2] », recevait également des enfants de diplomates, dont Gabrielle de Habicht, qui était dans ma classe. Son père, Mieczyslaw de Habicht, polonais, avait été nommé par Paul VI vice-secrétaire du Conseil pontifical pour les laïcs, puissante organisation internationale catholique instituée par Paul VI. Coïncidence inouïe, ses parents étaient de grands amis d'un cardinal au nom alors imprononçable, Wojtyła[3], qui s'arrêtait toujours chez eux piazza San Callisto[4] lorsqu'il était à Rome. Il y jouait aux cartes, priait dans leur langue maternelle et fêtait surtout chaque année avec eux le 4 novembre, la Saint-Charles, car la vicomtesse de Habicht se prénommait Charlotte. Ils étaient d'ailleurs si proches que le soir même de son élection, Jean-Paul II leur téléphona et leur dit : « Désormais, vous viendrez chez moi pour la Saint-Charles ! » Cette parenthèse pour expliquer pourquoi Gabrielle nous

---

1. L'équivalent à la fois de Matignon et du Quai d'Orsay.

2. Les nobles qui sont restés fidèles au pape après 1870 s'habillaient à l'espagnole, en noir, en tant que fonctionnaires de l'administration, c'est-à-dire celle d'Église.

3. En 1965, lors d'un voyage en Pologne, Charlotte de Habicht apporta à Cracovie au jeune Karol Wojtyła des dizaines de documents sur le catholicisme qu'elle avait dissimulés dans ses valises.

4. Appartement occupé depuis par le cardinal Poupard.

parlait souvent de ce personnage polonais, dont j'avais retenu le prénom, parce que jusque-là, pour moi, Caroline, Karol était uniquement féminin, et, de surcroît, s'écrivait avec un « C » ! Mais comment aurais-je pu imaginer à l'époque, dans ce pensionnat pour jeunes filles bien nées, où, bercées de cantiques, on nous apprenait à parler au clergé et à un confesseur, que quelque trente années plus tard, je me trouverais face à Karol Wojtyła dans son palais pontifical !

En fait, ma providentielle camaraderie avec Gabrielle me sauva. Elle me propulsa même, car, sur la fiche de renseignements qui avait été donnée au pape, était mentionné que j'avais étudié à Saint-Dominique. Il avait souvent entendu les Habicht parler de ce collège, qui, de plus, se trouve via Cassia, presque en face de l'Institut Jean-Paul II. Ainsi le pape me situa-t-il immédiatement, ce qui était à la fois rassurant pour lui et pour son entourage méfiant. Mon passé plaidait en ma faveur et le Ciel était avec moi !

À Saint-Do, nous baignions dans la liturgie, les psaumes, le latin, le chant grégorien. Les bonnes sœurs nous apprenaient à tomber à genoux devant le hiératique Paul VI (chez qui nous avions l'honneur d'être reçues une fois l'an en audience élargie) et qu'il ne fallait jamais saisir la main d'un cardinal mais baiser son anneau et l'appeler « Monsieur le cardinal » en lui donnant le prédicat d'Éminence et surtout pas d'Excellence, comme à un évêque. Nous étions donc armées pour côtoyer les ambassadeurs de Dieu.

Notre école, maison mère de la Congrégation, a toujours eu la mission d'accueillir d'insignes personnalités religieuses. Les cardinaux Tisserant, Philippe,

Etchegaray, Ouellet, Cottier et Poupard… y venaient donc régulièrement, et y habitaient parfois. Comme le cardinal Gantin, futur doyen du Sacré Collège, puis après lui l'archevêque de Vienne et dominicain Christoph Schönborn, rédacteur en chef du *Nouveau Catéchisme*, avec le concours appuyé de Joseph Ratzinger. Il résida là deux années, où l'actuel pape venait le voir. Dans ce même pensionnat, l'on apercevait à l'heure du déjeuner des couples d'amoureux dans de petites voitures stationnées sur la colline voisine, qui appartenait aussi aux sœurs. Plutôt que de les déloger, ces dernières, indulgentes, avaient décidé de baptiser cet éden défendu « le mont du Péché » ! Mère Marie Johannès nous inspirait la tolérance. Grande figure des Dominicaines, vêtue d'une tunique crème serrée par une ceinture de cuir, voile noir et bandeau blanc laissant voir son front et éclairant son visage énergique, cette « faiseuse de cardinaux » avait sur nous un réel ascendant. Nous avions subi auparavant de sournoises religieuses, du genre sœur Marie des Petits Pieds de Jésus ou mère Blanche du Tabernacle entrouvert… Le dimanche, la prieure, qui avait le sens du décorum, invitait parfois le cardinal Tisserant, évêque de Porto et Santa Rufina, diocèse de sa congrégation, à célébrer la messe dans leur chapelle privée. Cet éminent personnage au regard d'aigle avait une telle allure, avec sa barbe grise taillée à la manière des cardinaux de la Renaissance, que, dès les premiers instants, il m'impressionna. Lorsque je vis arriver le doyen du Sacré Collège, vêtu de sa cape écarlate, la croix scintillante attachée à une lourde chaîne d'or, la main droite ornée d'un anneau serti d'une améthyste lui couvrant un tiers du doigt, je fus à jamais intriguée et éblouie par les princes de l'Église, que les croyants applaudissaient comme au théâtre dès qu'ils entraient en « cène ». Ce cardinal lorrain, au panache inimitable, incarnait, au-delà de sa prestigieuse fonction, le gaullisme résistant de la première heure. Auréolé de gloire, grand-croix de la Légion d'honneur, académicien, diplomate, homme de terrain qui présida deux conclaves et un concile, il avait une aura qui dépassait largement le cercle des bien-pensants et nous ramenait à l'histoire récente de notre pays. Quant à moi, encore naïve, j'imaginais que tous les cardinaux avaient la même prestance. Maintenant différents, les membres du Sacré Collège ont remplacé la barbe à la Mazarin[1] par de fines lunettes cerclées d'or[2], mais ils demeurent, comme Eugène Tisserant, toujours aussi érudits et diplômés. Néanmoins, je ne me serais jamais imaginé pouvoir entretenir des relations d'une respectueuse complicité avec un personnage aussi illustre, ni me rendre au cirque avec lui, comme ce fut le cas avec le cardinal Lustiger, émerveillé, ce soir de décembre 2005, de voir sur la piste de sciure l'éléphante Cindha et son dompteur Firmin Gruss ; ou de me faire pardonner d'avoir une année offert pour Noël à un digne prince de l'Église, en inversant les paquets, des boucles d'oreilles gitanes en guise de boutons de manchettes ! Enfin d'entretenir une relation assez chaleureuse avec un cardinal pour l'inviter chez moi dans le Midi, escorté de son quarteron de religieuses en robe sombre…

1. À la manière des cardinaux qu'ont peints Raphaël et Titien.
2. Ils portent tous les mêmes montures comme s'ils fréquentaient le même opticien !

Preuve qu'au XXIe siècle on peut avoir à la fois de l'esprit et de l'ambition. De fait, à en croire le père Benoist de Sinety, curé de Saint-Germain-des-Prés : « Il y a deux choses chouettes dans l'Église : curé ou pape ! » Et s'il avait raison ?

1

L'infernale semaine
où tout a basculé

Vendredi 25 mai 2012. Au Vatican, le 066 983 103 sonne dans le vide depuis ce matin. Le numéro de Paolo Gabriele, le majordome du pape, ne répond plus. Étonnant. De quoi provoquer la curiosité d'une journaliste méfiante ! Je recompose plusieurs fois les neuf chiffres… En vain. Comment donner crédit à ce que je viens d'apprendre ? Celui qui, l'avant-veille encore, était assis aux côtés du chauffeur de la Jeep blanche immatriculée SCV 1, le véhicule le plus célèbre du monde, celui du pape, le conduisant place Saint-Pierre à l'audience générale du mercredi, vient d'être arrêté chez lui. C'est le commandant de la gendarmerie vaticane, Domenico Giani, qui s'est rendu près de la porte Sainte-Anne, près du service photographique, dans le petit immeuble de quatre étages où vivait Gabriele. C'est là qu'ont été découverts des documents « réservés », émanant du bureau personnel de Benoît XVI. L'homme de 46 ans qui a été appréhendé est soupçonné du « vol aggravé » de multiples lettres privées et de fax, adressés au pape et tous rédigés en allemand. Ces missives, dont certaines étaient annotées de la main de Sa Sainteté : « À détruire », auxquelles il n'avait en théorie pas accès, car elles étaient sur le bureau de son secrétaire particulier, Mgr Georg Gänswein, ont été retrouvées, sans explication rationnelle, dans le sulfureux ouvrage à sensation de trois cents pages écrit par Gianluigi Nuzzi, *Les Papiers secrets du Vatican*. Ce livre, publié début 2012 en Italie par les éditions Chiarelettere, a rendu publiques des correspondances souvent délicates, confidentielles et totalement inédites de Benoît XVI. Des notes parfois techniques. Résultat : le secrétaire du pape interroge alors chacun des membres de « sa famille », c'est-à-dire ceux qui vivent dans l'appartement et le premier cercle de ses collaborateurs. Les réponses sont négatives. Gänswein se tourne ensuite vers Paolo Gabriele. Il a soudain le regard du lapin albinos pris dans les phares d'une automobile… lui qui était justement toujours dans celle de son « maître » ! L'homme commence par nier les faits. Il est pourtant très vite arrêté par les gendarmes du Vatican. Immédiatement « mis à l'ombre » dans une petite pièce de la gendarmerie pontificale, non loin de Saint-Pierre, c'est devant eux qu'il avouera avoir dérobé les fameux documents. Une confession qui confirme les soupçons du secrétaire qui, à la demande du pape, avait lancé une minutieuse enquête avec des écoutes téléphoniques et des filatures. Mais ce scandale est difficile à gérer car il a été commis dans les murs. Gabriele est citoyen de la cité du Vatican, État souverain et non italien. De ce fait, le délit relève de sa juridiction et est pris en charge par un juge d'instruction du Saint-Siège selon une procédure interne et secrète. En effet, les accords du Latran signés par Pie XI et Mussolini le 11 février 1929, révisés en 1984, ont établi une législation vaticane civile et pénale, dotée de son propre tribunal et de ses magistrats. Ce qui suscite bien des fantasmes, d'autant que, dans ce cas inédit, l'enquête de terrain est menée conjointement par une commission de trois cardinaux nommés par Sa Sainteté. Des juristes confirmés, mais tous de sa génération – l'Espagnol Julián Herranz, 82 ans, lié à l'Opus Dei, le Slovaque Jozef Tomko, 88 ans, et l'ancien archevêque de Palerme, Salvatore De Giorgi, 81 ans.

Pendant ce temps, hors les murs, parodiant le titre d'un roman de Ian Fleming, *Casino Royale* – dont le héros, l'agent secret James Bond, *alias* 007, agit pour le compte de Sa Gracieuse Majesté –, on parle maintenant de « *Casino Generale* » (« Bordel général ») en affublant également Paolo Gabriele d'un « 007 » pour sept années passées au service de Sa Sainteté[1]. Là, point de blondes fatales, de dom pérignon, de palaces, mais des hommes de l'ombre, des vignes du Seigneur et de grandioses palais dans un univers déjà fragilisé depuis des mois.

Triste ironie du sort, alors qu'un violent tremblement de terre secoue le monde catholique, un séisme de magnitude 5,8 frappe la même semaine l'Émilie-Romagne[2], faisant vingt-trois morts, trois cent

1. Deux ans comme aide d'Angelo Gugel, le majordome vénitien qui servit avec fidélité et panache trois papes successifs – Albino Luciani, Karol Wojtyła et Joseph Ratzinger à ses débuts, jusqu'en 2006 – et cinq années seul à occuper cette digne fonction.

2. Le pape s'est rendu en hélicoptère en Émilie-Romagne en juin 2012 notamment à Rovereto di Noli où le curé de l'église Sainte-Catherine est mort dans le séisme.

cinquante blessés et un disparu. Comme si les forces du Mal s'abattaient soudain sur Benoît XVI. Après avoir prié pour les victimes de Mantoue, Ferrare et Modène, le pape a dû affronter cette même semaine une autre vaste secousse qui a poussé de hauts prélats indignés à évoquer, avec perfidie, l'« été catholique » après le « printemps arabe[1] »...

La nouvelle avait de quoi stupéfier ceux qui connaissaient Paolo Gabriele, distingué serviteur qu'on avait pris l'habitude de voir auprès de Benoît XVI dans ce solennel et imposant décorum. Difficile d'imaginer soudain cet homme silencieux, que le pape appelait par son prénom, se muer seul en machiavélique cerveau d'une opération destinée à le déstabiliser, bien qu'il se soit selon l'instruction déclaré « imprégné du Saint-Esprit pour ramener l'Église dans son droit chemin ». Même si, depuis, huit accusations ont été retenues contre lui : vol aggravé, violation du secret, délit contre l'État, outrage contre les institutions de l'État, calomnie, diffamation, participation de plusieurs personnes à un délit, complicité. Un mauvais scénario, trop simple et limpide, selon les spécialistes, qui a incité un cardinal de la Curie à me murmurer : « Si ce n'est pas vrai... c'est bien trouvé ! » Ainsi évoque-t-on désormais au Vatican davantage les corbeaux que les symboliques colombes de la paix !

En vérité, ce valet muet de 46 ans, si stylé, cravate sombre, costume gris, qu'on aurait pu le croire tout droit échappé d'une œuvre de Luchino Visconti, occupait avant cela de modestes fonctions d'homme de

1. Révolte qui, à des degrés divers, a touché en 2011 la Tunisie, la Libye, l'Égypte, la Syrie, Bahreïn et le Yémen.

ménage[1] à la préfecture de la Maison pontificale, où il avait appris la rigueur et l'humilité… Un être discret, distingué, dévoué : les incontournables « d » du triptyque indispensable pour tenir cette place convoitée auprès de l'Évêque de Rome. Une des seules qui soient entre les mains d'un laïque, et jusque-là confiée à un gendarme. Or celui qui a endossé l'habit de héros d'un triste roman de Pentecôte[2] a été l'élève d'Angelo Gugel. « Paoletto », comme le surnomment les vaticanistes, dont le titre exact est « aide de chambre », avait donc été à bonne école et, employé exemplaire, pouvait espérer hériter de cette fonction à la retraite de Gugel[3]. De plus, il était bien vu à l'extérieur parce qu'il distribuait largement médailles à l'effigie du pape, porte-clés et chapelets à tous ceux qui approchaient Benoît XVI lors des cérémonies dans les appartements privés, et on appréciait surtout sa vigilance de chaque instant. Du matin au soir, il ne quittait pas des yeux son « patron », anticipait chacun de ses gestes lents, le protégeait. Je me souviens avec quelle rapidité, lors de mon reportage en privé sur Benoît XVI en décembre 2007, il avait empêché Jean-Claude Deutsch, le photographe de *Paris Match*, de diriger son objectif sur les interrupteurs de ses appartements frappés des armoiries pontificales. Il devait avoir ses raisons…

---

1. Il n'y a pas de femme de ménage au Vatican.
2. Fête commémorant en théorie la descente de l'Esprit-Saint sur les apôtres, cinquante jours après Pâques.
3. Pour remédier aux embauches de complaisance, le Vatican va renforcer ses procédures de recrutement. Une commission de cinq membres sera chargée d'harmoniser et de sélectionner les futurs employés.

Zélé, pratiquant quasi mystique et loyal, Paolo Gabriele était au travail dès l'aube. Pendant toutes ces années, ce serviteur docile a partagé jour après jour le quotidien, les audiences publiques et les voyages du 265e successeur de saint Pierre. Il était même le seul à avoir dans sa poche les clés de l'appartement du troisième étage. Attentif, il assistait au petit matin le pape en l'aidant à s'habiller, après lui avoir préparé son camail blanc (ou son pallium pour les grandes cérémonies), puis l'accompagnait à la messe de 7 heures. Il lui apportait ensuite son petit déjeuner dans sa salle à manger. Chaque mercredi, il était à ses côtés à l'audience générale et se tenait à respectable distance lors des multiples cérémonies de la semaine. À 13 h 30, il faisait un service impeccable. Et le soir, il s'occupait du dîner, partageait même parfois un film à la télévision avec Sa Sainteté, avant de prendre congé et de lui souhaiter une bonne nuit. Certes, Joseph Ratzinger aurait pu exiger un valet allemand pour veiller sur lui, mais le pape n'aime pas bousculer l'ordre des choses. C'est pourquoi il s'est accommodé d'un Italien, apparemment au passé sans histoire. Un père de trois jeunes enfants, que la personne la plus proche du pape, Ingrid Stampa, à la fois sa traductrice, secrétaire et gouvernante, côtoyait depuis des années. Ce voisinage sympathique au cœur du Vatican avait un aspect rassurant aussi pour le pape. Depuis ces pénibles événements, il a maintenant affaire à Sandro Mariotti. Un grand gaillard sportif qui jusque-là secondait Paolo Gabriele. C'est Mgr Georg Gänswein qui a choisi le remplaçant en accord avec le préfet de la Maison pontificale, Mgr James Harvey. Comme responsable de la Floreria apostolica[1], il avait eu Sandro sous ses ordres, car c'est lui qui gérait les milliers de chaises destinées aux pèlerins lors des audiences place Saint-Pierre.

Mais comment Paolo Gabriele au départ effacé, propulsé au fil des ans dans le petit monde de Benoît XVI et vivant dans sa vénération, a-t-il pu devenir une taupe ? Comment a-t-il pu divulguer *urbi et orbi* les secrets du pape ? Comment, au sein d'un système si sécurisé, a-t-il réussi à voler également une édition rare de l'*Énéide* datant de 1581[2], une pépite d'or et ce chèque de 100 000 euros ? Enfin, comment a-t-il trouvé un complice, identifié depuis, Claudio Sciarpelletti, informaticien à la secrétairerie d'État qui travaillait au sein du gouvernement central de l'Église, tel que l'a révélé le Vatican le 13 août dernier ? Ce sont ces questions que s'est tristement posées un pape de 85 ans, le regard brouillé par ces nouvelles venimeuses. Blessé au plus profond de lui-même, Benoît XVI a depuis le sentiment qu'il ne peut même plus être sûr de ses proches. Et il a été encore plus déstabilisé par l'écho mondial de cette affaire, dont même *L'Osservatore Romano*, le journal officiel du Vatican, a été contraint de parler à la une. Quel traumatisme de voir ce genre de gros titres dans son propre quotidien ! Lui, dont l'eau de Jouvence est l'écriture, qui pensait que les crises médiatiques n'éclaboussaient que le monde politique, a soudain l'impression que le destin bégaie. D'ailleurs, il a été si

1. Le garde-meuble appelé le « grenier du pape ».

2. Adressée à Benoît XVI par l'université catholique de San Antonio di Guadalupe au Mexique.

bouleversé que, lorsque l'affaire a éclaté, le directeur de la salle de presse du Saint-Siège, *padre* Lombardi, a discrètement ordonné aux éminents prélats romains de ne rencontrer aucun journaliste. Qu'on ait pu abuser de sa confiance, qu'il lui faille du jour au lendemain se méfier de ceux qui partagent son existence privée, a perturbé Sa Sainteté bien plus qu'on ne peut l'imaginer. Il faut reconnaître que l'ex-majordome a emporté quatre-vingt-deux cartons. Lui qui n'a pas les réflexes de prudence qui caractérisaient Jean-Paul II, auquel le lourd héritage de l'Église du Silence persécutée des pays de l'Est dictait spontanément de coder son courrier, a tout à coup eu la terrible sensation d'être épié à chaque instant. Qu'on lui avait volé son intimité, qu'on le privait de ses repères. Bref, de dialoguer avec le diable, comme il l'a révélé lors de l'Angélus un jour d'août à Castel Gandolfo devant des pèlerins, expliquant que « l'hypocrisie était une pourriture de Satan ». Dans le palais apostolique, hermétique labyrinthe de prudence, personne n'est jamais seul. Chacun surveille, observe. Ce n'est pas un nid d'agents secrets, mais tout le monde espionne tout le monde… Si les murs sont recouverts d'épais damas et que les portes capitonnées n'ont pas d'oreilles, ils semblent conçus pour fabriquer des rumeurs, des intrigues, et les pas, si feutrés soient-ils, résonnent malgré tout sur les sols de marbre. Dans l'appartement, se croisent en permanence les secrétaires du souverain pontife, Mgrs Georg Gänswein et Don Alfred Xuereb, et aussi Loredana, Carmela, Cristina et Rossella[1], les quatre

1. Membres du mouvement Memores Domini.

laïques consacrées d'âge canonique[1] qui gèrent son train de maison, et puis encore son irremplaçable archiviste, Birgit Wansung, déjà à ses côtés à l'ex-Saint-Office[2]. La seule à lire parfaitement sa petite écriture, fine et régulière, à l'encre noire, dont toutes les lettres se ressemblent. Si cette laïque consacrée issue de l'Institut de Schönstatt est proche de lui, elle n'a pas, néanmoins, l'influence qu'exerçait sur Pie XII la légendaire religieuse bavaroise sœur Pascalina Lehnert. Autre présence féminine près de lui, Ingrid Stampa, allemande, haut fonctionnaire de première classe détachée à la secrétairerie d'État mais en réalité hors hiérarchie, qui suit la publication de ses ouvrages, la collaboratrice historique qui, en 1991, à la mort de sa sœur Maria Ratzinger, l'a remplacée. Auparavant professeur de musique médiévale de l'Académie de Bâle, cette femme brune de 62 ans au physique avenant joue aussi à quatre mains du piano avec Sa Sainteté. Ensemble, ils interprètent Bach et Mozart pour la plus grande joie du frère du pape, Don Georg[3], qui vient parfois passer des séjours à Rome. Impossible également d'échapper à la surveillance de l'équipe médicale installée à quelques mètres de la chambre du pape, qui se relaient vingt-quatre heures sur vingt-quatre sous la direction du Dr Polisca. Enfin, pour quitter ces lieux clos, les collaborateurs de Sa Sainteté doivent passer devant

1. Ayant dépassé la quarantaine, car autrefois, c'est à cet âge-là que l'on employait l'adjectif canonique.

2. Devenu la Congrégation pour la doctrine de la foi.

3. Ancien maître de chapelle et chef de chœur de la cathédrale de Ratisbonne.

les athlétiques gardes suisses[1] au regard inquisiteur. Ces derniers sont également chargés de monter le courrier et d'accompagner les visiteurs privés.

J'en sais quelque chose pour avoir, il y a de longues années, manqué un rendez-vous où je devais retrouver le photographe de *Paris Match* et aller immortaliser le pape Jean-Paul II qui priait en marchant dans son jardin suspendu. Il y eut un impair et je fus alors rapidement reconduite vers la sortie par deux sévères gardes suisses qui prirent l'ascenseur avec moi pour être sûrs que je n'essaierais pas de me promener dans le palais pontifical !

Il n'est donc pas si simple dans un tel contexte de se livrer à de l'espionnage ! On peut en revanche imaginer que Paolo Gabriele se soit senti en porte à faux, désabusé, affligé par l'atmosphère délétère qui règne au Vatican depuis une bonne année car il aime le pape. Un terreau favorable à la manipulation, à la faiblesse, d'autant que d'incitatrices vannes avaient déjà été ouvertes il y a trois ans par l'ex-journaliste de l'hebdomadaire *Panorama*, Gianluigi Nuzzi, auteur d'un premier livre embarrassant sur les finances du Vatican dans lequel il s'appuyait sur des documents confidentiels. Ce succès a sans doute encouragé Gabriele à entrer en contact avec lui dans le plus grand secret. Il était devenu l'interlocuteur idéal, la vitrine rêvée pour concrétiser ses frustrations car il avait aussi l'impression que les cardinaux venant à l'appartement étaient hautains avec lui

1. Créée le 22 janvier 1506 par le pape Jules II, la garde suisse compte cent dix hommes âgés au plus de 30 ans et dont la taille ne doit pas être inférieure à 1,74 mètre. Ils sont suisses originaires des cantons allemands, français et italiens.

et voulait « sauver » le pape, à ses yeux humilié. Par ailleurs, les membres du haut clergé romain et italien supportaient toujours plus mal le système pyramidal et complexe du Saint-Siège et étaient découragés de ne pas recevoir de signes positifs de l'autoritaire cardinal Bertone qui ne répondait presque jamais à leur courrier… Ainsi, Nuzzi s'est trouvé être le messager opportun pour orchestrer une cabale « anti-Bertone ». Influence de l'Opus Dei, scandales des Légionnaires du Christ[1], rapports par trop chaleureux avec l'État italien, comptes approximatifs de la banque du Vatican, dégâts de l'évêque intégriste et négationniste Williamson, surfacturations de travaux, éviction soudaine de Mgr Viganò, dons en espèces, scandale éditorial qui touche le clergé allemand dont la maison Weltbild, qui appartient aux diocèses de la mère patrie de Benoît XVI et a publié également des ouvrages érotiques. « Doux Jésus ! » s'exclame-t-on là-bas. Que de sujets épineux ! C'est pourquoi il y a des chances que le complot soit interne au Vatican. Les cardinaux vivant à l'étranger, à la tête des grands archevêchés de par le monde, débordés par leurs responsabilités, connaissent moins bien ces subtils rouages. De plus, à Rome, un cardinal ne peut être convoqué par la justice ; tout juste a-t-on le droit de l'interroger chez lui. Enfin, ce sont d'abord les

1. Dans un communiqué publié mi-octobre, le cardinal Velasio de Paolis, délégué pontifical pour les Légionnaires du Christ, accorde au père Alvaro Corcuera « une période de repos pour rétablir sa santé en vue du prochain chapitre général » prévu fin 2013 ou début 2014. « Son engagement dans une ambiance de souffrance et d'incompréhension, a-t-il ajouté, a affaibli ses énergies. » Les Légionnaires du Christ sont impliqués dans différents scandales dont certains financiers.

monsignori romains, les chefs de dicastères et leurs collaborateurs directs qui, subissant le poids, certains osent parler de « mépris », du cardinal Bertone, pourraient souhaiter s'en débarrasser… Paoletto ne supportait sans doute plus, comme tant d'autres, la cour si déférente du Premier ministre du pape. Même si de nos jours il n'y a plus de cour ni de maréchal de la Sainte Église romaine[1] ou d'intendant général… titres relégués par Paul VI aux riches heures de l'histoire du Vatican. Malgré cela, l'ambiance à l'ombre du pape restait pesante. D'ailleurs, avec des mots maladroits mais sincères, ce qui apparaît dans le réquisitoire du juge, rendu officiel le 13 août dernier, c'est que le pape était mal informé de ce qui se passait dans son État souverain. De quoi entraîner une forme de compassion chez un être gentil, aux arrêts domiciliaires jusqu'à son procès qui, pendant les quinze premiers jours de sa détention, était enfermé dans un réduit éclairé jour et nuit, officiellement pour qu'on puisse l'observer à travers le judas afin d'éviter ainsi toute tentative de suicide… S'est-il senti poussé à partir en croisade pour sauver héroïquement son maître ? De fait, pour se défendre, Paolo Gabriele explique sans détour, avec ses mots, pourquoi il a volé ces documents confidentiels. « Même si je ne savais pas jusqu'où j'aurais pu aller, j'ai ressenti le besoin d'agir pour permettre de sortir de cette conjoncture qui perdurait à l'intérieur du Vatican. Je voyais dans cette gestion certains mécanismes et scandales qui auraient pu ternir la foi. Je voyais bien que Sa Sainteté n'était pas vraiment informée sur certains sujets, ou qu'elle l'était mal. J'ai été influencé par les circonstances vécues sur

1. Titre héréditaire dévolu à la famille Chigi della Rovere.

place, en particulier par la situation d'un État au sein duquel sont réunies des conditions pouvant entraîner un scandale sur le plan de la foi, des faits qui alimentent une série de mystères non résolus, lesquels suscitent un mécontentement généralisé [...]. Je précise que, voyant le mal et la corruption partout dans l'Église, j'en suis dans les derniers temps arrivé à observer une telle dégénérescence, un tel point de non-retour, que mes freins inhibiteurs ont lâché. J'étais persuadé que le choc, tout au moins sur un plan médiatique, pouvait être salutaire pour remettre l'Église dans le droit chemin. Je pensais, en quelque sorte, que ce rôle dans l'Église était celui de l'Esprit-Saint dont je me sentais habité... » Infiltré par le Saint-Esprit, selon ses propres termes. D'ailleurs, lors du procès qui s'est déroulé du 29 septembre au 6 octobre, avec trois audiences, neuf témoins et dix journalistes sélectionnés pour en rendre compte, deux pour *L'Osservatore Romano* et Radio Vatican, et huit autres choisis par tirage pour le reste des médias internationaux, et qui n'a duré qu'une quinzaine d'heures, Paolo Gabriele a réaffirmé sa conviction d'avoir agi « par amour exclusif [...], viscéral pour l'Église du Christ et son chef visible ».

Illuminé ? Fasciné par son saint patron ? C'est en tout cas la ligne de défense sur laquelle Me Cristiana Arrù a fondé sa plaidoirie, niant tout complot ou machination. Il n'y a pas eu de réel vol de documents car les photocopies[1] ont toujours été faites en présence des personnes responsables et dans le bureau qui abrite le secrétariat

1. Pour éviter les fuites, des mesures de sécurité ont depuis été renforcées autour de Benoît XVI : cartes magnétiques, archives sous clé, obligation de signaler la photocopie d'un document.

du pape, qu'il occupait également avec ses deux secrétaires. L'avocate a souligné que l'ancien majordome n'en avait pas tiré de profit personnel. L'ex-homme de confiance n'a livré le nom d'aucun complice alors qu'il avait, avant le procès, déclaré qu'une vingtaine de personnes partageaient sa croisade, mais les juges n'ont pas souhaité entendre les personnalités de l'Église qui auraient pu éclaircir ce volet de l'affaire. Me Arrù s'est interrogée sur les motivations morales de son client. Il s'agissait pour lui « non pas de nuire à l'Église mais de l'améliorer ». Résultat ? Elle a convaincu les juges qui ne voulaient surtout pas en savoir plus. La volonté de transparence affichée par le pape n'est pas allée au-delà. Le procès a été en réalité politique dans le sens où le Vatican a seulement souhaité étouffer le scandale, et Paolo Gabriele a été condamné à un an et six mois de réclusion ; le prévenu se trouve en prison. Premier détenu de l'histoire du Vatican depuis la création de la Cité en 1929, il est aujourd'hui dans une vaste cellule, dans la caserne des gendarmes, à côté de *L'Osservatore Romano*, et espère toujours être pardonné. Qui sait ? Personne n'est dans le secret des dieux. À titre de circonstances atténuantes, les magistrats ont retenu « l'absence d'antécédents pénaux, la qualité des états de service antérieurs aux faits, la conviction subjective exprimée par l'accusé, quoique erronée quant à ses motivations, et sa conscience d'avoir trahi la confiance du Saint-Père. Il y a peu de chances que l'accusé effectue sa peine jusqu'au bout, de toute manière, il ne lui reste plus que treize mois d'incarcération et il devrait donc sortir pour Noël 2013.

Compliqué en effet d'être emprisonné ici, puisqu'il n'y a pas de cellule au sens pénitentiaire du terme, mais quelques « chambres de sécurité » près du tribunal, au pied de la colline vaticane. Dans ces lieux maudits furent envoyés les techniciens de la centrale téléphonique qui avaient commis un vol dans l'appartement de Paul VI, entraînant ainsi l'unique procès public du Saint-Siège. Après quoi ils aménagèrent sommairement, dans les bâtiments de l'ancien hôtel de la Monnaie, des logements vite réhabilités en appartements pour Agostino Casaroli, premier cardinal secrétaire d'État de Jean-Paul II. Personnage éminent qui joua un rôle-clé dans les relations avec le bloc des pays communistes, l'Ostpolitik (du Vatican), notamment quant au sort réservé aux chrétiens. Cet espace pénitentiaire avait succédé à un local semi-enterré, décrété « prison » en 1929. Une sinistre petite enclave se trouvant dans la cour de la caserne des gendarmes, via del Pellegrino, où, vingt années plus tard, fut installée la sommaire première salle de presse. De précieux mètres carrés rapidement affectés ensuite au tailleur des uniformes des gendarmes et gardes suisses.

Mais qu'en est-il de la compassion en matière de procédure dès lors que cela concerne Sa Sainteté ? Comme chef d'État souverain, il peut intervenir à tout moment en faveur du prévenu au cours de la procédure, et son indulgence peut revêtir plusieurs formes : celle d'accorder le droit de grâce ou de faire appliquer l'assignation à résidence, voire d'accorder le pardon absolu. Geste sage et généreux comme l'avait initié son prédécesseur Karol Wojtyła, passionné de théâtre dans sa jeunesse, qui avait toujours cru à l'importance de la gestuelle. Parler du pardon, c'était abstrait ; se faire, en revanche, filmer le 27 décembre 1983 à la prison Rebibbia de Rome en tête à tête avec Mehmet Ali Ağca qui avait, on s'en souvient, tenté de le tuer le 13 mai 1981, frappa l'imaginaire des fidèles.

Plus tard, s'inspirant peut-être de cette séquence qui fit avec Jean-Paul II le tour du monde, Benoît XVI se laissera filmer, le 22 décembre, dans la salle annexe de la cellule où se trouvait son ancien majordome Paolo Gabriele. Le pape vint en personne lui accorder sa grâce. Condamné en octobre 2012 à dix-huit mois de prison, ce dernier avait déjà passé (détention préventive comprise) cent dix-sept jours à l'ombre. Juste avant Noël, le porte-parole du pape, le père Lombardi, évoquant « une bonne nouvelle », souligna l'acte très paternel du Saint-Père auprès de Paolo Gabriele. Celui-ci retrouvant la liberté, sa femme et leurs trois enfants, devrait en réalité occuper une fonction modeste « hors les murs », mais néanmoins dans un organisme lié au Saint-Siège afin que les services du Vatican puissent discrètement le contrôler. Au Saint-Siège, on suit pour l'éternité ceux qui savent...[1]

Un autre dossier, cette même semaine, a encore perturbé Benoît XVI. On l'a obligé à se séparer du président de l'Institut pour les œuvres de religion[2], l'IOR, la banque du Vatican, le *professore* Ettore Gotti-Tedeschi. Personne, à ce grand âge, n'aime changer les pions de l'échiquier. Ettore Gotti-Tedeschi, diplômé en éthique des entreprises, membre de l'Opus Dei, occupait depuis trois années ce poste convoité. Une consécration pour un banquier catholique après une longue carrière dans les affaires. Et pourtant, le conseil de surveillance de la

1. Il est depuis employé à l'hôpital pédiatrique Bambino Gesù.
2. Pieux établissement financier créé en juin 1942 par Pie XII avec le concours du banquier Bernardino Nogara.

banque l'a désavoué sans ménagement. Celui-ci n'approuvait guère son zèle de transparence pour mettre l'établissement aux normes financières européennes. On ne peut comprendre ce limogeage qu'en sachant combien la culture du secret reste une obsession au Vatican. Diriger l'IOR, dont les actifs s'élèveraient à quelque 6 milliards d'euros, va dorénavant impliquer de justifier de l'origine des fonds et des dons, pour certains limpide, pour d'autres plus trouble... déposés chaque année au Saint-Siège par les congrégations religieuses, les diocèses et les innombrables généreux donateurs, parfois anonymes. Comment, dans ces conditions, rester mystérieux ? Comment continuer à dépenser de telles sommes sans réel contrôle ? Il a donc fallu du sang-froid à Gotti-Tedeschi quand, en septembre 2010, le parquet italien s'est mis à enquêter sur vingt-trois millions d'euros miraculeusement échus sur les comptes de l'IOR. Le banquier a finalement été lavé de tout soupçon, mais il a dû rompre avec les ancestrales habitudes solidement ancrées et se mettre au diapason du monde moderne. Cela l'obligeait à envoyer des mémorandums très précis au pape, et uniquement à lui, afin de l'informer de la délicate situation de l'IOR. Une relation épistolaire inconfortable, car il ne voulait pas s'en ouvrir à son Premier ministre... Hélas, ces notes aussi se sont retrouvées dans la presse !

Il y avait, jusqu'à l'été dernier, une sorte d'arrangement avec le Ciel, selon le terme consacré, sur la manne qui tombait comme par enchantement dans les caisses du Vatican. D'ailleurs, nous-mêmes, à *Paris Match*, lorsque nous achetions des photos du Saint-Père à *L'Osservatore Romano*, étions vivement invités à les régler en espèces... Quelle n'a pas été ma fébrilité, des années durant, de passer le contrôle de sécurité à Roissy, le soutien-gorge garni de liasses de billets destinés à payer lesdits clichés ! Tout cela s'est arrêté en 2007, lorsque les pères salésiens (ordre auquel appartient le cardinal Bertone), avec une rigueur toute germanique, sans doute inspirée pour une fois par Benoît XVI, ont arrêté ces pratiques et mis leur comptabilité sur ordinateur. Ce système me contraignait également à me battre sur place pour me faire donner un reçu sur un bout de papier anonyme. Maintenant, nous présentons notre carte de crédit ou faisons envoyer la facture au journal. Une révolution pour nous aussi, car cela se faisait avec un tel naturel, de part et d'autre, que c'est la normalité qui, au début, m'a troublée tant j'étais habituée à ce côté un peu canaille ! Mais, pour ne pas indisposer mes interlocuteurs, je me suis bien gardée de les interroger, tout en pensant que le Vatican évoluait peut-être après des siècles où personne n'avait jamais eu à se justifier… Notamment pendant le long règne de Jean-Paul II, quand beaucoup d'argent, déposé par les Légionnaires du Christ, l'Opus Dei, et ses compatriotes ayant fait fortune de par le monde, ainsi que maints autres organismes ou personnes privées, entrait dans les caisses en espèces. Ces sommes servant à régler, toujours en liquide, les pèlerinages des Polonais à Rome. Au début de son pontificat, dans sa fougue, Karol Wojtyła avait en effet déclaré, pour les inviter à venir au Vatican : « Nous les Polonais sommes tous cousins, vous n'avez qu'à dire que vous avez un parent à Rome, cela vous facilitera l'obtention d'un visa ! »

Malheureusement, depuis ces années bénies, le

Vatican a bien changé car, avec son autorité naturelle, son impétuosité et son charisme, Jean-Paul II entraînait tout sur son passage. Son extraordinaire talent pour séduire les journalistes, cette façon si directe et nouvelle de nous parler ne nous incitaient vraiment pas à écrire sur des sujets sulfureux, les premières années parce que nous étions presque tous fascinés par lui et, par la suite, parce que le vieux pape malade suscitait d'abord la sympathie et l'admiration de ceux qui, comme nous, avaient la chance de l'approcher.

Autres temps, autres mœurs ! Avec, de plus, une corporation désormais agacée de ne voir que rarement Benoît XVI et son entourage. Ainsi, quand l'information vient aux journalistes sans même qu'ils aient eu besoin d'enquêter, comme ce fut le cas à travers Gianluigi Nuzzi, cela fait du bruit ! Ce dernier a expliqué avoir bénéficié des renseignements d'une bonne dizaine de « balances » et ne pas être mécontent d'avoir affaibli le Vatican grâce à ces documents. Comme me l'a confié un cardinal, pestant avec humour : « *Diabolus fecit hoc !* » (« C'est le diable qui l'a fait ! ») D'ailleurs, Benoît XVI lui-même n'a-t-il pas évoqué plusieurs fois Satan ? « Ce sont les pompes du diable ! » a-t-il répété avant de dénoncer à Castel Gandolfo la fausseté de Judas qui serait la faute la plus grave et même la « marque du diable ». Confession osée pour un pape dont l'état-major ressemble à une bande de rescapés après un naufrage ! Malgré cela, comme me l'a expliqué un autre cardinal, « contrairement à ce que vos confrères imaginent, justement parce que l'on accuse Tarcisio Bertone de tous les maux, je ne pense pas que Sa Sainteté s'en séparera. Ce dernier est certes impopulaire, contesté par la Curie, et bon nombre de cardinaux lui reprochent de les ignorer et de tout manipuler, mais le pape est habitué à Bertone, qui était à l'époque son secrétaire à la Congrégation pour la doctrine de la foi. Joseph Ratzinger a presque 86 ans et le moindre changement le plonge dans l'anxiété. Il a déjà perdu l'une des servantes de l'appartement en novembre 2010, la malheureuse Manuela Camagni, écrasée par une voiture sur un parking. Son majordome vient d'être remplacé. Il serait étonnant qu'il remercie Bertone, auquel il a, semaine après semaine, témoigné sa solidarité ». Un appui que, malgré les tristes événements de mai, il a souhaité avoir un mois plus tard à Milan à ses côtés à l'occasion des VIIe Rencontres mondiales des familles, bien que ce ne soit pas prévu par le protocole, et auquel il a aussi tenu à exprimer par écrit le 4 juillet « sa profonde reconnaissance pour la constance de sa présence et la qualité de son conseil particulièrement utiles ces derniers mois » et auquel il renouvelle sa confiance. La messe est dite ! Comme le souligne le cardinal Barbarin, « il n'y a rien de vraiment nouveau sous le soleil à Rome. Qu'il y ait des conflits et des jalousies dans l'entourage du pape, c'était déjà le cas dans les Actes des apôtres ! » Il resterait une autre question délicate : où promouvoir et envoyer Bertone ? Enfin son tempérament germanique ne pousse pas Joseph Ratzinger à vouloir donner l'impression de céder aux tempêtes. Quel est « le choix entre mensonge et vérité » ? s'interrogea publiquement le pape juste après ces douloureux événements où ses cernes sous ses yeux se sont accentués, son visage s'est creusé.

Le Vatican représente le plus petit État du monde, mais c'est aussi un État souverain. Benoît XVI n'a de comptes à rendre qu'à Dieu. Allemand, il a trop souffert d'avoir vécu dans un pays scindé en deux et se refuse de céder à ce travers propre aux hommes politiques : diviser pour mieux régner !

2

Benoît XVI rappelle ses cardinaux à l'ordre

Le 16 avril 2012, après un hiver qui fut pour lui interminable, Benoît XVI fête discrètement son 85e anniversaire au Vatican. « En famille », selon son vœu. Entouré de son frère, Mgr Georg Ratzinger, 88 ans, de son secrétaire particulier, Mgr Georg Gänswein, des évêques de Bavière et de Horst Seehofer, le ministre-président et président de l'Union chrétienne-sociale (CSU) de Bavière. La journée, où bon nombre de chefs d'État[1] lui manifestèrent leur respect, commença par une messe basse dans la chapelle Pauline, héritage de la Renaissance, construite sous Paul III. Mais voici qu'à l'issue de la cérémonie privée le pape, légèrement voûté et pâle, reprenant son souffle, murmure soudain à ses proches : « Je suis conscient que je vais devoir bientôt me présenter devant Dieu car j'aborde la dernière ligne droite et je ne sais pas ce que le destin me réserve. » Cette confes-

1. Le président Barack Obama notamment.

sion inattendue d'un souverain pontife peu enclin à s'épancher sur sa propre personne, et de surcroît dans sa langue maternelle, plomba l'atmosphère. L'horizon de la mort inquiéterait-il le pape ? Les uns feignirent de méditer en fixant leurs pieds tandis que d'autres contemplaient en silence les fresques du martyre de saint Pierre peintes par Michel-Ange. Un signe, peut-être ? Tous les hôtes semblaient embarrassés. Horst Seehofer, seul homme politique et laïque, en eut les larmes aux yeux. En effet, mieux que les autres invités, il mesurait ce matin-là la portée de l'aveu mystique, surtout chez un théologien. De fait, la lumière des Cieux devrait, en principe, moins troubler Sa Sainteté que le commun des mortels. N'y a-t-il pas que deux résurrections importantes dans la Bible : celle de Lazare… et celle du Christ ?

Cet anniversaire, où le pape a exprimé son émotion devant tous ces Bavarois « qui sont le miroir de toutes les étapes de ma vie », s'est achevé par une expression populaire allemande, « *Velgelt's Gott !* » « Que Dieu te récompense ! », aura donc marqué un tournant dans le pontificat de Joseph Ratzinger. Depuis, en coulisses, la guerre de succession est déclarée, aussi feutrée soit-elle. Car cette même semaine, le Saint-Père a entamé sa huitième année de règne puisqu'il a été élu trois jours après ses 78 ans, le 19 avril 2005, à 18 h 05. Ainsi désormais est-il le deuxième souverain pontife le plus âgé de ces cent dernières années[1] et le sixième depuis l'an 1400. Une actualité sur laquelle Benoît XVI ne souhaitait sans doute pas s'attarder… D'autant que,

1. Après Léon XIII (1810-1903), décédé à 93 ans, et le bienheureux Pie IX (1792-1878), à 86 ans.

contrairement à son prédécesseur qui aimait en ces occasions se retrouver avec son chaleureux cercle polonais autour d'un repas de fête, ce genre d'effusions ne correspond guère au tempérament de ce pape mélomane. D'une sobriété monacale, le saint homme, qui ne boit que de l'eau minérale, du jus d'orange et des tisanes, n'a de goût que pour Bach ou Mozart et les nourritures spirituelles... Dommage ! Une fabrique de chocolats italienne venait de lui offrir un œuf de deux cent cinquante kilos et de deux mètres de haut, qu'à peine reçu il fit porter à une prison pour mineurs, mais il garda la croix en argent et le panier de produits frais allemands. Il était, par ailleurs, prévu que le surlendemain l'orchestre du Gewandhaus de Leipzig, dirigé par Riccardo Chailly[1], se produise en son honneur dans la salle Paul VI en présence du Tout-Vatican et du corps diplomatique. Impossible donc de passer sous silence cette date moins importante que le 19 mars, jour de la Saint-Joseph (patron de la vie). Chez les catholiques, la doctrine veut que l'anniversaire fêté soit d'abord celui de sa naissance à l'Église, à travers son saint.

Mais revenons à cette mémorable semaine de Pâques, quand tout a basculé, marquée par quatorze heures d'offices. Semaine sainte avec le triduum pascal[2], où la liturgie a commencé, le jeudi, à 9 h 30, avec la messe chrismale[3] dans la basilique Saint-Pierre. Là, pendant deux heures, Benoît XVI était

---

1. Sous sa conduite, l'orchestre et trois solistes ont interprété la *Symphonie n° 2* de Mendelssohn.

2. Les trois jours qui précèdent Pâques.

3. C'est au cours de la messe chrismale que le saint chrême est consacré, de même que deux autres huiles : l'huile des catéchumènes et l'huile des malades.

entouré de tous les prêtres du diocèse de Rome renouvelant leur engagement ; puis, à 17 h 30, une autre messe dans la basilique Saint-Jean-de-Latran aussi longue était consacrée à la Cène avec le lavement des pieds des célébrants. Ensuite, le vendredi, il y eut l'office à 17 heures pour commémorer la Passion du Christ, puis le soir la célébration du chemin de croix retransmise en mondovision. La veillée pascale du samedi, à partir de 21 heures, dura deux bonnes heures et, le dimanche matin, Benoît XVI célébra la grand-messe dans la basilique, suivie de la bénédiction *urbi et orbi* du haut de sa loggia.

Depuis cet épuisant marathon, les chancelleries du monde entier ont demandé à leurs représentants près le Saint-Siège d'analyser l'envers de cet imposant décor, les moindres gestes de l'évêque de Rome et de son cénacle, de disséquer les discours papaux, de soupeser les rapports de forces en présence au sein du Vatican, de rendre compte des audiences et des homélies car l'atmosphère est de plus en plus lourde. Notre ambassadeur, Bruno Joubert[1], arrivé à ce moment-là, n'a pas échappé à cette règle, même s'il n'avait pas encore été reçu par les cardinaux. En effet, la règle prévoit que les diplomates n'exercent leurs fonctions qu'après avoir présenté leurs « lettres de créance ». Jusque-là, ils ne sont pas reçus officiellement.

Un tournant, car l'on ose désormais, au Vatican,

1. Bruno Joubert, 63 ans, diplomate de carrière, père de quatre enfants, fils d'un haut fonctionnaire aux Nations unies, après avoir été le « Monsieur Afrique » de Nicolas Sarkozy (2007-2009), puis ambassadeur au Maroc, représente depuis le 18 mai 2012 la France auprès du Saint-Siège. L'ambassade est installée dans le cadre enchanteur de la villa Bonaparte.

parler du « crépuscule » du pape, malgré les propos optimistes du père Federico Lombardi, qui continue jour après jour d'expliquer aux journalistes : « *Il Papa sta bene* », « Le pape est en bonne santé ». Une langue de bois qu'en termes jésuites on qualifie volontiers de « mensonge par omission ». Le courageux octogénaire souffre il est vrai d'une arythmie complète, c'est-à-dire de palpitations cardiaques entraînant essoufflement, fatigue chronique et baisse de tension, qui le contraignent à un traitement d'anticoagulants par des antivitamines pour éviter les thromboses. Ces vicissitudes de l'âge ne l'ont toutefois pas empêché de se déplacer en août 2011 en Espagne, en novembre de la même année au Bénin, d'effectuer ensuite cinq voyages en Italie ainsi que des visites apostoliques au Mexique, à Cuba en mars 2012 puis au Liban en septembre. Avec des décalages horaires et des conditions climatiques parfois éprouvantes, engoncé dans ses lourdes chasubles. Avec en prime, en Espagne, 35 °C à l'ombre lors des épuisantes Journées mondiales de la jeunesse et une tornade pendant la soirée avec les jeunes !

Depuis son élection, le pape a donc fait vingt-six voyages en Italie et vingt-trois à l'étranger. Malgré une certaine lenteur, sa suite, les observateurs de la scène internationale et les impitoyables journalistes qui scrutent chacun de ses gestes sont frappés par sa résistance, même si sa démarche hésitante dans ses mocassins rouges, admirablement cirés, l'oblige à utiliser une canne, « par sécurité », tient à préciser Lombardi, et souvent aussi l'estrade mobile conçue par le passé pour Jean-Paul II. Ressortie à Noël dernier des hangars du Vatican. Certes, l'emploi du temps officiel de Benoît XVI est maintenant plus « light ».

Il séjourne souvent et longtemps à Castel Gandolfo, les visites *ad limina*[1] des évêques, auparavant par groupes de dix, sont passées à vingt généralement et, sauf à de rares exceptions, les ambassadeurs présentent eux aussi leurs lettres de créance à plusieurs. Le pape en joue à sa façon, car il sait que les nouveaux venus sont impressionnés par ce palais grandiose qui défie le temps et combien l'imposant décor joue son rôle inhibiteur. Vingt siècles d'histoire pour découvrir la dimension internationale de cet État insolite… Désormais, chaque homélie, apparition publique, itinéraire et procession du successeur du prince des apôtres est contrôlé, chronométré, ne laissant place à aucune improvisation, même si le pape garde deux rendez-vous hebdomadaires avec les pèlerins. À l'inverse de son prédécesseur, lequel changeait à la dernière minute ce qui avait été prévu par le protocole. La première rencontre publique, l'audience générale du mercredi, place Saint-Pierre ou salle Nervi, selon la météo, est pour lui l'occasion de redynamiser une heure durant les croyants, de prononcer des discours d'une grande spiritualité, de marteler avec ferveur et sobriété la parole de Dieu. On y retrouve l'homme de foi aux phrases profondes, à l'écriture ciselée dans son meilleur rôle de théologien prédicateur. À l'aise dans la rhétorique et porteur d'espérance, le pape aime cette parenthèse à laquelle il se consacre la

1. Cette expression latine, *ad limina apostolorum*, qui signifie étymologiquement « au seuil des apôtres », désigne la visite que fait chaque évêque à Rome où, avec les évêques de sa région, voire de son pays, il est reçu en groupes au Vatican par le Saint-Père tous les cinq ans. Elle est aussi un pèlerinage sur les tombeaux des apôtres saint Pierre et saint Paul.

veille, qui enthousiasme les pèlerins, et dont chaque mardi, appliqué, il rédige lui-même le texte avec son stylo Montblanc noir. Un exercice qui continue de l'exalter, où, s'appuyant souvent sur la Bible, il rappelle aux catholiques la fraternité, l'obéissance, leur indique la route qui mène plus haut… Le second rendez-vous est celui du dimanche, où, de la célèbre fenêtre du troisième étage, à midi, la bénédiction de l'Angélus marque la fin de sa semaine et un repos mérité. Là enfin, fidèle à sa nature de bénédictin dont il n'a pas choisi le prénom par hasard, Benoît XVI peut donner du silence au temps. Comme il le rappelle à ses proches, empruntant les paroles du cardinal Lustiger : « La foi est une affaire grave et sérieuse, et l'Église une institution avec laquelle on ne bricole pas ! » Soit ! D'autant que, pour l'heure, le Vatican n'est pas un long fleuve céleste.

Si le pape à son âge mesure sans doute mal l'ampleur de la crise, il la ressent néanmoins, car il ne s'agit pas d'une simple querelle de clochers. Il n'y a de mois, depuis la fin 2011, qui n'ait apporté son lot de nouvelles venimeuses et étranges, fragilisant le système.

En effet, alors que les cardinaux sont encore unis par le prestige de leur fonction, le poids des responsabilités et un titre qui en impose, bon nombre d'entre eux semblent avoir aujourd'hui perdu la sacro-sainte notion de secret depuis qu'a été révélé, en janvier dernier, le présumé complot en vue d'assassiner le pape avant Noël 2012. Cet incroyable document, remis directement à Sa Sainteté, est parvenu au Vatican par le biais d'une lettre ultra-confidentielle. Missive rédigée dans un allemand limpide par le très conservateur cardinal colombien Castrillón Hoyos[1], 83 ans, dont la clarté du texte dans la langue de Goethe a surpris autant que de découvrir qu'il détenait ces sulfureuses informations, prétendait-il, du cardinal sicilien de Palerme, Paolo Romeo. Ce dernier en aurait pris connaissance en Chine, où il s'était rendu avec une délégation d'industriels italiens pour des raisons encore obscures… Cette macabre prophétie a troublé, bien sûr, le souverain pontife. Autre élément curieux, toujours selon le cardinal Romeo, l'embarrassant document précisait que Sa Sainteté aurait déjà clandestinement désigné son successeur en la personne de l'archevêque de Milan, Angelo Scola. Manière détournée et habile pour ses détracteurs de dénoncer une précampagne souterraine dont le but est de hisser un Italien, et non des moindres, sur le trône de Pierre. Dans cette atmosphère de *combinazione*, le scénario décrivant le retour à une papauté italienne a reçu un large écho à Rome car la nomination en juin 2011 de l'ancien patriarche de Venise comme nouvel archevêque de Milan[2] est, de mémoire de cardinal, un fait historique unique qui n'a échappé à aucun spécialiste… Milan, plus grand diocèse du monde avec mille cent quatre paroisses et quatre millions huit cent mille baptisés, représente un État dans l'Église et un tremplin ; la voie royale pour le poste suprême. Au XXe siècle, deux papes, Pie XI et Paul VI, occupèrent, avant d'être élus, ce puissant archevêché. Raison, parmi tant d'autres, pour

1. Ardent partisan de la messe en latin et en phase avec les idées des lefebvristes.

2. Qui prendra toutefois possession de son diocèse en septembre de cette même année.

laquelle, dans cette pénible ambiance, il ne semble pas irrespectueux, désormais, d'évoquer, selon les termes consacrés, « la succession du pape en cas de vacance du siège apostolique ». Ainsi, plusieurs membres du Sacré Collège abordent-ils ouvertement le malaise de l'Église de Rome et son avenir. Le 21 juin 2012, le cardinal-archevêque de Paris, André Vingt-Trois, a déclaré : « La Curie n'est certainement pas adaptée en toute chose au fonctionnement actuel de l'Église. Aujourd'hui, chaque dicastère fonctionne dans son registre et les communications, entre eux, sont parfois lentes, voire inexistantes, sinon à travers les conversations des cardinaux. Un travail d'assouplissement et de coordination du fonctionnement est certainement nécessaire. » Une charge de plus contre le cardinal Bertone ! Cela demande des nerfs, car le pape ne s'attendait pas à cette flèche empoisonnée de la « fille aînée de l'Église » !

Au-delà de ses faiblesses cardiaques, d'autres nouvelles alarmantes sortent chaque jour davantage. Le pape doit tenter de justifier l'injustifiable et d'expliquer l'inexplicable. Il n'y a plus d'étanchéité entre les services, et au Vatican les fautes coûtent plus cher qu'en politique, car on est moins indulgent avec le dernier intermédiaire connu entre le Ciel et la Terre ! D'aucuns murmurent *sotto voce*, depuis la fameuse lettre *made in China*, que le Saint-Père souffrirait d'un cancer, d'où cet éventuel amalgame avec une mort annoncée pour cette année. Religion rimant souvent avec superstition, le très sérieux *British Medical Journal* n'a pas manqué de rappeler, au printemps 2012, que « chaque fois que les Gallois ont gagné le tournoi des Six Nations en réalisant le Grand Chelem, un pape est mort »... Pis : « En

1978, où les Gallois ont été particulièrement brillants, Paul VI et Jean-Paul Ier se sont éteints. » Ces funestes rumeurs – de la truffe blanche d'Albe[1] pour les anticléricaux – aiguisent le goût du pouvoir d'ambitieux cardinaux. Aussi, huit personnages d'un réel charisme, davantage dans l'action que dans la vénération, se sont-ils discrètement lancés dans la bataille, avec un réel savoir-faire : le Lombard Angelo Scola, 71 ans, l'autre Italien du Nord Gianfranco Ravasi, 70 ans, le Hongrois Péter Erdő, 60 ans, le Québécois Marc Ouellet, 68 ans, l'Américain Sean Patrick O'Malley, 67 ans, l'Argentin Leonardo Sandri, 69 ans, le Hondurien Óscar Andrés Rodríguez Maradiaga, 70 ans, et le Brésilien João Braz de Aviz, 65 ans. Ce qui n'est pas particulièrement plaisant pour ce pape car cette *annus horribilis* fait déjà suite à plusieurs années ayant laissé une image amère de l'Église lorsque la pédophilie a marqué un tournant dans le monde catholique. Il faut reconnaître que les chiffres restent impressionnants. Aux États-Unis, cela commença avec la révélation d'abus sexuels sur des mineurs et la découverte à partir de 2002 d'objets pédopornographiques chez les évêques, prêtres, religieux et catéchistes, même si l'affaire n'éclata qu'en 2009 et 2010, suite aux articles du *Boston Globe* qui révéla notamment la condamnation à dix années d'emprisonnement du père John J. Geoghan, qui avait violé un garçon de 10 ans. À partir de là, le quotidien se mit à publier les comptes rendus des plaintes, condamnations

1. Consommée depuis l'Antiquité par les Grecs et les Romains pour ses vertus aphrodisiaques, baptisée le « Mozart des champignons » par le compositeur Gioacchino Rossini, la truffe blanche d'Albe reste la plus chère au monde : 2 500 euros le kilo !

et démissions en chaîne des membres du clergé. Rien qu'à Boston, quatre-vingt-neuf curés et cinquante-cinq prêtres durent quitter le diocèse ! Ce séisme affecta de multiples paroisses et l'archevêque de Boston, le cardinal Bernard Francis Law, accusé d'avoir laissé les prêtres pédophiles continuer d'exercer leur ministère, sans dénoncer les abus sexuels sur mineurs aux catholiques locaux, fut finalement contraint de démissionner après s'être publiquement excusé et avoir fourni à la justice les noms de quatre-vingt-dix membres du clergé responsables de sévices sur des jeunes. Les demandes d'indemnisation furent si conséquentes, avec quelque 90 millions de dollars pour plus de cinq cents victimes, qu'il dut vendre l'archevêché et fermer soixante-cinq des trois cent cinquante-sept paroisses de son diocèse. Par ailleurs, l'archevêché de Portland dans l'Oregon et les évêchés de Tucson, en Arizona, et de Spokane, dans l'État de Washington, firent faillite. Ces procédures, largement médiatisées, entraînèrent, par un effet de boule de neige, une forme de contagion jusqu'en Australie, mais également en Belgique, Allemagne, Hollande, Suisse, Italie, Espagne, Angleterre, Irlande et Malte, où de semblables phénomènes éclatèrent. Le pays le plus touché fut l'Irlande, avec deux enquêtes du ministère de la Justice sur les abus sexuels. Après avoir reçu les évêques irlandais en février 2010 à Rome, Benoît XVI, profondément affecté, fit publier une très sévère lettre de sa main incitant les catholiques d'Irlande à collaborer avec les magistrats et à se libérer en ce domaine de l'absurde culture du secret, soulignant que cette complicité silencieuse avait permis une terrible violence sexuelle. Là encore, il y eut de multiples démissions, dont celles de Mgr John Magee, ex-secrétaire de Paul VI, et de Mgr James Moriarty, évêque de Kildare et Leighlin… En Allemagne, le Vatican fut aussi soupçonné d'avoir ralenti les enquêtes sur le collège jésuite Canisius de Berlin, et en 2010, on évoqua des cas d'abus sexuels dans la chorale des jeunes voix de la cathédrale de Ratisbonne, ce que confirma son évêque, Mgr Gerhard Ludwig Müller. Non loin, en Belgique, au printemps 2010, l'archevêché de Malines et Bruxelles fit l'objet d'une perquisition. Les gendarmes séquestrèrent pendant plusieurs heures les membres de la Conférence épiscopale du pays dans une pièce attenante à la cathédrale, afin d'essayer d'obtenir des éclaircissements sur l'étrange comportement de deux cardinaux…

Chaque fois qu'il en a eu l'occasion, le Saint-Père a condamné la pédophilie. Lors de l'Assemblée plénière de la famille, le 8 février 2010, il a déclaré avec courage et fermeté qu'« au cours des siècles, l'Église a œuvré pour la protection des mineurs et leur dignité. Malheureusement, de multiples et terribles actes ont été commis par des membres de l'Église catholique en violation de ces principes. Des faits indignes qu'elle ne peut que déplorer et condamner ». Un bilan très lourd moralement mais aussi financièrement, puisque les quatre mille cinq cents cas de pédophilie officiellement reconnus par l'Église aux États-Unis ont coûté 2,6 milliards de dollars d'indemnisation. Par ailleurs, mille sept cents prêtres au Brésil et mille en Irlande ont été accusés de trente mille cas de pédophilie… Cent dix prêtres ont été condamnés en Australie. En Italie, on parle de quatre-vingts prêtres et trois cents victimes… Des chiffres bien supérieurs circulent, mais la Conférence épiscopale n'a jamais fourni de statistiques officielles. Quel qu'il soit, le nombre total de cas d'abus sexuels dans le monde, éclaboussé par ce scandale quasi planétaire, dépasse les quatre mille, a reconnu le cardinal Levada, préfet de la Congrégation de la doctrine de la foi, peu de temps avant d'être remplacé par Mgr Gerhard Ludwig Müller. Une réalité dramatique, même si le nombre des cas instruits est beaucoup moins élevé. Il faut par ailleurs noter que le pape a demandé que les cas de pédophilie soient portés devant les tribunaux civils : c'est une révolution pour l'Église.

En 2012, les Jésuites ont organisé un symposium extraordinaire dans leur prestigieuse université Grégorienne, avec pour thème les abus sexuels. À la différence d'un bon nombre d'ordres religieux anciens et récents, tels les Légionnaires du Christ dont le propre fondateur, Marcial Maciel, dut démissionner pour pédophilie avérée en 2010 et dont récemment le père mexicain Alvaro Corcuera, supérieur général, a demandé de prendre un temps de repos pour diplomatiques raisons de santé…, la Compagnie de Jésus, fondée par saint Ignace de Loyola, passe pour être un ordre viril… À Rome, on raconte volontiers que, jusqu'à un passé assez récent, les élèves s'entraînaient à qui réussirait à soulever le seau d'eau le plus lourd… avec son sexe ! D'ailleurs, le guide publié par la Congrégation pour la doctrine de la foi, adressé en mai 2011 à tous les évêques du monde, est cosigné par l'archevêque jésuite espagnol Luis Francisco Ladaria Ferrer, secrétaire de ce même dicastère, et du cardinal préfet William Levada.

À peine sorti de ces scandales de pédophilie, voici que Benoît XVI est confronté aux affaires. Le secrétaire général du Vatican, Mgr Carlo Maria Viganò, chargé d'administrer et de contrôler les comptes, vient publiquement de dénoncer les dépenses inconsidérées du gouvernatorat de la cité du Vatican et l'opacité de la gestion de ses fonds. À ses yeux, l'argent déposé chaque année auprès de l'IOR serait dépensé sur place sans contrôle précis. Notamment, en cas de travaux, les entreprises retenues ne font pas l'objet d'appels d'offres. Rien de différent de ce qui se passe dans bon nombre de municipalités ; le problème est que ces sommes, transitant d'abord par des banques, n'étaient jusque-là pas soumises aux règles de clarifications internationales d'antirecyclage[1] désormais en vigueur. Ce manque de transparence ne prouve pas pour autant que ces montants soient douteux[2]. Ainsi, pour la première fois, le Vatican a-t-il dérogé à la séculaire immuable règle d'or du silence, même s'agissant d'argent[3] ! Ces accusations ont provoqué la fureur de l'entourage de Sa Sainteté et contribué bien sûr à alimenter les pires bruits. Un malheur n'arrivant jamais seul, elles ont été suivies par l'appel des prêtres autrichiens en faveur de l'ordination des femmes. États d'âme obligeant le

1. Depuis janvier 2012, le Saint-Siège a lui aussi signé le Traité international de lutte contre la criminalité commerciale et financière. Dans le cadre de la mise aux normes internationales de transparence de son système financier, le Vatican va bientôt pouvoir figurer sur la liste blanche des États non soupçonnés de participer au recyclage d'argent sale ou au financement du terrorisme.

2. Le cas de l'IOR n'est pas simple car l'Institut, à la fois fondation et banque centrale et de dépôt, doit conserver son statut d'entité indépendante.

3. Depuis cet excès de zèle, le cardinal Viganò a été envoyé comme nonce apostolique aux États-Unis.

pape, tout juste rentré de ses vingt-trois mille kilomètres de visite pastorale en Amérique du Sud et à Cuba, à rappeler le clergé séculier à l'obéissance et à réitérer son intransigeance sur ce point capital. Si Sa Sainteté a demandé à Giovanni Maria Vian, le nouveau directeur de *L'Osservatore Romano*, dans son cahier des charges, « plus d'attention sur la place des femmes dans l'Église et davantage de signatures féminines », il ne veut en revanche toujours pas entendre parler d'ordinations féminines dans le clergé séculier.

À peine s'était-il enflammé sur ce sujet récurrent qu'une grande figure du Sacré Collège, le cardinal jésuite Carlo Maria Martini[1], longtemps appelé « l'anti-pape » pressenti comme possible successeur de Jean-Paul II, décédé le 31 août 2012 à l'âge de 85 ans de la maladie de Parkinson, partait en guerre quelques mois avant de mourir contre certains tabous sexuels « encore en vigueur au XXIe siècle ». Selon ses propres termes, le distingué et progressiste Martini déplorait « l'aspect discriminatoire à l'encontre des couples homosexuels », allant même jusqu'à être en faveur du Pacs et à tolérer les manifestations du type Gay Pride pour leur permettre de s'affirmer… Enfin, concluait-il, « je comprends et encourage l'utilisation du préservatif dans certains lieux et circonstances, quand on ne réussit pas à freiner la propagation du sida ». Cette ouverture d'esprit et son discours sans ambiguïté l'avaient rendu très populaire en Italie et davantage encore à Milan dont il avait été l'archevêque de 1979 à 2002. Là où

1. Le charismatique et érudit archevêque de Milan né au sein de l'austère bourgeoisie turinoise, dans la grande tradition spirituelle ignacienne qui était la sienne, était aussi un bibliste éclairé.

des centaines de milliers de Milanais, après avoir défilé pendant de longues heures, se sont deux jours et deux nuits recueillis devant la dépouille de ce cardinal éclairé dans le Duomo. Et ses funérailles quasi nationales ont été retransmises en direct par la RAI et d'autres télévisions. Messe à laquelle a, notamment, assisté le chef du gouvernement Mario Monti. Quant au président de la République italienne, Giorgio Napolitano, ancien communiste, il a déclaré : « C'est une grande perte, pas seulement pour l'Église et le monde catholique, mais pour toute l'Italie. » De fait, dans une interview posthume en forme de testament spirituel recueillie le 23 août par son ami le père jésuite allemand Georg Sporschill, le très écouté cardinal contestataire accusait l'Église d'être en retard de deux cents ans sur son époque, d'avoir perdu son autorité morale. « L'Église est fatiguée en Europe et aux États-Unis. Notre culture a vieilli. Nos églises sont grandes, nos maisons religieuses vides et notre appareil bureaucratique continue à s'amplifier. Nos rites et nos habits sont pompeux… » Parlant des divorcés non admis à communier, il soulignait que la question est « de savoir comment l'Église [peut] aider avec la force des sacrements ceux qui ont des situations familiales complexes… […] Une braise est allumée, mais il faut la libérer des cendres qui la recouvrent. Et pour cela, l'Église doit reconnaître ses erreurs et changer radicalement, à commencer par le pape et les évêques ». Un aveu *post mortem* du plus belliqueux membre du Sacré Collège dont la devise était *Pro Veritate Adversa Diligere* : « Par amour de la vérité embrassez les adversités. » Benoît XVI aurait certainement aimé se passer de ce témoignage… Quel acharnement ! Le démon fait rarement la sieste !

À peine quelques jours après le 3 septembre, le *Spiegel* révèle dans un courrier interne à un membre du clergé allemand, que le pape trouve les évêques allemands peu enthousiastes à l'égard de la chancelière Angela Merkel et relate les relations tendues avec elle. La Conférence épiscopale allemande et son Église davantage prêtes à polémiquer qu'à soutenir Joseph Ratzinger. Il y a moins de deux ans, dans un autre ordre, le pape avait déjà dû subir d'humiliantes et provocatrices publicités qui, malgré son silence stoïque, l'avaient ulcéré. On se souvient de ce pénible panneau publicitaire osé par la marque Benetton, montrant Sa Sainteté et Ahmed el-Tayeb, imam de la mosquée Al-Azhar du Caire, échangeant un baiser sur la bouche, quel bouillon de couleuvres !... Affiche collée à côté du château Saint-Ange, à quelques centaines de mètres du Vatican. Décidément, rien n'est épargné à ce pape qui lui, en revanche, a préféré fermer pudiquement les yeux sur les frasques de Silvio Berlusconi ! Il faut reconnaître que le Cavaliere, qui possède trois chaînes de télévision dans le pays et bon nombre d'hebdomadaires importants, une presse toujours bienveillante avec l'évêque de Rome, a toujours été attentif à ses moindres désirs. Le chef du gouvernement italien, respectant les accords du Latran signés en 1929 par Mussolini et le Vatican, faisait en sorte que la République soit bon enfant ; la frontière entre Rome et la cité du Vatican n'est d'ailleurs indiquée par aucune ligne de démarcation ! Le Cavaliere mettait encore plus facilement que ses prédécesseurs un hélicoptère – une grosse libellule repeinte en blanc –, des gendarmes et des policiers à la disposition du souverain pontife[1]. Gestes récompensés par le bonheur de se faire bénir par le pape ou de se trouver aux côtés du président de la Conférence épiscopale italienne, toujours immortalisés par les photographes.

Cela a changé. *Padre* Lombardi est maintenant régulièrement obligé d'apporter des démentis officiels, de déminer tant il y a de fuites, alors que, jusque-là, l'austère petit homme en gris s'abritait surtout derrière son autre fonction, plus flatteuse selon lui, de directeur de Radio Vatican[2]. Toutes ces récentes révélations ont obligé le pape à charger le cardinal espagnol Julián Herranz[3] de présider une commission afin d'élucider l'origine des fuites toujours plus nombreuses de documents frappés du sceau « Confidentiel ». Il ne peut laisser ternir ainsi son image car le Saint-Siège entretient des relations diplomatiques avec cent soixante-dix-neuf nations[4] (dont la France[5] depuis 1480). Il est

---

1. La police et la gendarmerie italiennes mettent deux cent soixante-dix hommes à la disposition du Vatican. Ces policiers et gendarmes, affectés à la surveillance de la place Saint-Pierre, protègent aussi le réseau informatique. Ils renforcent également la protection papale lors des cérémonies et des déplacements.

2. La radio officielle du Vatican a été créée par le savant italien Guglielmo Marconi, lequel en assura la première émission. En février 1939, la station rend compte du conclave et diffuse en neuf langues la cérémonie du sacre de Pie XII. Celui-ci l'utilisera pour ses célèbres messages de Noël radiodiffusés pendant la guerre. Elle est située hors les murs, Palazzo Pio, en face du château Saint-Ange, et transmet près de 80 heures de programmes par jour dans 40 langues et fait travailler 200 journalistes de 59 nationalités.

3. Juriste, membre de l'Opus Dei.

4. Le Saint-Siège n'entretient pas de relations diplomatiques avec l'Arabie Saoudite, la Chine et quatorze autres pays.

5. Soit plus d'un siècle avant la création du premier ministère des Affaires étrangères.

doté d'un drapeau et d'une Constitution et détient un siège d'observateur à l'ONU. Cela confère au souverain pontife un rayonnement mondial. Malgré cela, bon nombre de hauts prélats ne sont guère indulgents avec Rome, fort étonnés qu'ils sont que l'Amérique latine, riche de ses millions de croyants, et l'Afrique, poumon spirituel de l'humanité[1], n'aient entraîné qu'une seule création cardinalice lors du consistoire de février 2012 et deux lors du dernier le 24 novembre 2012. Un réel sujet de polémique car, parmi les vingt-huit nouvelles barrettes remises en 2012, dont quatre honorifiques, il n'y a que deux Sud-Américains, dont le Brésilien João Braz de Aviz, et un Africain !

Dans son insondable logique, mais aussi influencé par son italianissime cardinal secrétaire d'État Tarcisio Bertone, à la fois Premier ministre et ministre des Affaires étrangères, le chef suprême de l'Église universelle a d'abord privilégié les Européens. Neuf hors de la Péninsule (parmi lesquels deux Allemands, un Tchèque et un Maltais) et sept Italiens, dont trois proches de Bertone, de surcroît tous comme lui du Nord, pour occuper d'éminentes fonctions dans la Ville éternelle. D'abord, Mgr Giuseppe Versaldi, 69 ans, à la tête de la préfecture pour les Affaires économiques ; puis Giuseppe Bertello, 70 ans, diplomate en Afrique avant de devenir nonce apostolique à Mexico, et maintenant président de la Commission pontificale pour l'État de la cité du Vatican et du gouvernatorat ; et enfin Mgr Domenico Calcagno, régnant sur l'Administration du patrimoine du siège apostolique, dont l'arrivée a

1. Avec, pour le premier, le plus grand nombre de catholiques de la planète et, pour le second, celui de prêtres.

fait du bruit, car l'ancien évêque de Savone, collectionneur d'armes héritées de sa famille, surnommé par ses collègues le « Rambo du Vatican », possède un petit arsenal : un 357 Magnum Smith & Wesson, une carabine Remington 7 400 calibre 30-06, une Schmidt-Rubin calibre 7,5 mm, un revolver allemand Arminius calibre .38, un fusil à pompe turc à grande portée… Bref, dans cet univers « non violent », la découverte de ces armes à feu a provoqué un bel émoi. Le cardinal chasseur a également un griffon fauve de Bretagne[1] dans ses appartements, situés au cœur même du Vatican, à côté de Domus Sanctae Marthae[2], chien de chasse qu'il promène non loin de la pompe à essence et dont il a prévenu les autorités qu'il ne se séparerait pas, bien qu'il ait renoncé à la chasse qu'il pratiquait avec ses frères. Mgr Calcagno a assuré, en revanche, avoir entreposé ses précieuses armes chez lui dans une armoire dûment verrouillée…

À la faveur des étapes franchies dans ce labyrinthe complexe, un cardinal est un puissant serviteur de l'Église, et d'elle seule ! Ainsi doit-il, dans ce système autoritaire, au pouvoir absolu, se consacrer à sa fonction à plein temps. De toute manière, la grandeur de l'Institution laisse peu de place aux goûts personnels, encore moins au hasard et à la fantaisie. En effet, au Saint-Siège, on peut mettre plus d'un quart de siècle à gravir les grandioses escaliers de marbre qui mènent chez le souverain pontife… et une demi-journée à les redescendre, pour toujours !

---

1. Seul animal officiel du Vatican même si quelques chats sont furtivement nourris par des sœurs…

2. L'hôtel des cardinaux, qui comprend cent six chambres.

Ces postes de pouvoir très jalousés, évoqués plus haut, sont un passage obligé pour bon nombre de dossiers… C'est pourquoi l'avant-dernier consistoire, où les équilibres religieux et géographiques ont peu compté, a suscité des sentiments de frustration, d'injustice, et créé une véritable et brutale rivalité entre les trente cardinaux italiens. Ce qui a rendu Tarcisio Bertone toujours plus impopulaire. Car c'est lui, comme le souligne le cardinal Tucci, qui transmet aux cardinaux résidant à Rome les ordres du pape les concernant, des décisions qui en réalité sont surtout prises par lui… Alors, qu'attendre désormais d'un Benoît XVI épuisé par l'ampleur de sa tâche ? Lui qui préfère sûrement le divin à l'humain, tutoyer le cœur des anges et l'humilité à la gloire, s'en remet à la Providence. Celle qui, soutenu par l'Esprit-Saint et la confiance de ses pairs, lui a fait accepter de devenir le 265e successeur de Pierre… Mais rendons-lui justice : il est rare, au seuil d'un 86e anniversaire, de vouloir faire la révolution ! D'ailleurs, en mars 2012, Benoît XVI, passant une petite heure avec le Líder Máximo, son contemporain, frappé par son physique à mi-chemin entre le patriarche et le prophète désincarné, ne résista pas à lui confier avec une certaine satisfaction : « Je suis vieux, mais je peux encore faire mon devoir. » Une lucidité qui ne signifie pas, néanmoins, qu'il soit tenté de changer de Premier ministre. Car les violentes et sourdes critiques à l'encontre de Bertone arrivent souvent atténuées aux oreilles du Saint-Père qui de toute manière côtoie peu de collaborateurs. Chacun, dans cet univers de prudence, mesure le poids de ses mots, surtout auprès de celui qui l'a fait prince. D'ailleurs, absorbé par la rédaction de ses livres plus épais que des gaufrettes (quatre dédiés à Jésus depuis qu'il est pape[1]) et trois encycliques – *Deus Caritas Est*, *Spe Salvi* et *Caritas in Veritate* –, le Saint-Père s'intéresse peu aux ressentiments de son « Sénat ». Il n'a pas le temps car, contrairement à bon nombre de cardinaux qui ont des nègres, voire des tribus entières, pudiquement baptisés « historiens » ou « documentalistes », l'ancien professeur Ratzinger écrit tout, de la première à la dernière ligne, en allemand pour plus de confort[2]. Peu attentif aux commentaires désobligeants, il est rassuré d'être secondé par un collaborateur qu'il connaît depuis fort longtemps. Docile (avec lui), de confiance, anticipant ses souhaits, Bertone le comprend à demi-mot et il s'est instauré entre eux une respectueuse complicité. Un gage de relative sérénité lorsque, comme Benoît XVI, l'on est aussi peu bavard qu'expansif. Ce trait de caractère lui permet de rester imperméable aux impitoyables critiques sur son souriant bras droit, présent depuis son élection, dont on lui égrène les défauts tel un chapelet… Auquel on reproche son goût immodéré pour les manifestations officielles, de montrer le même enthousiasme à bénir les foules qu'à rencontrer les personnalités politiques italiennes et internationales. D'aucuns stigmatisent aussi ses modestes compétences quant à la gestion interne et externe de l'Église. Lui qui, dans un monde cosmopolite, ne parle aucune langue étrangère et ne sort pas de l'Académie pontificale, donc du sérail, est en outre accusé d'être un homme d'appareil ayant créé son

1. Le dernier *L'Infanzia di Gesù* sort ces jours-ci chez Rizzoli editore.

2. Ces textes sont ensuite traduits par les collaborateurs de la secrétairerie d'État.

« petit parti » à l'intérieur de la Curie. Malgré cela, le pasteur de l'Église universelle protège son « mouton noir », avec lequel il est en communion. Un Bertone imbattable sur la composition des équipes de football. Il a d'ailleurs fondé en 2007 la Clericus Cup, un tournoi international de football composé de seize équipes de prêtres et de séminaristes[1] dont les meilleurs éléments sont brésiliens, uruguayens, mexicains et africains. La compétition se déroule chaque année à Rome sous le contrôle du Centro Sportivo Italiano. L'entraînement a lieu le jour du Seigneur et la coupe a été remportée en 2012 par l'équipe des North American Martyrs qui s'est imposée devant la Pontificia Universidad Gregoriana. Ayant sollicité une interview quand il était encore archevêque de Gênes, Tarcisio Bertone m'avait fait préciser si je souhaitais l'interroger sur l'Église… ou le foot ! Lorsque Joseph Ratzinger était préfet de la Congrégation pour la doctrine de la foi, c'était déjà lui qui avait, entre autres, démêlé avec brio l'épineux dossier de Mgr Emmanuel Milingo, l'ancien sulfureux archevêque zambien de Lusaka, partisan du mariage des prêtres, et ayant pour sa part épousé en mai 2001 Maria Sung, une jeune Coréenne[2].

Usure du pouvoir, jalousies, faiblesses ? Le nom d'un autre cardinal conservateur, Mauro Piacenza, 67 ans, à la tête de la puissante Congrégation pour

1. Catholiques.

2. Avec la bénédiction de Sun Myung Moon (mort le 3 septembre 2012, à l'âge de 92 ans), le chef de la secte Moon, avant d'être réduit à l'état laïque par Benoît XVI le 17 décembre 2009. Il avait auparavant entretenu une liaison avec Moana Pozzi, actrice pornographique décédée à l'Hôtel-Dieu de Lyon en septembre 1994 d'un cancer du foie.

le clergé, circule depuis des mois pour remplacer le cardinal Bertone, mais il est surtout le candidat des journalistes…

En avril 2009, rendant visite au pape dans sa villa pontificale d'été de Castel Gandolfo, à vingt-cinq kilomètres au sud-est de Rome, l'aristocratique archevêque de Vienne, Christoph Schönborn, et les Italiens Mgrs Angelo Bagnasco, archevêque de Gênes, et Camillo Ruini[1], alors vicaire émérite de Rome, avaient tenté, lors d'une promenade avec Sa Sainteté dans les jardins, de l'alerter sur les multiples lacunes de son homme de confiance, en essayant de souligner sa mauvaise gouvernance. D'habitude très calme, le pape, serrant les mâchoires, les avait foudroyés du regard, mais surtout ne tint pas compte des critiques de ces audacieux cardinaux. Or, depuis, le malaise s'est étendu aux questions économiques. « Une première depuis longtemps… Un réel désastre ! » s'est exclamé devant moi, levant les bras au ciel, un influent cardinal qui, prudent, souhaite conserver l'anonymat. « Qu'en raison de la crise budgétaire frappant la Péninsule le président du Conseil, Mario Monti, cherche à supprimer l'exemption fiscale sur les biens immobiliers dont bénéficie depuis 1929 le Vatican[2], sans même avoir prévenu Sa Sainteté, semble déjà impensable ! Mais que le président de la Conférence épiscopale italienne, Angelo Bagnasco, le découvre sur le site Internet du ministère des Finances est plus grave encore[3] ! Cela illustre le mauvais fonctionnement du Vatican, qui entretenait

1. Remplacé à ce poste par le cardinal Agostino Vallini.
2. En raison des accords du Latran avec la République italienne.
3. Quelque 700 millions d'euros devraient être ponctionnés.

jusque-là d'harmonieux rapports avec la République, et le manque de coordination de ses divers dicastères, et prouve que nous ne sommes plus gouvernés ! À une autre époque, le pape, premier informé, aurait dans le plus grand secret dépêché dans l'heure ses plus subtils émissaires au sommet de l'État pour démontrer la valeur sociale et non vénale de nos biens. Et tout aurait été arrêté immédiatement. » Avant de conclure : « Vous comprenez à présent pourquoi vos collègues écrivent sans complaisance que rien ne va plus au Vatican ! »

Pape intellectuel, néanmoins lucide sur la nature de certains dignitaires à la robe pourpre, Benoît XVI leur a récemment rappelé : « Il n'est pas facile d'entrer dans la logique de l'Évangile et de laisser celle du pouvoir et de la gloire. » Un message que ces hiératiques princes de l'Église comprennent, même s'ils ne font pas toujours preuve d'humilité ni de bienveillance fraternelle !

3

Rome mode d’emploi et de survie

Une barrière qui de tout temps a freiné l’accès au Vatican est le langage. Cardinaux et *monsignori* s’expriment toujours d’une façon si diplomatique, avec des nuances si subtiles et des mines si malicieuses que ceux qui ne sont pas familiers de Machiavel et de Talleyrand sont déconcertés. C’est à la fois onctueux, respectueux, florentin, solennel et chattemite. De plus, bien qu’on ait l’impression qu’ils chuchotent un latin d’église, persuadés que les murs ont toujours des oreilles[1], les dignes prélats emploient en réalité un italien de messe basse, dans la grande tradition du cardinal Agostino Casaroli, puis de Paul VI qui parlait *mezza voce* et n’élevait le ton que pour les mots essentiels. Technique permettant à son habile interlocuteur de capter sa pensée. Ainsi, pour le suspect et barbare étranger, la communication reste difficile. Il lui faut percer les rites, plus encore que le vocabulaire, et

1. À cet effet, tous les salons et bureaux sont tapissés de lourds tissus qui recouvrent d’épais molletons.

d'abord faire preuve de psychologie, voire de patience, afin d'essayer de deviner quel est le rythme de vie de ce cercle sacré et distant, confiné depuis des siècles dans de silencieux palais. Un univers particulier dont les langues officielles sont l'italien, le latin en tant que langue de l'Église catholique et juridique du Vatican, le français comme langue diplomatique et l'allemand pour la garde suisse. Ce qui signifie surtout observer ce petit monde de l'extérieur, à moins de croiser une âme charitable pour vous initier aux mécanismes des clés et des serrures qui ouvrent les portes de Saint-Pierre. Après tout, le mystère ne fait-il pas partie de l'histoire vaticane ? Miracle, j'ai rencontré mon ange gardien dès que je suis arrivée comme journaliste. Un distingué cardinal italien au profil de médaille, parlant même la langue de Virgile qu'il ne manque pas de pratiquer lorsqu'il se rend dans des pays comme la Lettonie, où c'est la seule langue dans laquelle il peut communiquer avec le clergé local. Au fil des ans, celui qui est à la fois mon espion et mon tuteur est devenu, j'ose le dire, un ami. Un homme d'esprit qui, dès notre première entrevue, regardant sa vieille montre au bracelet de cuir élimé, m'a d'abord rappelé cette phrase immuable, qu'un journaliste pressé et stressé par un imminent bouclage doit tout de suite mesurer : « Votre temps n'est pas le nôtre car le Seigneur a une immense patience. » J'ai compris… Cela ne sert à rien de continuer à ronger le capuchon de mon stylo ! Ce geste n'est pas réparateur puisque, au Vatican, le temps fuyant lentement, il faut toujours être au-dessus de la mêlée et se dire qu'on a l'éternité devant soi, comme le répétait Jean-Paul II : « *Tempus fugit, aeternitas manet* », « Le temps s'enfuit, l'éternité reste ». Une phrase gravée dans la pierre de la charmante église baroque de Wadowice, sa ville natale. Je suis donc aujourd'hui reconnaissante à ce cardinal de m'avoir d'abord enseigné cela. Tout comme il m'a expliqué que le téléphone restait un instrument suspect, un brin diabolique, depuis l'époque où la Wehrmacht contrôlait le téléphone de Pie XII, au même titre que, de nos jours, les mails laissent des traces… C'est pourquoi un simple rendez-vous, en dehors des officiels, est généralement donné loin du Vatican, dans des quartiers plus anonymes, et n'est jamais confirmé par mail. Cette habitude héritée aussi des années 1950, où le cardinal Nicola Canali, alors gouverneur de la cité du Vatican, espionnait tout à travers le téléphone, *via* les sœurs standardistes appartenant à l'ordre des *Pie Discepole del Divin Maestro*, incite à la prudence totale tous ceux qui vivent dans la cité du pape.

Bien que Telecom Italia ait installé en 1992 une centrale téléphonique très performante, dotée de cinq mille cent vingt lignes, connectée à la fibre optique, on passe presque obligatoirement par les standardistes[1] pour joindre les hauts prélats, car ces derniers n'aiment guère donner leur ligne directe. C'est aussi, le cas échéant, plus facile quand ceux qui sont proches des treize religieuses polyglottes du standard[2] veulent se faire discrètement remettre la liste des appels reçus. Seules les lignes du pape, sécurisées, ne peuvent être, en théorie, interceptées. Alors, comment travaillent ces religieuses ? Sous la houlette des frères de la Société Saint-Paul, menées et surveillées par le père Andrea

1. Religieuses parlant surtout italien, espagnol, anglais…
2. Installé près de la pharmacie vaticane.

Mellini, elles s'activent six heures d'affilée. Tenues au secret absolu, encadrées par un prélat des Légionnaires du Christ, *padre* Fernando Vérgez, un père fort actif car il est aussi responsable du site Internet du Vatican, secondé, là, par une trentaine de laïques. Cette centrale, parmi les plus sophistiquées au monde, fait rêver lorsqu'on se rappelle que le premier poste téléphonique fut installé en 1886 dans la bibliothèque apostolique par Giovanni Battista Marzi et que, quelques décennies plus tard, le prix Nobel de physique Guglielmo Marconi[1] monta le premier relais télégraphique entre le Saint-Siège et Castel Gandolfo, et déclara devant le pape : « Avec l'aide de Dieu qui met à disposition de l'humanité tant de forces mystérieuses, j'ai réussi à préparer cet instrument qui donnera aux fidèles du monde entier la consolation d'entendre la voix du Saint-Père. » C'est toujours grâce à cela qu'en 1980, par exemple, afin de parler sans être espionné avec Mgr Camisassa, influent et informé haut prélat de la secrétairerie d'État, le vaticaniste Bruno Bartoloni commençait l'entretien, c'était leur code, en proférant de terribles jurons. Ces paroles heurtaient les chastes oreilles des religieuses qui préféraient raccrocher… Pouvait enfin s'instaurer une vraie conversation entre les deux hommes. Ce même journaliste, qui connaissait bien Jean-Paul Ier lorsqu'il était patriarche de Venise, voulut joindre son secrétaire particulier Diego Lorenzi, alors que son « patron » venait d'être élu. Téléphonant à l'appartement, il eut la surprise de tomber sur « papa Luciani » en personne ! Occasion d'un scoop mémorable car le nouveau souverain pontife,

1. Guglielmo Marconi (1874-1937) contribua au développement du télégraphe sans fil.

peu habitué au filtrage du standard téléphonique, décrochait spontanément le combiné à la moindre sonnerie !

Sans ces précieuses informations et une réelle science du vocabulaire pratiqué sur place, il est pour le journaliste naïf quasiment impossible de travailler ici. Ainsi au début, alors qu'on m'avait expliqué que les cardinaux s'expriment en public avec pondération sur leurs collègues, je restais perplexe en les entendant dire sans cesse « Un tel est haï » ! Cela me semblait si étrange que j'osai demander à mon guide pourquoi tout le monde se détestait si ouvertement… Il sourit et me révéla qu'il n'en était rien et que AI était seulement l'abréviation de *Ad Interim*[1]. De fait, comment « naviguer » si l'on ignore ce qu'est le « camerlingue », un chambellan de l'Église romaine, cardinal placé par le pape à la tête de la Chambre apostolique, ou un cardinal *in pectore*[2], celui dont le nom reste dans le cœur du pape avant d'être dévoilé. Il faut également savoir que les *Novendiales* sont les neuf jours de funérailles officielles du pape, qui débutent avec l'inhumation de celui-ci… Dans la foulée, mon « coach » me fit remarquer qu'à une demande d'audience, lorsqu'ils souhaitent répondre par un refus, les *monsignori* fixent

1. « De façon intérimaire, provisoire ».

2. En 2003, lors du consistoire créant de nouveaux cardinaux, Jean-Paul II avait annoncé qu'il conservait dans son cœur (en latin, *in pectore*) le nom d'un cardinal. Cette possibilité de secret apparue au XIVe siècle permet au pape de protéger un évêque que l'élévation au cardinalat pourrait menacer dans les pays où l'Église est persécutée, comme l'Inde, la Chine… Dès le XVe siècle, il a été acquis que si le pape auteur de la nomination meurt avant d'avoir publié officiellement le nom du cardinal, cette création devient nulle et non effective. De plus, le pape lui succédant n'est point obligé de respecter le choix et la décision de son prédécesseur.

une date si lointaine que la personnalité concernée en tire elle-même les conclusions... De même, quand un événement paraît incertain, répond-on « à la grâce de Dieu » et, pour dire qu'un ecclésiastique sait tout, on le qualifie de « hautement informé », terme inventé naguère par le cardinal du Bénin et doyen du Sacré Collège, Bernardin Gantin. Par ailleurs l'on ne vieillit pas, on avance en âge, l'on accompagne au lieu d'assister, si l'on s'attarde sur les ennuis gastriques odorants, on parle de « l'âme d'un haricot qui monte au Ciel ». Et pour évoquer des relations sexuelles, on parlera de « langage de l'amour ». À cet égard, quel ne fut pas mon étonnement, en allant un jour rendre visite au nonce apostolique Fortunato Baldelli à Paris[1] (ce que je faisais régulièrement) lorsqu'il s'enquit d'une relation des plus amicales qu'aurait eue le président Chirac avec Claudia Cardinale... Je lui demandai alors si le sujet l'intéressait parce qu'elle s'appelait « Cardinale » ! Il ne put s'empêcher de rire... puis d'ajouter : « Je crois que vos hommes politiques ne sont pas des enfants de chœur... » Tout est question d'interprétation ! Une autre fois, pour me laisser entendre avoir conclu un accord privilégié et secret avec un homme politique de premier plan, un cardinal évoqua juste « un arrangement avec le Ciel »... À moi de deviner la suite ! Il est donc essentiel de savoir bien décoder les messages, d'être attentif à des termes parfois surprenants et d'éviter le *name dropping*, fort mal vu et qui attire l'attention, la technique étant surtout de ne pas retenir l'attention.

Deux noms de famille ont toutefois joué un rôle dans l'histoire récente de l'Église de Rome. D'abord celui

1. Nonce à Paris de 1999 à 2009, décédé à Rome le 20 septembre dernier.

d'Igino Cardinale, chef du protocole de la secrétairerie d'État sous le règne de Jean XXIII. Respectable ambassadeur « hautement informé », né aux États-Unis dans une famille italienne, il avait fait une honorable carrière diplomatique de nonce apostolique au Luxembourg et en Belgique et avait écrit en français *Le Saint-Siège et la Diplomatie* ; mais ce brillant sujet ne deviendra jamais cardinal… à cause de son nom ! Une profonde injustice, pensait-il… À ce propos, comment oublier le cardinal Lustiger qui m'avait demandé, lors du cinquantenaire de *Paris Match*, de ne pas l'asseoir à côté de Claudia Cardinale, encore elle, afin de le dispenser des honneurs du *Canard enchaîné*… En revanche, le père capucin, au nom prédestiné de Raniero Cantalamessa (qu'on pourrait traduire en français par Rainier Chantemesse), continue à être depuis des années le prédicateur attitré de Sa Sainteté[1]. Une charge très enviée.

Il y a également des mots ambigus, parfois même étonnants dans un tel contexte et qui surprennent, bien que personne n'ose en parler. C'est comme cela que dans les colonnes de *L'Osservatore Romano*, dont on vient de célébrer un siècle et demi de parution[2], sont

---

1. Le prédicateur vient de publier *Éros et Agapè, les deux visages de l'amour*, aux Éditions des Béatitudes, où il insiste sur l'amour chrétien authentique qui unit les deux héros, la passion et la charité, en rappelant l'importance d'en imprégner toutes les relations humaines et en s'interrogeant sur l'opportunité sociale de l'Évangile.

2. Vingt-cinq journalistes composent la rédaction de *L'Osservatore Romano* qui est diffusé à cent mille exemplaires, toutes éditions confondues, quotidiennes pour l'Italie et hebdomadaires pour les versions française, anglaise, espagnole, portugaise, allemande, polonaise (lancée par Jean-Paul II) et récemment malayalam à destination du Kerala, en Inde méridionale. Le journal est accessible sur le site Internet www.osservatoreromano.va.

annoncées selon la formule d'usage plusieurs fois dans l'année des « érections papales[1] ». Il s'agit de documents émis par le pape ou par un évêque catholique donnant naissance à de nouvelles institutions ecclésiastiques conformément au droit canon : l'érection canonique d'un diocèse par un décret du pape, celle d'une paroisse dont l'évêque signe le décret… Quant au Code de droit canon, l'article 373 précise que l'érection des diocèses revient à l'autorité suprême, soit le pape, tout comme l'érection de nouvelles conférences épiscopales[2]. À ces textes codifiés s'ajoute le très sérieux traité de théologie morale du père capucin Teodoro da Torre del Greco, publié dans les années 1960, qui fait également autorité en la matière. Il donne là encore des indications sur « l'érection des chemins de croix requérant l'accord de l'évêque ». Cet ouvrage précise qu'après l'érection, ce

---

1. Page 2117 du Code de droit canonique, publié en français et latin aux éditions Wilson & Lafleur.

2. Le décret d'application du concile Vatican II officialise les « conférences épiscopales » : « Une conférence épiscopale est une assemblée dans laquelle les prélats d'une nation ou d'un territoire exercent conjointement leur charge pastorale en vue de promouvoir davantage le bien que l'Église offre aux hommes, en particulier par des formes et des méthodes d'apostolat convenablement adaptées aux circonstances. » Quant à l'érection du chapitre de la cathédrale, c'est-à-dire la constitution de l'assemblée des chanoines, c'est là encore le Vatican qui en décide ! Si l'érection des paroisses revient à l'évêque, les maisons religieuses et autres communautés sont érigées par les supérieurs des ordres, en accord avec leur évêque. S'agissant de l'érection d'un monastère, il faut demander l'autorisation du siège apostolique. Enfin, ce même article souligne qu'on ne peut procéder à l'érection d'une maison religieuse ou de sociétés de vie apostolique « si on estime prudemment qu'on ne peut pas répondre à la nécessité de ses membres d'une façon raisonnable » ; quant à l'érection d'emplois ecclésiastiques, « c'est à l'autorité supérieure d'en décider ».

document officiel, signé par le recteur, doit être gardé dans les archives de l'évêché. Ce mot d'érection, aux multiples sens mais couramment employé par des prélats dont la vertu première n'est pas toujours l'humour, surprend les diplomates lorsqu'ils sont envoyés dans la Ville éternelle. Aussi embarrassés qu'étonnés, ils ne savent à qui s'en ouvrir ! À peine arrivés, pour s'imprégner de l'atmosphère du Vatican, les consciencieux nouveaux ambassadeurs s'abonnent à *L'Osservatore Romano* – dont le sous-titre en latin, *Unicuique suum. Non praevalebunt*, soit « À chacun le sien, les portes de l'enfer ne vont pas prévaloir », les plonge déjà dans une certaine atmosphère ! – et quelle n'est pas leur surprise de découvrir dans ce quotidien, en marge des sujets concernant l'Église sur les cinq continents, ces « érections » de surcroît annoncées en caractères gras. Un nouveau jargon que ces habiles diplomates gardent *in pectore* en se rappelant prudemment, comme l'écrivait jadis le cardinal de Retz[1], « qu'on ne sort de l'ambiguïté qu'à ses dépens ». Pages aussi marquantes qu'à l'époque de Jean XXIII, où était écrit dans cette même gazette, sous la plume de Cesidio Lolli, son rédacteur en chef adjoint, lorsqu'il devait citer un discours improvisé de Sa Sainteté : « Voici les paroles du souverain pontife telles que nous avons pu les recueillir de ses augustes lèvres. » Ce même rédacteur qui, lorsqu'il allait auparavant chez Pie XII récupérer les textes et discours du pape, se mettait à genoux pour relire et prendre les dernières corrections dictées par Sa Sainteté. De quoi y perdre son latin, même si le vrai journal du Vati-

1. Le cardinal de Retz (1613-1679) a été archevêque de Paris de 1644 à 1654.

can, celui faisant référence sur le plan historique, est la *Gazette de l'État*. Document où sont consignés les textes en latin *Acta Apostolicae Sedis*, actes du siège apostolique, qui racontent la vie à l'ombre de Saint-Pierre. Dans ce même lieu, les rédacteurs de la revue *Latinitas* n'hésitent pas à décrire avec précision jusqu'à une partie de foot entre prélats dans la cité du Vatican. Articles rapportant même fidèlement les insultes à l'arbitre, impitoyablement traité par exemple d'*arbiter corniger*, d'« arbitre cocu » !

Comment oublier qu'il n'y a pas si longtemps, pendant le concile œcuménique de Vatican II (1962-1965), les intervenants étaient encore tenus de s'exprimer en latin ? Que chaque communication officielle, orale ou écrite, ainsi que les textes votés devaient se faire dans cette langue ? L'érudition des protagonistes était telle que le secrétaire général du concile, l'archevêque Pericle Felici, créé ensuite cardinal et qui fut chargé d'annoncer du haut de la loggia de Saint-Pierre l'élection de Jean XXIII, avait assez d'aisance pour improviser des plaisanteries dans sa « deuxième langue »... D'ailleurs, un jour, il était si embarrassé par la proximité des dames de petite vertu exerçant leurs talents à côté du château Saint-Ange, chemin que les pères conciliaires empruntaient le soir pour rentrer chez eux, qu'il pria instamment dans la langue des Pères de l'Église les autorités municipales de les éloigner !

Sacré latin toujours d'actualité, qui m'a obligée à reprendre mon épais dictionnaire rouge, le Gaffiot, car la seule phrase que je pouvais encore traduire sans problème était *Pacem in Terris*, « Paix sur la Terre ». C'est qu'ici, les multiples indications de lieux restent souvent inscrites en latin, tout comme la description des travaux de restauration. Ainsi, à côté de l'un des ascenseurs, situé à l'entrée du palais apostolique, figure une plaque de bronze signée du cardinal Bacci[1] indiquant que « *Anticuum anabathrum ad acquam con un anabathrum electricum* », l'ancien ascenseur avait été remplacé par un ascenseur électrique. Plus moderne, normes européennes obligent !

Enfin, les employés de la seule agence bancaire du Vatican, l'IOR, sont tenus non seulement de jurer le secret mais de continuer à utiliser le latin… Cela punit aussi le bon chrétien qui souhaite faire des retraits au guichet automatique. Il voit alors s'afficher sur l'écran de contrôle les mots « *Inserito scidulam exequatatio ut faciundam cognoscas rationem* » : « Prière d'insérer s'il vous plaît votre carte afin d'accéder aux opérations autorisées. » Trois options sont ensuite proposées : « *Deductio ex pecunia* » (« Retrait d'argent »), « *Rationum aexequatio* » (« Solde du compte ») et « *Negotium argentarium* » (« Liste des opérations effectuées »). Quand la machine est en panne, le message suivant apparaît : « *Pecuniam non habeo* » (« Je n'ai pas d'argent »)… Des euros donc bien mérités pour qui se plie à cet exercice ! Malgré cela, et le fait qu'on nous répète régulièrement en latin : « *Noli recusare laborem* », « N'ayez pas peur du travail », le latin n'est plus à la mode car la Fondazione Latinitas, l'institution autonome du Saint-Siège, jusque-là gérée avec des fonds propres et en charge de la revalorisation de la langue, vient d'être dissoute et rattachée au Conseil pontifical de la culture présidé par le cardinal Gianfranco Ravasi. Une douloureuse décision pour les latinistes éclairés, étonnamment passée sous silence, qui

1. Le cardinal Antonio Bacci est l'auteur d'un *Dictionnaire du latin moderne*.

n'a fait, fin 2012, l'objet d'aucun communiqué, comme l'a déploré son ancien président, le père Antonio Salvi. « Il s'agit, constate-t-il, d'un étrange paradoxe car Sa Sainteté Benoît XVI reste un authentique défenseur de cette belle langue. Il l'a d'ailleurs démontré notamment dans son important document *Motu Proprio*[1] en 2007, lorsqu'il a remis à l'honneur la messe préconciliaire en latin et sa liturgie. » Même si, paradoxalement, le pape a le privilège de pouvoir signer d'un simple AMDG (*Ad Majorem Dei Gloriam*, « Pour la plus grande gloire de Dieu[2] »), cette décision prive aussi les latinistes du plus difficile des concours humanistes, le *Certamen Vaticanum* où s'affrontaient chercheurs, étudiants et amoureux de cette culture, que Paul VI, grand intellectuel, avait lui aussi encouragé, persuadé, bien que le latin ne soit plus la langue officielle du Vatican pour aller à la rencontre de Dieu, que de bonnes bases étaient essentielles. Cela permettait à d'inventifs prélats, confrontés parfois à de graves tensions et sur lesquelles aucun haut représentant de l'Église n'arrivait à donner une explication rationnelle, d'accuser comme de nos jours Benoît XVI, en dernier recours, Satan, par un vigoureux « *Diabolus fecit hoc* » : « C'est le diable qui l'a fait. » Ça ne s'invente pas ! Enfin, Salvi, qui a l'esprit d'à-propos, a rappelé à l'occasion des récents jeux Olympiques de Londres que leur devise est en latin : « *Citius, Altius, Fortius* » (« Plus vite, Plus haut, Plus fort »), empruntée au père Henri Didon[3], un

1. Acte émanant directement du pape comme législateur suprême de l'Église.

2. Devise des membres de la Compagnie de Jésus, les Jésuites.

3. Le père Didon, né en 1840 en Isère et sportif émérite, mit le sport au cœur de sa pédagogie. En 1896, il assiste aux premiers jeux Olympiques et célèbre une messe en la cathédrale d'Athènes

ami de Pierre de Coubertin qui la mit à l'honneur lors de la création du Comité international olympique en 1894.

Ultime recommandation : ne point oublier ce qui est inscrit dans l'*Encyclopédie catholique*[1], bible de la bienséance vaticane : « La première des attitudes à adopter reste le silence car qui ne dit mot consent » et « Qui se tait est sûr de ne commettre aucun écart », est-il mentionné. Le même ouvrage suggère aussi d'employer des formules évasives et si possible imprécises. Arrivant au mot « secret », le précieux livre explique qu'en dehors de celui de la confession, il en existe deux autres : le premier « de bureau », le second « pontifical », lequel, depuis 1968, remplace le secret du Saint-Office qui, transgressé, entraînait l'excommunication. Tout ce qui concerne la préparation et la rédaction de documents du pape est frappé du grand secret, tout comme les télégrammes diplomatiques, les notes chiffrées, la correspondance du Saint-Père et les nominations... Cela aussi fait partie des arcanes du Vatican permettant de ne pas commettre d'impardonnables faux pas !

« Hautement informée » à mon tour, j'ai dès lors mesuré combien cette enclave ne ressemble à aucune autre, et comme me l'a conseillé un éminent ecclésiastique italien, au Vatican le talent est de commencer par jurer sa bonne foi et ne jamais avoir l'air étonné de rien !

---

devant quatre mille personnes. En 1897, trois ans avant de mourir, il ouvre le 2e Congrès olympique international. Malgré cela, son rôle est resté méconnu de même que la contribution chrétienne à l'idéal olympique du XXe siècle.

1. Éditions Treccani.

4

La guerre de succession est entrouverte

Non si sceglie un gatto in una borsa : « On ne choisit pas un chat dans un sac. » Ce dicton populaire italien, qu'on entend de plus en plus souvent au Vatican, résume l'état d'esprit qui règne maintenant, où les cardinaux osent parler de futurs *papabili*, jouer au « totópapa » et dessiner le profil de celui qu'ils espèrent voir un jour monter sur le siège de Pierre.

Preuve que l'après-Benoît XVI est lancé. En effet, depuis presque une année, des corbeaux distillent à la presse des notes internes sur ce qui se passe au cœur du Vatican. Sans retenue. Les ambitions ont commencé à s'aiguiser quand Joseph Ratzinger, en réalité moins attaché qu'on pourrait l'imaginer à son pouvoir temporel, a clairement annoncé que, lorsqu'il ne pourrait plus physiquement, mentalement et spirituellement mener l'Église, il se retirerait. Une situation que son secrétaire d'État, Tarcisio Bertone, ne peut ni envisager ni imaginer. Comment « son pape » pourrait-il se retirer un jour dans un monastère bénédictin, lui certes attaché à cet ordre mais qui a surtout choisi son prénom parce que Benedetto en italien veut dire Bénit ; outre l'aspect étymologique, il trouve que ça sonne bien à l'oreille ? Ce n'est pas une raison, même si, bien sûr, ses papiers pour l'au-delà sont en règle, ce serait une première qui aurait un certain panache et là il entrerait dans l'Histoire. Joseph Ratzinger a été marqué par la douloureuse fin de Jean-Paul II et, trop fatigué de devoir continuer presque quotidiennement à lutter à son âge contre une bureaucratie ingouvernable, le jour où il sera au bout de ses forces il ne fera pas de résistance. Ayant peu de goût pour le pouvoir absolu, il ne cache point ne pas souhaiter en arriver à devoir gérer un milliard cent quatre-vingt-quinze millions de croyants assis dans une chaise roulante. Sans doute rêve-t-il déjà d'être plongé dans le silence, avec Dieu pour seul compagnon, d'écrire enfin son journal de l'âme et de s'égarer dans une forêt de livres… Cette confession agite donc le Tout-Vatican et a déjà entraîné certains cardinaux à se lancer dans la bataille officieuse, même si, en théorie, c'est l'Esprit-Saint et lui seul qui, le jour venu, sous la voûte de la chapelle Sixtine, inspirera les cent dix-neuf « robes rouges » pour choisir le successeur du prince des apôtres.

Comme l'explique le cardinal Poupard : « Contrairement à ce que l'on imagine vu de l'extérieur, les cardinaux se connaissent mal, en dehors de ceux de la Curie, résidant à Rome[1], car ils ne se rencontrent ici qu'à l'occasion des synodes des évêques, des consistoires et autres grandes manifestations autour du souverain pontife. Or ceux à la tête d'archevêchés importants aux

1. Ceux occupant des sièges résidentiels, à la tête des dicastères et congrégations romains.

quatre coins de la planète croisent plus qu'ils ne voient leurs collègues des dicastères romains et ici ils sont, la plupart du temps, happés par de multiples obligations romaines et pris en main par leurs ambassadeurs respectifs. C'est pourquoi mes collègues sont souvent obligés de se plonger dans l'annuaire pontifical, épais *Who's Who*[1] de tissu rouge de l'Église de Rome, riche de deux mille pages, publié par la Libreria Editrice Vaticana, mais sans photo en dehors de celle du pape, ce qui les aide moins qu'un trombinoscope ! »

Les cardinaux électeurs apprennent en réalité à mieux se connaître lors des neuf journées de préconclave, comme ce fut le cas avec le cardinal Ratzinger qui, en tant que doyen du Sacré Collège, eut la charge et l'honneur de célébrer les funérailles de Karol Wojtyła et de prononcer une oraison funèbre qui impressionna vivement l'ensemble de ses pairs. C'est à lui, Joseph Ratzinger, que revint de rédiger le discours et le prêche, au cours d'une messe solennelle, avant l'entrée en conclave. Lui, qui présida les fameuses journées précédentes. Lui déjà qui, le regard droit, le verbe assuré, avait accueilli au Vatican deux années auparavant les prestigieux hôtes de Jean-Paul II venus écouter du Beethoven lors du concert donné par l'orchestre symphonique du *Mitteldeutscher Rundfunk* pour fêter les vingt-cinq ans de son pontificat. Lui qui, le 5 juin 2004, avait officiellement représenté le pape aux célébrations du 60e anniversaire du débarquement de Normandie… Des événements qui l'ont propulsé sur le devant de la scène internationale et

1. Publication annuelle, avec notes biographiques, de la liste de ceux qui comptent dans le pays, tous domaines confondus.

ont ensuite démontré sa capacité à gérer l'interrègne. Voici pourquoi ceux qui sont déjà dans la lumière ont un indéniable avantage sur leurs collègues. Ainsi que le souligne le proverbe italien cité en début de chapitre, les cardinaux ne veulent plus choisir un pape à l'aveuglette. Il faut donc aujourd'hui faire campagne, ce qui, dans le cas d'un prince de l'Église, signifie se démarquer habilement, prendre de l'avance par rapport à ses pairs sans créer de pression médiatique ni donner dans le vedettariat, tout en démontrant sa force de caractère. Soit… une alchimie complexe qui exige déjà de savoir parler à Dieu et galvaniser son peuple. À l'inverse de ce qui se pratique en politique, un candidat au trône de Pierre ne doit pas seulement occuper une tribune influente, largement relayée au moins par les médias spécialisés, intervenir dans le débat éthique et social de son pays et définir son « programme moral et spirituel » ; il faut aussi qu'il publie des livres en plusieurs langues, afin de s'affirmer au fil de l'encre. Écrire est devenu capital pour exister et relayer sa pensée. Paradoxalement, il faut peu apparaître dans les journaux et surtout ne pas se faire photographier. Un homme d'Église n'est pas une vedette et doit toujours se rappeler le dicton « Qui entre pape au conclave en sort cardinal ». Cela a été maintes fois vérifié !

Désormais, beaucoup de cardinaux étrangers, archevêques des grandes villes, refusent d'imaginer un conclave de forme, dont on connaîtrait déjà l'élu. Ils réprouvent surtout l'idée de freiner l'internationalisation du Vatican et espèrent bien qu'après trente-quatre années de papauté étrangère, il n'y aura pas de retour à la tradition des Italiens. Même s'il s'agit moins de s'interroger sur les divers candidats que de définir l'avenir de l'Église et sa plate-forme.

Le successeur de Joseph Ratzinger héritera d'un certain nombre de sujets incontournables, parmi lesquels la volonté d'une Église moins centralisée et en plus étroite collégialité avec ses évêques, le dialogue avec l'Islam tout en respectant le peuple juif, celui du sort des intégristes de la Fraternité Saint-Pie-X, car, depuis plusieurs années, ce dossier suivi personnellement par Benoît XVI entre Rome et Écône[1], n'est toujours pas réglé. Il devrait y avoir un accord historique avec cette branche de fidèles appelés plus sévèrement « intégristes », depuis cinquante ans en opposition avec le Saint-Siège à propos du concile Vatican II et juridiquement en rupture depuis juin 1988 lorsque Mgr Lefebvre osa ordonner quatre évêques à Écône, malgré l'interdit de Jean-Paul II. Cette réconciliation passerait par une prélature personnelle avec une réelle autonomie et son supérieur rendrait directement compte de son action au pape, compromis acceptable puisqu'il protégerait l'aspect traditionaliste de ses rites.

Points également importants : l'épineuse question de la morale sexuelle avec la contraception, la fécondation médicalement assistée, la bioéthique, l'homosexualité, l'euthanasie, le divorce. Autres sujets : la sécularisation et la crise des vocations, l'attention aux communautés charismatiques et aux mouvements laïcs, le rapprochement avec les orthodoxes russes surtout, car les relations avec Constantinople se sont déjà améliorées, l'ordination des femmes et l'éventuel

---

1. Leur fief en Suisse, c'est-à-dire avec les disciples de Mgr Lefebvre.

mariage des prêtres[1] ou plus probablement la consécration d'hommes mariés. Rappelons que ceux des Églises orientales de rite byzantin, tels les chaldéens d'Irak, les coptes d'Égypte et les maronites, dont le berceau est le Liban, le sont pour moitié. Un clergé plus serein, comme le souligne Bechara Boutros Raï, patriarche d'Antioche et de tout l'Orient. Sujet pourtant quasi tabou à Rome, qui n'aime guère l'aborder car nombre de ces prêtres ont une famille. Le cardinal Leonardo Sandri, préfet de la Congrégation pour les Églises orientales, m'a d'ailleurs raconté un jour, souriant, qu'en visite au Moyen-Orient, se trouvant sous une pluie battante avec un vicaire général, celui-ci lui dit : « Ne vous inquiétez pas, ma femme va venir nous chercher avec un grand parapluie ! » Et d'ajouter : « J'ai, sur le moment, légèrement sursauté car ce genre de dialogue ne m'est guère familier ! » À ces multiples thèmes, il faut ajouter la politique des migrants, les dérives de la finance internationale… Et l'écologie, sujet de pointe du patriarche orthodoxe de Constantinople, Bartholomeus Ier, auquel Benoît XVI, jardinier des âmes, est également sensible, lui qui depuis a fait entièrement couvrir le gigantesque toit de la salle des audiences de panneaux solaires et souhaitait se déplacer place Saint-Pierre à bord d'un véhicule électrique. Mais ces nouvelles automobiles de faible puissance ont peu de reprise et ne peuvent supporter de vitres blindées. Il a donc dû se rési-

1. Le célibat des prêtres est une discipline mise en place tardivement en Occident, au XIIe siècle. D'après un récent sondage du quotidien *La Croix*, 73 % des catholiques français seraient favorables au mariage des prêtres.

gner à continuer d'utiliser des Mercedes et des Fiat classiques.

Il est dans ces conditions difficile de dresser un portrait-robot du prochain pape. Le Sacré Collège semble cependant souhaiter un souverain pontife plus jeune, qui se consacrerait moins, telle une âme solitaire, à la théologie, mais serait d'abord un pape d'ouverture, un citoyen du monde sachant tirer les leçons d'une situation de crise ayant lourdement affaibli et affecté l'image de l'Église. La multinationale qu'elle est, paralysée devant les arbitrages, n'a pas su renouveler son « personnel » et reste trop centralisée. Ce sont les critiques qui reviennent le plus souvent lorsqu'on se penche sur le bilan de Benoît XVI. Formulées sans ambiguïté par l'archevêque émérite de Milan, Mgr Carlo Maria Martini, déjà évoqué dans un précédent chapitre, qui dans son testament moral suggérait au pape et aux évêques de « chercher douze personnes hors ligne pour les postes de direction. Des hommes proches des pauvres, entourés de jeunes et qui expérimentent du neuf. Nous avons besoin de confrontation avec des hommes brillants pour que l'Esprit puisse se répandre partout ». Ces mises en garde, doublées de son interview *post mortem*, ont créé là encore un malaise. Pour preuve, *L'Osservatore Romano* n'y a fait aucun écho, préférant évoquer « l'esprit d'Ignace » et « l'Homme de Dieu qui non seulement a étudié l'Écriture Sainte mais qui l'a aimée intensément et en a fait la Lumière de sa vie ». Cela renforce le ressentiment des évêques et archevêques des Églises locales qui se considèrent désormais comme les piliers. Ils représentent la base et tiennent à prendre enfin part aux grandes décisions. Ils supportent toujours plus mal cette concentration de pouvoir pyramidal, quasi tribal, ne reposant que sur l'évêque de Rome et les cardinaux de Curie « en habit de cour », selon eux peu au fait des difficultés sur le terrain. Parmi leurs plus sévères critiques, il y a notamment le refus de donner la communion aux couples divorcés. Lacunes ayant aussi beaucoup joué dans la crise des vocations, notamment chez les femmes, passant de 767 000 en 2004 à 729 000 en 2009 – derniers chiffres officiels –, même s'ils reconnaissent que le dysfonctionnement des paroisses en Europe a contribué, avec la concurrence du protestantisme évangélique et de l'islam, à affaiblir l'identité chrétienne de l'Europe.

Le nouveau pape devra avoir une attitude plus pastorale, ouverte, et faire souffler un vent de réformes. Ce qui signifie oser remettre en cause le pouvoir de la Curie et méditer sur le style de gouvernance. Soit être une autorité morale mondiale d'une grande aura, à même de défendre la doctrine traditionnelle tout en faisant évoluer la théologie. Cela implique d'avoir d'abord le ressort de pouvoir flotter au gré des courants comme le pingouin sur la banquise. C'est donc de « campagne électorale » dont nous allons parler, bien que ce terme soit banni par le droit canon. Alors comment aborder ce sujet délicat, dès lors qu'il n'y a pas vacance du siège apostolique ?

Si les éventuels candidats n'embrassent plus les enfants, traumatisés par ailleurs qu'on puisse maintenant y voir le moindre penchant à la pédophilie, et ne serrent pas des mains à longueur de journée comme les hommes politiques, ils déclenchent souvent les ovations de la foule massée devant leur archevêché. Des marées humaines de croyants attendant les jours de messe leur bonne parole et leur bénédiction, comme je l'ai vu à Venise dans la basilique Saint-Marc et au Duomo de Milan, dans ces deux circonstances avec le cardinal Angelo Scola, qui en impose par son charisme, son panache et son autorité naturelle. Se préparer au poste suprême requiert des années de patience, la première des vertus cardinales. Au fil des mois, chacun affine sa stratégie, son programme, et tente d'obtenir l'onction du souverain pontife, d'en devenir le fils spirituel. Un pape est considéré, selon l'expression anglaise fort explicite, comme *the King Maker*, « le faiseur de roi ». Avec autour de lui des groupes, et non pas des partis, qui se forment discrètement avec le temps. D'un côté, les néo-conservateurs et les modérés centristes – dont les votes seront précieux le jour J où il faut atteindre la majorité des deux tiers, condition essentielle pour que la fumée blanche s'élève au-dessus du dôme de la chapelle Sixtine –, de l'autre, les progressistes, plus ouverts, et les libéraux. Dans cette classification où il n'y a pas d'opposition révélée d'une tendance par rapport aux autres, quelques personnages se verraient volontiers revêtir la soutane et le camail blancs de la maison Gammarelli qui habille les papes depuis le XVIIIe siècle.

Il faut donc suivre avec intérêt huit cardinaux dotés d'une réelle personnalité avec des styles fort différents : en premier lieu, le cardinal-archevêque de Milan, Angelo Scola, ci-dessus cité, 71 ans, à la tête du plus grand diocèse du monde, témoigne d'une réelle proximité personnelle et intellectuelle avec Benoît XVI. Un parcours sans faute et insolite pour ce cardinal au prénom prédestiné. Ce fils du peuple, dont le père, camionneur communiste, lisait *L'Unità,* naguère la bible du prolétariat italien, a la distinction des princes de l'église d'autrefois. Il a quitté la cité des Doges et la basilique Saint-Marc pour le Duomo de Milan. Cas unique dans l'histoire. En nommant le patriarche de Venise archevêque de Milan, le pape en a fait un personnage incontournable. Car, avec trois mille prêtres en exercice (l'équivalent d'un sixième des prêtres français), son archevêché représente un État dans l'Église, une enclave dans l'épiscopat italien presque aussi importante que le Vatican. Quel défi pour ce prêtre du clergé séculier qui collaborait dans les années 1970 à *Communio*, la revue théologique de référence à l'époque, dont Joseph Ratzinger était l'une des signatures importantes. Aussi travailleur qu'habile et déterminé, Scola a, aux yeux des catholiques libéraux et de certains de ses collègues, un seul péché : celui d'avoir, dans le passé, affiché une proximité avec le mouvement milanais de droite Communion et Libération, puissance politique, économique et intellectuelle de cent mille membres, ancrée dans le catholicisme social. Ce brillant personnage au physique imposant a le tempérament d'un homme politique. Il s'est cependant éloigné de ce mouvement, car il mesure combien ce lien, qu'il tâche de faire oublier, divise au sein même de son église milanaise. Mais il va de l'avant et continue de s'impliquer dans le monde culturel et la catéchèse sociale. Ses années de recteur de l'université pontificale du Latran[1] lui ont appris à articuler réflexion et action. Lorsque j'ai osé lui demander s'il aimerait être le 266e pape, il m'a répondu avec sérénité, en me regardant droit dans les yeux : « La première

1. Il a été là chargé d'un enseignement de christologie.

mission du cardinal n'est pas d'élire le souverain pontife mais, comme le symbolise le rouge de notre robe, d'être prêt à donner notre sang pour l'Église. » Puis, imperturbable, il a ajouté : « Tout est entre les mains de la Providence mais il y a parfois des accidents de l'histoire… » Je lui ai alors rappelé qu'au XXe siècle la Sérénissime avait donné trois papes – Pie X, Jean XXIII et Jean-Paul Ier – et Milan deux – Pie XI et Paul VI. Et là, il m'a juste souri… Un avantage en effet que cette onction du Saint-Père qui, après s'être rendu à Venise en mai 2011 et avoir même navigué avec « son patriarche » sur le Grand Canal dans une gondole spécialement repeinte en blanc, l'a retrouvé en juin 2012 à Milan pour célébrer à ses côtés une grand-messe à l'occasion de la Journée mondiale de la famille. Être venu deux fois en une année soutenir son « candidat » est un honneur dont n'a bénéficié aucun autre des membres de son « Sénat ». Tous les regards sont donc tournés vers Angelo Scola car il s'agit là d'une forme de consécration, de protection divine. Une désignation masquée ? Il est vrai, comme l'explique un de ses collègues italiens et fin observateur, que, « si l'on est habile et ambitieux, Milan donne des ailes… et chacun sait qu'ici tout commence en mystique et finit en politique ». D'ailleurs, le cardinal secrétaire d'État n'a-t-il pas, tout récemment, annoncé que le Vatican allait officiellement rejoindre l'Exposition universelle de 2015 qui se tiendra à Milan, devenant ainsi le 106e État à participer à cet événement planétaire ? En 1962, Jean XXIII avait certes autorisé le transport de la Pietà de Michel-Ange à New York pour l'Exposition universelle de 1964-1965, mais la révélation de cette participation effective du plus petit État du monde marque, une nouvelle fois, la volonté du cardinal Bertone de s'affirmer sur le plan international. Une habile façon de voler la vedette au pape ou, à tout le moins, au maire de la ville lombarde en se mettant une fois de plus sur le devant de la scène.

Mais il n'est pas seul comme Italien du Nord, car Gianfranco Ravasi, 70 ans, est également animé par de grandes ambitions, même s'il est moins charismatique. L'actuel ministre de la Culture de Benoît XVI, créé cardinal le 10 novembre 2010, pourrait être un *outsider* de dernière minute. Il risquerait d'enlever des voix à Angelo Scola et d'entraîner la division parmi les vingt-neuf Italiens votants si le conclave avait lieu très bientôt. Il a créé en avril 2011 le « Parvis des Gentils » afin de dialoguer avec les non-croyants. Une référence au parvis du temple de Jérusalem qui, dans l'Antiquité, était accessible aux païens, et surtout un thème porteur pour s'affirmer. À travers un dialogue autour de l'anthropologie et la culture, cela permet d'organiser des colloques, comme il le fit en 2011 à l'Unesco, à la Sorbonne, à l'Institut de France, avec un message du pape. Ce large réseau de catholiques mais aussi de non-croyants est un thème rassembleur que, subtilement, le cardinal Ravasi a eu soin de gérer plutôt que de le laisser filer dans le dicastère romain chargé de la nouvelle évangélisation. C'est à Paris, ville pilote, qu'il a initié ce type de manifestations, en ayant le réflexe de s'adresser à l'un des maîtres en communication de la place, Michel Calzaroni[1], afin d'en tirer la meilleure des publicités. Il a depuis exporté ce concept en Europe et aux États-Unis sans pour

1. À la tête de DGM Conseil.

autant oublier l'Italie où s'est tenu, pour la nouvelle édition du « Parvis des Gentils », un débat entre lui et le président de la République Giorgio Napolitano sur le thème « Dieu cet inconnu ». Le prochain dialogue entre croyants et non-croyants va avoir lieu en juin 2013 à Marseille autour de la figure de l'écrivain athée Albert Camus[1]. Ce qui lui donne une autre tribune internationale, en plus de sa présidence du Conseil pontifical pour la culture[2]. Ravasi a dirigé la prestigieuse Bibliothèque ambrosienne de Milan, publié une cinquantaine d'ouvrages, tient maintenant une rubrique dominicale sur Canale 5 et intervient régulièrement dans les médias italiens. Il fait partie de cette génération de cardinaux qui ont compris que pour monter encore plus haut, il faut occuper l'espace et pas seulement prêcher dans les églises ! C'est pourquoi bon nombre de vaticanistes ayant analysé ses méthodes et son parcours voient en cet intellectuel milanais un possible *outsider* !

Le troisième est Péter Erdő, 60 ans, primat de Hongrie, cardinal-archevêque d'Esztergom-Budapest. Réélu pour la deuxième fois, le 30 septembre 2011, président du Conseil des conférences épiscopales européennes, ce Transylvanien très aimé dans son pays, dont Jean-Paul II avait fait en 2002, à 50 ans, son benjamin, est de par cette fonction à la tête d'une importante tribune géopolitique qui lui donne l'occasion d'intervenir sur l'un des grands sujets de ce début de XXIe siècle : le combat contre la pauvreté et non contre les pauvres, souvent exclus. Comme il le souligne, les raisons de

1. Albert Camus (1913-1960).
2. Fonction qu'il occupe depuis novembre 2007.

la crise économique mondiale ne relevant pas seulement, d'après lui, des chiffres, mais aussi de la nature profonde de l'être humain, ainsi que d'autres thèmes… Il rencontre aussi les chefs d'État, impressionnés par sa vaste connaissance de l'Europe et les sept langues qu'il parle ! Si ces derniers ne votent pas au conclave, certains ont un réel ascendant sur les cardinaux de leur pays. Ce docteur en théologie et en droit canon, juriste reconnu, chercheur à l'université de Berkeley, en Californie, il est également membre de la Congrégation pour l'éducation catholique et du Conseil pontifical pour les textes législatifs, ainsi que du Tribunal suprême pour la signature apostolique. Pourtant, lorsque je l'ai interrogé sur son avenir, il m'a répondu dans un français parfait : « L'essentiel est pour moi d'annoncer l'Évangile dans les grandes villes où la relation humaine s'appauvrit. Car, malheureusement, la foi déserte les métropoles européennes, et l'Église semble absente des enjeux de l'urbanisation. » Comment cependant ne pas noter que, ayant fait l'unanimité au sein du Conseil des conférences épiscopales d'Europe (CCEE), bon nombre de ses pairs pourraient un jour voter en sa faveur, même si d'aucuns soulignent qu'il n'a pas d'expérience de la Curie.

La quatrième personnalité montante à Rome est le cardinal Marc Ouellet, 68 ans, archevêque de Québec jusqu'à ce qu'il devienne, il y a deux ans, préfet de l'influente et stratégique Congrégation des évêques. C'est à ce titre qu'il rencontre de futurs « électeurs » parmi les archevêques. Qui sait ? C'est l'homme le plus « courtisé » et à présent l'un des deux les plus en vue pour le poste suprême. Le fait que toutes les nominations de robes mauves, un processus minutieux, passent par lui en fait un acteur de premier plan[1]. De plus, l'archevêque de Québec avait été choisi, honneur significatif lorsqu'on sait l'importance que le pape Benoît XVI accorde à la liturgie, pour le remplacer en juin dernier au 50e Congrès eucharistique international à Dublin. Ce cardinal issu de l'ordre des franciscains séculiers, qui préside régulièrement des cérémonies, comme en mai le pèlerinage militaire international de Lourdes, est le *papabile* du Nouveau Monde. Ce haut prélat à la carrure imposante a enseigné la philosophie en Colombie et la théologie dogmatique à l'Université pontificale du Latran à Rome. Il a été missionnaire en Amérique latine, continent où il est fort populaire et dont il connaît tous les cardinaux, car il est également président de la Commission pontificale pour l'Amérique latine. De plus, il est soutenu par la puissante organisation des Chevaliers de Colomb qui regroupe 1,8 million de fidèles de par le monde, dont bon nombre au Canada[2]. Il a l'avantage d'être originaire d'Amérique sans être issu des États-Unis ! Ce voisin fort apprécié des Américains du Nord et du Sud a préféré, quand je lui ai posé la question de confiance, éluder en évoquant la beauté de la nature de

---

1. À la suite d'une consultation auprès des évêques du Canada, le Saint-Siège a étendu le territoire de l'ordinariat anglican catholique de la chaire de Saint-Pierre pour y inclure le Canada, vient d'annoncer la conférence des évêques catholiques du pays. Les groupes et les membres du clergé anglican au Canada, qui sont en pleine communion avec l'Église catholique, pourront désormais conserver leurs traditions liturgique, spirituelle et pastorale. Un privilège discrètement négocié par le cardinal Marc Ouellet.

2. Riche ordre catholique laïc né en 1882 aux États-Unis, principalement engagé dans la charité.

son Québec natal… avant de souligner juste qu'il ne se considère absolument pas au niveau de l'actuel pape.

Le cinquième, Óscar Andrés Rodríguez Maradiaga, 70 ans, seul cardinal du Honduras et élu en mai 2011, pour un deuxième mandat, président de Caritas Internationalis, est un talentueux électron libre classé au Vatican plutôt à gauche, parce qu'il fustige les démocraties et les bourgeois, et part en guerre contre la corruption des « républiques bananières » dont, en premier lieu, celle de son pays où est justement née cette expression. À cause de ses idées courageuses, il séduit davantage les journalistes, qui dressent toujours de lui d'éblouissants portraits, que les cardinaux, inquiets de ce qu'il pourrait déclarer… Son premier défaut, soulignent ses collègues avec un certain cynisme, est d'être trop sympathique ! Il faut reconnaître qu'avec son physique de « *latin lover* », ses yeux de braise et son sourire éclatant, on croirait plus volontiers le cardinal hondurien sorti de Cinecittà que de la cité du Vatican… Pourtant, il est, parmi les vingt-trois votants, l'un des plus connus d'Amérique latine. Un franc-tireur surtout engagé dans la politique des migrants et des déshérités, dans l'écologie, le combat contre les dictatures et les dérives de la finance internationale, qui s'est lancé il y a quelques années avec l'aval de Rome dans une campagne auprès des chefs d'État et de gouvernement du G8 pour obtenir l'annulation de la dette des pays les plus pauvres ; l'ardent défenseur des droits de l'homme va frapper à la porte de chaque grand dirigeant, pour effacer l'ardoise. Il partage son temps entre ses responsabilités ecclésiales d'archevêque de Tegucigalpa, ses activités au sein de diverses commissions à Rome et sa présidence de Caritas Internationalis[1] où il a été réélu avec 75 % des voix en mars 2011. Ces fonctions l'ont amené à rencontrer bon nombre de chefs d'État, parmi lesquels Angela Merkel, Gordon Brown, José Manuel Barroso… Prêtre de l'ordre des Salésiens, docteur en théologie morale, psychologie et psychothérapie, musicien accompli de surcroît – il joue de la contrebasse, du saxophone, du piano, de la guitare –, celui qu'on citait déjà parmi les possibles successeurs de Jean-Paul II, mais qu'on trouvait trop jeune à l'époque, a maintenant, à 70 ans, l'âge et l'expérience pour avoir de l'influence lors du prochain conclave car il incarne la continuité autant que la légitimité face à la secrétairerie d'État qui souhaite resserrer les liens avec Caritas Internationalis.

Le sixième personnage très observé est son voisin américain, le cardinal Sean Patrick O'Malley, 67 ans. D'origine irlandaise, ce capucin est le plus populaire des treize cardinaux américains. C'est lui qui a négocié le délicat dossier des cinq cents victimes américaines de la pédophilie et les accords de dédommagement avec les diocèses. Ce qui lui vaut l'admiration de tout le clergé des États-Unis. Mais l'Amérique, trop grande puissance aux yeux du Vatican, lui fait peur…

Plus classique, le septième, l'Argentin Leonardo Sandri, 69 ans, que tout le monde croit italien mais dont les parents nés dans le Trentino ont émigré à Buenos Aires, est l'actuel préfet de la Congrégation pour les Églises orientales. Beaucoup verraient en cet homme affable, qui a aussi été nonce apostolique, un compromis entre la vieille Europe et l'Amérique latine. Sandri a étudié la biologie et le droit canon avant

1. En France, c'est le Secours catholique Caritas France.

de rejoindre Rome et l'Académie pontificale[1], ce qui l'a mené à Madagascar, au Paraguay, au Venezuela, au Chili, au Mexique, aux États-Unis... avant d'être nommé substitut de la secrétairerie d'État et d'annoncer à ce titre, devant les caméras du monde entier, le décès du pape Jean-Paul II. Dans cette fonction qui correspond à celle de secrétaire général du gouvernement, soit le numéro trois dans la hiérarchie de l'Église, ce cardinal souriant a vu passer le gratin international, et sa nature joviale en a fait une personnalité populaire au Vatican. Nommé en 2004 préfet de la Congrégation pour les Églises orientales et grand chancelier de l'Institut pontifical oriental, il occupe un poste stratégique dans le cadre du rapprochement avec les Églises d'Orient et a, de plus, l'avantage d'être un Argentin d'origine transalpine. D'ailleurs, avec son nom à consonance italienne, ses collègues du Sacré Collège auraient l'impression de ne pas vendre leur âme à un étranger...

Le huitième, enfin, João Braz de Aviz, 65 ans, préfet de la Congrégation pour les instituts de vie consacrée et les sociétés de vie apostolique, a été pendant sept ans l'archevêque de Brasilia. Jeune prêtre, pris dans une fusillade et atteint aux poumons et à l'intestin, il a gardé d'invalidantes séquelles des balles. Déjà remarqué par Jean-Paul II, c'est Benoît XVI qui en fera un cardinal. En Amérique latine, ce haut prélat moderne et progressiste est considéré comme le Jean-Paul II de l'hémisphère Sud. Chaleureux, mais plutôt discret, ce Brésilien qui a fait l'admiration de ses pairs pour

1. L'ENA du Vatican, voie royale pour la diplomatie que cette « école » des nonces.

son courage physique est regardé de Rome comme un autre possible *outsider*.

Pas d'Africains, vous étonnerez-vous, alors que l'Église spontanée et généreuse d'Afrique a donné trente-cinq mille prêtres ces dernières années ? Mais la chair est parfois faible… sur ce vaste continent. C'est pourquoi, lorsqu'ils célèbrent la messe, ils commencent souvent par demander pardon pour leurs nombreux péchés. Leur culture dans ce domaine est fort différente, ce qui explique les paroles si sévères du cardinal Robert Sarah[1] lors du synode pour l'Afrique en octobre 2009 : « La violation de la règle du célibat et de la chasteté du clergé semble progresser en Afrique. Sur ce continent, certaines églises locales connaissent trop de cas de prêtres dont la conduite morale est scandaleuse. » À la demande du pape, des prêtres mais aussi des évêques, notamment en République centrafricaine, durent démissionner. À l'heure de l'ADN, les évêques locaux savent que les membres de leur clergé fondent souvent une famille… C'est exact, reconnaît le père Fidèle Sathud Bazola, venu du Congo pour exercer son ministère à l'église Sainte-Eugénie de Biarritz, mais qui souligne que, sur son continent, il n'y a, en revanche, aucune homosexualité ni pédophilie, « pour nous une horreur ! »

Il serait cependant problématique que, élu au poste suprême, après qu'il eut été solennellement proclamé un sonore « *Habemus Papam* », on entendît quelques jours après un timide « *Habemus Filium* »… ! Scandale planétaire garanti ! Les très vieux cardinaux de sa géné-

---

1. À l'époque, numéro deux de la Congrégation pour l'évangélisation des peuples.

ration n'ont pas oublié l'enthousiasme de feu Joseph-Albert Malula, premier cardinal de la République démocratique du Congo[1] qui, chaque fois qu'il venait à Rome, voulait emmener sa femme et ses enfants pour se faire bénir par Jean-Paul II… Cela provoquait un grand émoi et des incidents diplomatiques répétés à la secrétairerie d'État, que le cardinal ne pouvait comprendre car, à ses yeux, « chaque naissance est une joie », comme il est dit dans l'Évangile ! En Afrique, la concurrence entre les évangélistes, les animistes, les musulmans et les catholiques est telle qu'on évite de trop enquêter sur l'existence personnelle de ces prêtres dynamiques et joyeux qui, lorsqu'ils deviennent cardinaux, aiment revêtir la pourpre à Rome place Saint-Pierre et porter la croix comme un bijou. Ils ont raison car quand ils arrivent sur la plus célèbre place du monde, on ne voit qu'eux ! Comme me l'a confié *padre* Tucci, longtemps responsable des voyages de Jean-Paul II, lors d'un déplacement en Afrique, alors que tous les évêques noirs insistaient pour l'accompagner dans l'avion et que Roberto Tucci ne savait pas comment s'en sortir, le Saint-Père lui répondit : « Non seulement ils sont trop nombreux, mais si l'avion tombait, remplacer le pape ne serait pas difficile, trouver en revanche une quarantaine d'évêques à la morale indiscutable, sans enfants ni sombres histoires d'argent, serait beaucoup plus compliqué !

Les huit personnalités citées plus haut sont d'une certaine façon les vedettes d'un Vatican dormant, dont

---

1. Né le 17 mai 1917 à Léopoldville, mort à Louvain le 14 juin 1989. Créé cardinal par Paul VI, il fut archevêque de Kinshasa de 1964 à 1989.

un signe ne trompe pas : lorsque je les ai interviewées pour leur demander si, un jour, elles se verraient succéder à Benoît XVI, la question les a embarrassées, la moitié d'entre elles, préférant ne pas répondre, ont employé la langue de bois. Cela ne m'a pas démontée, car avec *padre* Lombardi, j'y suis habituée... Une longue pratique du Vatican m'a enseigné que, à l'instar des anciens pays de l'Est dont au temps de la guerre froide les kremlinologues soupesaient chaque mot, ce sont à la fois le silence et les nuances qui comptent !

Et quand je leur ai proposé de les photographier pour la postérité, six ont accepté spontanément : les cardinaux Erdő, Maradiaga, Ouellet, Ravasi, Sandri et Scola. Les deux derniers m'ont avec courtoisie opposé un agenda trop rempli... Comme me l'a confié l'un des cardinaux les plus en vue, mais qui exige l'anonymat, au-delà des tendances, le timing reste essentiel. En effet, dans la Ville éternelle plus qu'ailleurs, « le temps est comme un fleuve que formeraient les événements », m'a-t-il rappelé, empruntant cette citation de l'empereur romain Marc Aurèle. Alors, pour tenter d'imaginer le prochain conclave, il faut procéder par éliminations. « Le continent asiatique, souligne-t-il, avec une Église très minoritaire et malheureusement souvent persécutée, qui a seulement dix cardinaux, paraît ne pas jouer un grand rôle ; de même que le sous-continent indien, qui ne compte que trois cardinaux, ou encore l'Australie, avec un seul représentant. L'Afrique, pour l'heure, a peu de personnalités émergentes[1] en dehors du cardinal ghanéen Peter Turkson,

1. Mais considérées dans leur pays quasiment comme des chefs d'État, comme le veut la tradition africaine.

à la tête du Conseil pontifical Justice et Paix, et du Guinéen Robert Sarah, qui préside à Rome le Conseil pontifical *Cor Unum*. De plus, leur Église n'est pas mise en valeur par un pape plus attiré par le chant grégorien que les *negro spirituals*, et les rites liturgiques africains avec les danses et les chants auraient à ses yeux, d'après son entourage, des connotations sexuelles ou guerrières. Culture peu en phase avec son tempérament, bien qu'il y ait récemment consacré un synode des évêques[1]. Il serait donc étonnant qu'un cardinal noir succède à Benoît XVI, même s'il est politiquement correct d'en parler ! Toutefois, afin de ne pas paraître raciste, l'entourage de Benoît XVI évoque volontiers la mémoire du cardinal Bernardin Gantin, majestueux Béninois, doyen du Sacré Collège avant Joseph Ratzinger et Angelo Sodano, qui avait marqué son époque, puis de conclure : "Ce n'est pas parce que Barack Obama est entré à la Maison Blanche que Rome s'en inspirera !" Quant à l'Amérique latine, corne d'abondance du monde catholique avec quatre cent cinquante millions de fidèles, soit la majorité des croyants de la Terre, il n'y a guère de solidarité entre leurs cardinaux, mais un sourd esprit de compétition entre les Argentins Jorge Mario Bergoglio et Leonardo Sandri, le Hondurien Óscar Andrés Rodríguez Maradiaga et le Brésilien João Braz de Aviz, qui de toute manière comme grands électeurs joueront un rôle. C'est pourquoi la vieille Europe pourrait, en dehors des possibles *outsiders* d'Amérique latine, d'Amérique du Nord et du très sérieux autre candidat

1. Synode intitulé « L'Église en Afrique. Réconciliation, Justice et Paix ».

québéquois Marc Ouellet, abriter une fois de plus le futur souverain pontife. Et, après avoir éliminé les pays d'Europe ayant voté le mariage homosexuel[1] et les multiples sujets de controverse, ceux où l'Église a subi de terribles séismes, tels l'Irlande, l'Espagne, la Hollande, la Belgique, restent deux Italiens et un Hongrois, mais le Ciel peut attendre. » La messe est dite ! La tâche paraît si lourde et complexe que, au-delà d'en avoir le profond désir, donc de s'y préparer habilement, avec beaucoup d'énergie, il faut avoir les qualités spirituelles, humaines, intellectuelles et le sens de la communication. Critères qui demandent des talents différents d'autrefois, par exemple celui d'être polyglotte. C'est incontournable, à l'heure de la mondialisation, que de pouvoir affronter avec aisance en de multiples langues les croyants et les médias, influente caisse de résonance. De plus, le successeur du prince des apôtres doit-il avoir un physique, occuper l'écran avec une présence forte. On verrait mal, de nos jours, un frêle souverain pontife, à la mine triste, conquérir le cœur de la chrétienté. Séduire un milliard deux cent millions de catholiques requiert des qualités différentes qu'au début du XXe siècle, où le pasteur de l'Église universelle ne sortait jamais du Vatican, encore moins de Rome… Aussi faut-il déjà avoir une allure de pape et une réelle prestance, même si un vieux dicton populaire français prétend que « l'habit ne fait pas le moine ».

1. Les Pays-Bas, la Belgique, le Luxembourg, l'Islande, la Norvège, la Suède, le Danemark, l'Espagne et le Portugal.

5

Vingt-quatre heures dans la vie du pape…

Mais quel peut bien être le quotidien d'un pape austère, amoureux du silence ? me suis-je longtemps demandé avant de commencer à écrire. Pour découvrir au fil de cette enquête que l'évêque de Rome est, à 85 ans, confronté à un sacré emploi du temps !

Les journées de l'homme en blanc, qui a le privilège de n'avoir jamais sur lui la clé de son appartement, commencent tôt. Son réveil sonne à 6 heures. À cette heure matinale, la porte de Bronze, entrée officielle du palais apostolique, sur laquelle veille la garde suisse pontificale, est encore close. Si l'on aperçoit à peine le fronton de la basilique Saint-Pierre, les deux fenêtres d'angle du troisième étage, celles de sa chambre et de son antichambre sont déjà éclairées. Joseph Ratzinger a traversé les ans en tutoyant l'aurore. Alors que le jour pénètre, il se lève, en même temps que ses deux secrétaires qui habitent au-dessus, sous les combles, au quatrième étage. Mgr Georg Gänswein[1],

1. Originaire de Riedern am Wald, petit village de la Forêt-Noire, il passe toute sa jeunesse dans cette région montagneuse.

56 ans, « *padre* Georg », comme l'appellent les Romains, et Mgr Alfred Xuereb[1], 54 ans, diplomate maltais, partagent son rythme de vie. Après sa toilette dans la salle de bains attenante à sa chambre, il revêt la tenue que son camérier, depuis quelques mois Sandro Mariotti[2], prépare chaque matin : un pantalon un peu court pour ne pas dépasser de la soutane, une chemise à boutons de manchettes, un cardigan blanc, des chaussettes de même ton, et ses chaussures rouges. Mariotti intervient surtout pour fermer la soutane car les trente-trois boutons en tissu de moire glissent mal dans les passants, chiffre qui ne tient pas au hasard puisqu'il symbolise les années de la vie terrestre du Christ. Infidélité avérée, contrairement à la tradition, ce n'est pas Gammarelli qui a confectionné les habits de Benoît XVI ! Il lui a en effet préféré Alessandro Cattaneo, dont la boutique Euroclero se trouve juste en face du palais du Saint-Office. La fidélité de Joseph Ratzinger au couturier date de l'époque où ses bureaux étaient de l'autre côté de la rue. Au soleil couchant, ils se croisaient, l'un quittant la Congréga-

---

Il s'engage ensuite dans des associations religieuses, découvre sa vocation et suit des études de théologie en Allemagne, puis à Rome. Ordonné prêtre à Fribourg-en-Brisgau (Allemagne), il obtient à Munich un diplôme en droit canon et devient l'assistant d'un célèbre professeur de cette discipline en 1994. L'évêque de Fribourg en fait son secrétaire et son vicaire général. Il est ensuite appelé à Rome, qu'il ne quittera plus. C'est en 2003 que le jeune prêtre, entré dans la Congrégation pour la doctrine de la foi, alors présidée par Joseph Ratzinger, deviendra son secrétaire privé et le suivra au Vatican.

1. Il travaillait auparavant à la préfecture de la Maison pontificale, bureau chargé d'organiser les audiences du souverain pontife et il a exercé son ministère dans des paroisses romaines.

2. Qui vient de succéder pour les raisons que l'on sait à Paolo Gabriele.

tion pour la doctrine de la foi, l'autre fermant boutique. Homme d'habitude, le pape continue de faire travailler ce tailleur qui, ayant ses mesures sur des fiches depuis des lustres, n'a donc nul besoin de se rendre à l'appartement pour des essayages. De plus, lors de son élection, Benoît XVI a été insatisfait des trois soutanes préparées avant chaque conclave par la maison Gammarelli – une petite, une moyenne et une grande – afin que le nouveau souverain pontife puisse immédiatement apparaître en public, à la loggia centrale de la basilique Saint-Pierre, dans ses habits pontificaux. Aucune ne convenait. Gammarelli, installé 34, via Santa Chiara, près du Panthéon, est chargé de père en fils d'habiller sur mesure les papes depuis deux siècles et demi. On peut d'ailleurs admirer sur les murs de la sombre boutique les portraits dédicacés de six papes – mais celui de Jean-Paul Ier n'est pas signé car le pauvre Albino Luciani n'a pas eu le temps, en un pontificat si bref, d'apposer son nom en latin. La première photo montre d'ailleurs un Benoît XVI mal à l'aise, vêtu d'une soutane trop courte laissant entrevoir son pantalon retroussé et ses chaussures. Lesquelles ne sont plus des mules papales couleur sang-de-bœuf[1], comme du temps de Paul VI, le dernier à les avoir portées, mais de confortables mocassins. Réalisés dans du chevrotin souple de même ton et dotés de semelles en caoutchouc, ils sont le travail de son bottier attitré, Adriano Stefanelli, qui vient spécialement de Novare. Le chausseur compte d'autres clients illustres, notamment George W. Bush et Silvio Berlusconi…

---

1. En velours l'hiver et en soie de la même couleur l'été, bordées d'un galon d'or et de passementerie, ornées d'une croix brodée au fil d'or.

Il est maintenant 7 h 30, le pape regarde sa montre en or, un objet auquel il est sentimentalement attaché car c'est celle que sa sœur Maria[1] lui a léguée à sa mort, en 1991, et dont le mouvement est régulièrement révisé chez Francesco Rocchi, l'horloger du Borgo Pio. Mgr Gänswein vient d'allumer les cierges. Autour du pape, la petite communauté se rend dans sa chapelle privée, située au cœur de son appartement[2], toujours décorée de lis blancs et de roses jaunes, les couleurs du Vatican. Outre ses deux secrétaires, son majordome et ses servantes laïques consacrées – Loredana, Carmela, Cristina et maintenant Rossella[3] – qui habitent à l'arrière de l'appartement, il n'y a pas d'invités. Contrairement à son prédécesseur, le pape n'aime guère tutoyer le Seigneur le matin avec des hôtes. Naguère aménagée pour Paul VI, cette chapelle cossue en marbre de Carrare, tout en longueur, aux lumineux vitraux[4] représentant le Christ ressuscité avec, au-dessus de l'autel, un imposant crucifix de bronze, peut toutefois accueillir quarante fidèles sur quatre rangées de bancs disposées de chaque côté. La messe basse est suivie du petit déjeuner. Ce moment de calme, avant le commencement d'une longue journée, est parfois partagé avec Mgr Gänswein et le père Alfred Xuereb

1. Maria Ratzinger était aussi sa dévouée gouvernante.

2. Qui comprend une cuisine, un office, une salle à manger, un salon-bibliothèque, une salle de bains, une chambre à coucher, un bureau, une salle médicalisée ultra-sophistiquée également dotée d'un cabinet dentaire…

3. Qui a remplacé Manuela Camagni, fauchée à Rome en novembre 2011 par une voiture sur un parking.

4. Œuvre de l'artiste hongrois Hagral, qui a longtemps dessiné les timbres du Vatican.

dans la salle à manger claire. Café au lait décaféiné, pain, beurre, confitures, parfois une tranche de cake et du jus d'orange frais présenté dans une carafe en cristal taillé de Baccarat modèle Harcourt[1]. Un choix plus italien qu'allemand, sans roborative charcuterie de Westphalie… Ce premier repas est servi par Mariotti dans la porcelaine blanche et or de Richard Ginori frappée aux armoiries pontificales. Comme bon nombre de ses compatriotes, le souverain pontife a le goût du blason et a même fait graver le sien sur les interrupteurs de l'appartement. Une contagion peut-être héritée du voisinage de Saint-Emmeran à Ratisbonne, le fief dynastique de la maison Thurn und Taxis. Palais de trois cents pièces et fierté du Land de Bavière offert par le roi de Bavière à l'illustre famille. Là où justement son frère, le père Georg Ratzinger, a été pendant des décennies le directeur du chœur de musique sacrée de la cathédrale, richement ornée des armes de la très aristocratique et sérénissime famille datant du XVIe siècle. Enfin, Joseph Ratzinger a été ordonné prêtre en 1951 par le cardinal comte Michael von Faulhaber, à une époque où le clergé allemand était truffé d'aristocrates dont Franziskus von Bettinger, Clemens August von Galen, Felix von Hartmann, Konrad von Preysing…

Don Georg rappelle ensuite au pape l'emploi du temps de la matinée. Un moment important. En raison

1. Icône de Baccarat-Harcourt, né en 1841 sous Louis-Philippe, « anobli » en 1920 quand il est baptisé du nom d'une des plus anciennes familles aristocratiques normandes. Son pied hexagonal, ses côtes plates et sa forme en corolle de pétales n'ont pas changé depuis sa création.

de leur étroite proximité, les secrétaires « particuliers » ont généralement beaucoup d'influence. Presque autant que, jadis, les « cardinaux neveux ». Des hommes, plus rarement des femmes, en lesquels les papes pouvaient, en théorie, avoir une confiance totale et qui représentaient pour eux, d'une certaine manière, le seul contact direct avec la réalité. Une présence permanente de collaborateurs qui, dans le passé, ont souvent eu plus de poids que le cardinal secrétaire d'État. On se souvient surtout de sœur Pascalina Lehnert[1], la gouvernante de Pie XII, qui joua un vrai rôle auprès de lui, baptisée « la papesse » en raison de son influence auprès de Sa Sainteté. La légendaire et inflexible sœur bavaroise, de la Congrégation des sœurs enseignantes de la Sainte-Croix, qui l'accompagnait régulièrement en Suisse à « Stella Maris », la maison de repos où il se rendait lorsqu'il était nonce, le suivit au Vatican où elle joua à la fois le rôle de gouvernante, de secrétaire, de chef de cabinet et de dame de compagnie. Elle l'escorta avant cela au conclave, car il en était le cardinal camerlingue, et lorsqu'il était souffrant, elle lui donnait consciencieusement ses remèdes. Cette singularité obligea le Vatican à publier le communiqué officiel suivant : « Par autorisation spéciale, la Congrégation des cardinaux a autorisé mère Pasqualina à assister au conclave afin que Son Éminence le cardinal Pacelli ne puisse souffrir en rien dans son régime quotidien ni manquer des médicaments nécessaires à son bien-

1. Née Josephina le 25 août 1894 dans une famille de 12 enfants à Ebersberg, bourg rural au sud-est de Munich, elle choisit le nom de Pascalina car elle prit l'habit lors de la Pâques 1913. Elle mourra en 1983 à l'âge de 89 ans.

être. » À sa mort, la religieuse redoutée hérita, maigre cadeau, du célèbre canari de son « maître ». Toujours placé à table face à lui dans sa cage dorée, le petit oiseau symbolisait son propre emprisonnement, car le souverain pontife avait, ce qui n'était pas du goût de tout le monde, l'esprit de dérision ! Comment oublier, sous le pontificat précédent, une autre influente figure, Mgr Dziwisz, qui ne quittait pas Jean-Paul II et lui sauva la vie, le 13 mai 1981, place Saint-Pierre ? Placé, comme d'habitude, juste derrière Karol Wojtyła dans la Toyota blanche, lorsque le pape touché par les deux balles d'Ali Ağca s'effondra littéralement dans ses bras, il eut le sang-froid et la présence d'esprit de guider le chauffeur de l'ambulance, dont la sirène et le gyrophare étaient en panne, à travers les rues de Rome et, bravant les sens interdits, ils gagnèrent les minutes précieuses qui sauvèrent le souverain pontife.

Après cela, le Saint-Père se retire dans son bureau, une pièce aux murs de damas ivoire, sol de marbre blanc à cabochons noirs, avec une grande bibliothèque d'acajou où s'entassent les vingt mille livres auxquels l'ancien professeur Ratzinger tient avec son bureau en noyer provenant de ses parents et qui le suit depuis ses années d'enseignement. « L'une des premières choses dont s'est préoccupé le pape après son élection, explique le cardinal Tauran, qui était alors archiviste et bibliothécaire de la Sainte Église romaine, a été la mise en place de sa bibliothèque personnelle qui comprend des volumes en de multiples langues, ce qui ne l'empêche pas de s'intéresser de près à celle du Vatican. » En face de lui, une icône de la Vierge à l'Enfant. À proximité, sur un petit meuble recouvert d'un dessus beige, a été installée une grande télévision à écran plat. Sur la large table où il travaille, sont disposés un bloc-notes, une statuette de saint Joseph, une horloge en bronze et une gomme blanche de marque Faber-Castell. Près de son sous-main en cuir brun, il y a du papier à lettres en vélin blanc cassé frappé de ses armoiries avec en transparence le timbre apostolique, des enveloppes assorties et, dans un porte-crayons, plusieurs feutres Paper Mate ainsi qu'un stylo, une pointe bille Montblanc noire et quelques crayons. Non loin, ses étuis à lunettes, unique coquetterie car il est hypermétrope et presbyte : ses demi-lunes Santos signées Cartier pour lire et ses Ray-Ban de soleil. Il y a aussi un objet fétiche qui au début de son pontificat a intrigué tout le Saint-Siège : le mystérieux chat dont on parlait est en réalité un chaton en porcelaine allemande Rosenthal[1]. L'annuaire du Vatican est posé à côté de la sonnette, pour joindre son secrétaire à chaque instant. Il a également trois téléphones : le blanc dessert les appartements privés et le secrétariat, le gris le relie à tous les services du Saint-Siège, et le noir sert aux lignes extérieures. Avant d'espérer parler au pape, l'interlocuteur quel qu'il soit doit franchir un triple filtrage : celui du standard général tenu par les sœurs de la Congrégation des disciples pieuses du maître divin, ensuite celui d'Ingrid Stampa, enfin la voix de Mgr Gänswein. Quelle odyssée pour arriver à s'entretenir avec le Saint-Père ! Sujet d'étonnement, le bureau est éclairé par une lampe moderne d'ar-

1. Si lors d'une « confession », le 28 juillet 2006, dans la vallée d'Aoste, il avait parlé de ses chats, il s'agissait en réalité des félins qui vivent près du Saint-Office dont il connaissait le nom de chacun et dont les sœurs voisines continuent de prendre soin.

chitecte à bras articulé, qui tranche avec le décor... C'est dans cette atmosphère studieuse que Sa Sainteté travaille, écrit bon nombre de ses discours et bâtit ses homélies en trois parties. Attentif aux nuances, aux détails, aux virgules, aux points-virgules, ses meilleurs amis – car les mots ne sont pas dérisoires ! –, il les corrige avec soin et tente de leur donner tout leur sens. Pour ses textes, le pape délègue peu. Il parcourt aussi les journaux italiens et internationaux, dont le quotidien allemand *Die Welt*, et feuillette sa revue de presse rédigée par la secrétairerie d'État. Il prépare les audiences spéciales pendant que ses secrétaires trient le volumineux courrier, sélectionnent les sujets à traiter...

Même si Benoît XVI a largement limité les audiences publiques, semi-privées et privées, les présentations de lettres de créance des nouveaux ambassadeurs[1], les interventions publiques, les béatifications et canonisations, les grand-messes, les journées sont quand même longues avant que le pape ne puisse enfin donner du silence au temps. Mgr Gänswein essaie de le protéger, de lui épargner des cérémonies... Ce qui lui vaut des cortèges de doléances et les foudres du « Premier ministre » quand celui-ci voit un grand trait barrant une page entière sur son échéancier de box blanc, pour laisser, selon son souhait, des espaces de méditation.

Après le déjeuner, à 14 heures, on lui apporte aussi, dans une chemise de cuir de sorte que l'encre noire ne souille pas ses habits immaculés, le premier exemplaire de *L'Osservatore Romano*[2], qui, en ville, sort

---

1. Vingt-huit en 2011.
2. Tiré dans sa version quotidienne à cinq mille exemplaires.

en début d'après-midi. Le Saint-Père, qui parle cinq langues – allemand, italien, anglais, français et latin – et en connaît au moins cinq autres – polonais, espagnol, portugais, hébreu et grec ancien –, lit surtout sa une et s'arrête sur quelques articles. Comme me l'a expliqué le Pr Andreas Reichert, théologien protestant titulaire d'une chaire à l'université de Tübingen qui était naguère l'un de ses collègues, « au-delà d'être un formidable latiniste et de connaître l'hébreu presque mieux que le latin, et le grec ancien, nous autres, jeunes professeurs, étions encore plus impressionnés par la richesse et la qualité de ses cours, toujours prodigués dans une langue aussi claire que précise. Émanaient alors spontanéité et sympathie. Ce souverain pontife qui peut sembler distant était chaleureux avec ses étudiants. C'était dans l'Église d'alors, un professeur réformiste, mais la contestation de 1968 l'a par la suite, je crois, beaucoup contrarié, car il concevait mal le désordre dans la réflexion. J'aurais pour ma part tendance à ajouter qu'il a peu changé, et, lorsqu'il parle en public, il a toujours l'ascendant et la clarté du professeur ».

Avec qui le pape travaille-t-il quotidiennement ? D'abord, avec le cardinal secrétaire d'État, Tarcisio Bertone, à la tête du gouvernement central de l'Église, qui tient jalousement l'agenda officiel. Cela signifie qu'il planifie, coordonne, mais surtout freine les audiences avec les hauts prélats en charge des neuf Congrégations et des douze Conseils pontificaux, qu'il réunit environ une fois par an. C'est le premier reproche que lui font les responsables de la Curie, préférant, dans leur jargon hermétique et prudent, officiellement expliquer qu'ils fonctionnent de façon très autonome. Ce n'est pas l'équivalent d'un Conseil des ministres[1]. Aucun communiqué n'est publié et ses deux dernières réunions ont eu lieu le 13 juin 2011 et le 24 juin 2012. L'ambitieux et omniprésent cardinal qui a le goût du pouvoir cumule, depuis cinq ans, cette fonction et celle de cardinal camerlingue, et fait en sorte de sélectionner les entretiens selon lui incontournables. Une charge que Joseph Ratzinger est pour sa part heureux de déléguer à son directif Premier ministre. Mais les cardinaux en prennent ombrage et ressentent cela comme une mise à l'écart. Ils acceptent mal que ce pape, désormais peu robuste, s'en remette presque totalement à Tarcisio Bertone pour mener l'Église du XXIe siècle. Malgré cela, chaque jour, à 11 heures précises, débutent les audiences. Benoît XVI passe alors de sa « maison » à ses appartements officiels qui se situent juste en dessous, au deuxième étage, dans l'aile est. Ils comportent autant de pièces aux sols de marbre admirablement lustré et de salles nobles que les appartements privés dont ils sont l'exacte réplique : l'Italie n'est-elle pas passée maître dans l'art de la contrefaçon ? C'est là que, depuis 1870, se déroulent les principales activités du pape, jadis sans photo mais immortalisées, depuis Jean-Paul II, par un photographe officiel chaque fois qu'il reçoit une personnalité. C'est aujourd'hui Francesco Sforza, qui a succédé au célèbre Arturo Mari, parti à la retraite après avoir servi cinq papes ! Pour bon nombre de chefs d'État, il est presque aussi important de revenir chez eux avec cette preuve d'une apparente

1. Le pape rencontre aussi ses ministres individuellement, certains plus souvent que d'autres.

proximité avec le souverain pontife que d'avoir un entretien de fond avec lui. Audiences semi-privées avec les membres des Congrégations religieuses, les académiciens, visites de départ des ambassadeurs, saluts particuliers… C'est dans ces lieux historiques que les chefs d'État, les rois et autres grands personnages sont désormais accueillis par Mgr Gänswein, nouveau préfet de la Maison pontificale et secrétaire privé du pape que Sa Sainteté a en même temps élevé à la dignité d'archevêque[1] : les présidents George Bush, Barack Obama et Nicolas Sarkozy, Albert, roi des Belges, et son épouse Paola, le roi Juan Carlos d'Espagne et la reine Sophie, des souverains moins importants comme le prince Albert de Monaco, le prince Hans Adam de Liechtenstein et le roi Siaosi Tupou V du Tonga, mais également le président palestinien Mahmoud Abbas, celui de la République italienne, Giorgio Napolitano, et ceux du Conseil, Silvio Berlusconi et Mario Monti, François Fillon avec sa femme et ses deux fils, que j'avais accompagnés, ce 10 octobre 2009. Alors Premier ministre, il n'avait pas compris l'honneur que lui faisait le pape en le recevant après les souverains belges en fin de matinée : il pensait qu'un président du Conseil passait avant un roi puisque celui-ci ne gouverne pas. C'était, au contraire, un geste chaleureux du pape, car la dernière audience permet parfois de déborder de l'emploi du temps initialement prévu. Dans leur cas, ils avaient un sujet à évoquer qui les touchait tous les deux car la propriété de François Fillon est voisine de l'abbaye de Solesmes, un site que

1. Ils étaient jusque-là reçus par Mgr Harvey qui a été créé cardinal au dernier consistoire.

Benoît XVI apprécie et où il s'est rendu à plusieurs reprises. Le pape rencontra aussi des présidents de pays moins importants, comme depuis 2011 celui du Honduras, de l'Arménie, de l'Albanie, du Costa Rica, du Sri Lanka, du Monténégro, qui ont attendu six à sept années avant d'être reçus par Sa Sainteté. Tous, intimidés par tant de faste et de majesté, ont admiré la grande bibliothèque, appelée aussi la chambre secrète, si semblable à celle du troisième étage qu'ils s'imaginent être reçus chez Benoît XVI. En effet, aucun esprit peu charitable n'oserait révéler à ces hauts personnages qui ont traversé la cour de San Damaso, la loggia de Raphaël, la salle Clémentine, la salle Saint-Ambrosio, la salle des Papes, celle des Peintures, celle du Trône, des Ambassadeurs, de la Vierge, de Sainte-Catherine, du Petit Trône pour enfin arriver à la bibliothèque privée décorée d'admirables peintures XVIIe de la Vierge, d'une résurrection de Perugino et d'une crucifixion de Giotto, qu'ils sont en réalité reçus dans la partie officielle du palais ! Ce qu'ils découvriront s'ils lisent cet ouvrage ! Cet imposant décor patiné par le temps n'a jamais été altéré, au contraire de plusieurs de nos palais nationaux, trop souvent victimes du goût contestable de certaines épouses de ministres qui, parfois, font effacer des merveilles… Ce fut le cas à l'hôtel de Brienne[1], où Nisa Chevènement, peintre et sculpteur, avait fait badigeonner de plâtre les boiseries XVIIIe de l'appartement de fonction… Là, personne ne prendrait ce genre d'initiative !

Les audiences ont donc été limitées à celles des présidents de la République, des chefs de gouverne-

1. Actuel siège du ministère des Armées.

ment et de dicastères, aux nonces[1] et aux visites *Ad limina Apostolorum* – « au seuil des tombes des apôtres Pierre et Paul » – des évêques. Une configuration moins classique qu'auparavant justement inaugurée avec les 105 évêques français répartis en trois groupes entre le 20 septembre et le 3 décembre 2012. Le pape a d'abord reçu, pendant quarante-cinq minutes, les évêques des provinces de Rouen, Rennes, Poitiers, Tours et Bordeaux, puis ceux de Lille, Reims, Paris, Besançon et Dijon, ainsi que les diocèses de Strasbourg, Metz, l'évêque aux Armées, celui à la mission de France du clergé d'Orient[2], pour finir par Clermont, Lyon, Marseille, Montpellier et Toulouse. Tous invités à remettre au pape leur rapport quinquennal. Le mercredi matin, en revanche, est consacré à l'audience générale[3] où il les bénit et aborde l'actualité pastorale, les sujets de société, la politique… Elle se tient place Saint-Pierre une bonne partie de l'année car y assistent parfois plus de dix mille personnes. C'est seulement lors des étés accablants qu'elle se déplace Sala Nervi, un espace moderne pouvant accueillir quelque sept mille pèlerins. Lorsque ce chiffre est dépassé, le pape fait courageusement les deux étapes. La veille, le Saint-Père se consacre à la

---

1. Les nonces sont les représentants du Saint-Siège dans le monde. Ils rédigent des rapports sur l'actualité des pays. À Paris, par exemple, Mgr Luigi Ventura participe à des réunions à l'hôtel Matignon.

2. Qui fête ses cent cinquante ans et dont l'archevêque de Paris est l'ordinaire de l'ordinariat des catholiques des Églises orientales résidant en France.

3. Audience générale publique qui regroupe les pélerins individuels ou des groupes diocésains d'étudiants, de corporations diverses…

théologie et avoue avec une certaine satisfaction que ce « congé » lui permet de renouer avec sa vocation première. Il savoure ces moments de bonheur où il reçoit dans ses appartements privés des théologiens du monde entier, membres de la Commission théologique internationale (CTI), y compris son ami-ennemi, le contestataire suisse Hans Küng, qui fut avec lui le plus jeune théologien du concile, ainsi que des prélats de la Congrégation pour la doctrine de la foi. Ils abordent les thèmes de Dieu et du monothéisme, la doctrine sociale de l'Église dans son rapport à la foi, la nouvelle évangélisation… Ce jour-là, Benoît XVI prépare ses encycliques, choisit les textes qui ont été rédigés par la secrétairerie d'État, mais dont lui seul décide quels passages il gardera pour s'adresser aux pèlerins lors de ses rendez-vous hebdomadaires avec eux qu'est l'audience générale. Benoît XVI écrit tout plusieurs fois, peaufine chacune de ses homélies, reprend ses notes écrites au crayon-gomme sur des cahiers d'écolier… (Il n'est pas le seul !) « L'improvisation est un art », avoue-t-il à ses proches. C'est pourquoi il rédige chacune de ses interventions. Son perfectionnisme le pousse même, personne ne le sait, à s'exercer en répétant avec un magnétophone les phrases qu'il prononcera devant les fidèles dans des langues difficiles. Les matinées sont donc chargées, même si, selon sa volonté, ce pape a un emploi du temps plus léger que son prédécesseur.

À 13 heures, il se retire enfin chez lui, dans cet appartement que Jean-Paul II qualifiait avec humour de « fève dans une galette des rois ». Une vingtaine de grandes pièces aux murs tendus de damas clair, décorées de magnifiques meubles XVIIe et XVIIIe siècles. Cabinets incrustés de pierres dures, secrétaires en marqueterie et, aux murs, des peintures allégoriques des mêmes époques représentent l'Adoration des mages, l'Annonciation, le Jugement de Salomon dans des cadres de bois sculpté et doré. Dieu se cache partout, même dans ces clairs-obscurs de la peinture italienne ! Ce troisième étage est plus fonctionnel qu'auparavant depuis qu'il a été rénové, confie Paolo Sagretti, vice-directeur des services généraux du gouvernatorat. « Paul VI était si austère qu'à son époque ses appartements avaient été décorés dans des tonalités de gris et vert militaire, jusqu'aux cadres, comme il l'avait exigé, "moquettés" de velours gris. Arrivant après le très bref passage de Jean-Paul Ier, son successeur, peu intéressé par cela, n'avait souhaité que des aménagements succincts. C'est seulement à la fin de son pontificat, lorsque l'électricité fut mise aux normes européennes, que les services généraux en profitèrent pour faire rafraîchir les pièces et installèrent un mobilier plus fonctionnel. Mais ce n'est qu'après le décès de Karol Wojtyła que furent vraiment modernisés ses appartements et la secrétairerie d'État. « Après avoir sélectionné quelques très belles pièces anciennes dans le garde-meuble du Vatican, raconte Sagretti, j'ai pu les présenter sur un écran numérique à Sa Sainteté qui a fait son choix. » On en a profité pour rénover également la cuisine vétuste, dont les équipements en acier brossé et les appareils modernes ont été offerts par une société allemande. Benoît XVI a d'ailleurs pendu la crémaillère en recevant tous ceux qui avaient participé à la décoration de sa maison.

Ayant davantage le sens du détail et de la tradition que du confort, ce pape aime toutefois se retrouver chez lui, où il a ses habitudes et ses repères. Ainsi, de retour des audiences, libéré de ses obligations officielles, Benoît XVI déjeune dans un silence religieux. Troisième pontife non italien après Adrien VI, élu en 1522, et Jean-Paul II, Joseph Ratzinger, qui a parlé italien toute la matinée, éprouve le besoin de réfléchir en allemand, de rester seul. Le repas est frugal et rapide puisqu'il n'a pas à faire la conversation. Il mange surtout « ses » produits, car sa cuisinière reçoit plusieurs fois par semaine du jardinier du Vatican qui cultive son potager des cageots de fruits et légumes. Mais aussi du lait, des œufs frais, du fromage et du miel provenant de ses ruches, de l'huile de ses oliviers, des poulets, des lapins, de la viande de bœuf... arrivant par camionnette réfrigérée de Castel Gandolfo. La ferme date des années 1930. À l'origine, le jardin potager était une simple parcelle cultivée pour les maigres exigences papales. Quelques vaches laitières, un petit poulailler avec à côté un clapier. L'objectif à l'époque était d'offrir à l'auguste hôte l'occasion de loisirs champêtres. Au fil du temps, la ferme confiée à Giuseppe Bellapadrona a grandi. Partie historique de la demeure d'été des souverains pontifes[1], elle se trouve à l'extrémité de sa résidence, non loin de l'imposant portail ouvrant sur la grande place du village. Sur cette colline dominant le lac d'Albano dans la région des Castelli Romani, on a vraiment l'impression d'être loin du pesant cérémonial du Vatican. Le braque vient parfois passer la tête à travers les grillages où se promènent des poules hautaines. Non loin, à l'ombre d'oliviers centenaires,

1. D'une superficie de vingt hectares.

paissent en liberté des vaches frisonnes. On aperçoit les huit ruchers qui produisent le fameux miel d'or et, dans le ciel, deux faucons dressés ont du mal à protéger les vergers des innombrables oiseaux affamés... S'il n'y a pas de pie pour voler les anneaux et les croix du pape, les corneilles guettent... Les pins, sapins et chênes verts dégagent un parfum de sève. L'atmosphère de la Villa Barberini – cette propriété, aussi majestueuse soit-elle, garde un côté familial un peu décousu ; les autorités locales surveillent les lieux avec bonhomie ; les vieux villageois savent que l'appartement de Pie XII avait, pendant la guerre, été transformé en maternité où sont nés quarante-quatre enfants. Cette apaisante enclave assez particulière dans le territoire italien, à vingt-cinq kilomètres au sud-est de la capitale, bien qu'imposante, ferait davantage penser à une bucolique peinture napolitaine du XVIIIe siècle qu'à celle d'un noble palais pontifical aux couleurs éclatantes. Dans l'enceinte réservée à la floriculture poussent des roses jaunes et blanches qui fleuriront les diverses manifestations papales et les centres de table. Il y a aussi des anémones mauves pour les cérémonies de deuil. Quant aux sarments de vigne, ils grimpent jusqu'aux terrasses de l'aristocratique demeure. La végétation variée attire des animaux comme les deux sangliers pour lesquels a été créé un enclos, mais aussi d'autres créatures du bon Dieu régulièrement offertes au pape par des pèlerins. Et le souvenir des gazelles naguère données à Pie XI par le délégué apostolique en Égypte s'inscrit dans l'histoire de Castel Gandolfo, car le pape était si attaché à ces deux antilopinés qu'il leur rendait visite à chacun de ses séjours. La ferme modèle du domaine est dotée des technologies les plus performantes avec un matériel d'avant-garde permettant, comme l'explique son fermier, « de pasteuriser le lait des vingt-cinq vaches à 75 °C de façon à ne pas détruire ses propriétés organoleptiques. Des bêtes magnifiques, toutes inscrites au registre du Livre de la vache frisonne italienne, élevées en liberté, sans stress ; résultat : elles produisent cinquante litres de lait par jour… Quant aux poules pondeuses, elles donnent des œufs quotidiennement ! » conclut-il fièrement.

En marge des animaux de ferme, la pépinière fournit les plantes pour la décoration des palais pontificaux, et le verger produit surtout pêches et abricots. Les oliviers permettent d'obtenir trois mille cinq cents litres d'huile par an ! Un nectar rendu encore plus précieux par la pression à froid et dont la particularité réside dans un goût très fruité propre aux arbres centenaires. Une récolte princière arrivant sur la table du Saint-Père, qui a l'impression de vivre en autarcie et dont quelques proches peuvent bénéficier. Quoi de plus rédempteur que d'assaisonner ses salades en pensant au pape !

C'est à Castel Gandolfo, où depuis trois ans il passe toutes ses vacances d'été, ses médecins lui ayant interdit d'aller à la montagne à cause de son cœur fragile, qu'à la fin du mois d'août l'ancien professeur réunit une quarantaine de ses anciens étudiants. Ce cercle très élitiste dont tous les membres ne réussissent pas à venir chaque année, baptisé le « Ratzinger Schülerkreis », compte des chercheurs, des universitaires, de hauts prélats comme le cardinal de Vienne Christoph Schönborn, le jésuite américain Joseph Fessia, l'évêque luthérien

Ulrich Wilckens, le dominicain Mgr Charles Morerod, évêque de Lausanne, Genève et Fribourg… Une petite semaine durant, ils refont le monde à huis clos autour de leur maître à penser…

Mais revenons à sa table. Justement, les meilleurs cristalliers, porcelainiers et orfèvres de la Péninsule et d'ailleurs lui font l'hommage de leur plus flamboyante production. Et même les marques d'eaux minérales aux noms évocateurs – San Pellegrino, Sangemini, San Benedetto, San Luca, San Ciro, Santa Chiara, San Michelle, Madonna della Guardia, Acqua del Cardinale, Tre Santi… Ces augustes maisons espèrent qu'un jour lors d'un déjeuner officiel le pape sera photographié une bouteille à côté de lui, une telle publicité valant bien de faire livrer à longueur d'année des caisses de leur sainte production. Toutefois, à l'inverse de la reine d'Angleterre dont les enseignes choisies ont le titre envié de « Fournisseur de la Maison royale », le Saint-Siège ne délivre pas ce genre de certificat. De plus, si d'aucuns s'en font de la publicité, ils disparaîtront à jamais de cette prestigieuse table tenue par ses anges gardiens !

Et justement il n'a pas été facile pour Benoît XVI d'imposer au début de son pontificat ses quatre femmes. Il n'a pas dans ce domaine le côté frondeur, un brin provocateur, de Jean-Paul II qui aimait bousculer l'ordre établi depuis des lustres par les Italiens. À cet égard, un jour de la semaine pascale, Karol Wojtyła avait stupéfait tout son entourage à Castel Gandolfo en donnant rendez-vous à Rome le mercredi suivant à André Frossard[1]. Il suscita ce dialogue

1. Journaliste, essayiste et académicien français.

insolite pour un pape[1] : « “Très Saint-Père, comme convenu si vous le permettez je viendrai dîner avec mon épouse. – Bien sûr, et moi je serai accompagné d'Émilia.” Quelques paroles suivies d'un long silence, inquisiteur, tout le monde se regardait dans l'entourage de Sa Sainteté fort amusé de l'effet qu'il venait de produire. » Le pape se faisait en réalité accompagner de sœur Émilia Erloch, une religieuse ursuline polonaise théologienne qui s'occupait de ses archives personnelles et qu'il « prêtait » à André Frossard car il était en train d'écrire un ouvrage sur Karol Wojtyła. D'ailleurs, la sœur était si souvent auprès de lui qu'au Vatican on l'avait surnommée « mademoiselle Frossard ».

Une fois élu, le pape reste prisonnier de règles séculaires quasi immuables. C'est ainsi que lorsque Joseph Ratzinger a choisi pour tenir son appartement des « laïques consacrées » plutôt que des religieuses, la secrétairerie d'État jugea cela peu conforme aux usages. Comment des femmes ne portant pas l'habit religieux, mais juste vêtues de sombre avec des jupes à mi-mollets, pouvaient-elles s'occuper de Sa Sainteté ? Difficile, certes, de succéder aux cinq Polonaises de la Congrégation des servantes du Sacré-Cœur de Jésus avec un cœur ardent rouge brodé sur la poitrine, d'autant que, dans cet univers d'hommes, même la Sainte Vierge se sentirait mal à l'aise ! Benoît XVI dut alors rappeler avec fermeté qu'en 1922 Pie XI avait emmené avec lui au Vatican sa gouvernante, Teodolinda Banfi. Puisqu'il y avait un précédent, le débat fut clos. De plus, le pape

1. Que l'on retrouve dans le film de Pascal Houzelot tourné pour TF1 en 1990 : *La Passion selon Jean-Paul II.*

imposa Birgit Wansung[1] et Ingrid Stampa[2], fonctionnaires de première classe, ce qui embarrassa la secrétairerie d'État. Le cardinal Bertone jugeait « impensable » qu'au-delà d'être des femmes appartenant, de plus, à un ordre laïque, l'une d'elles se prénomme Ingrid. « Un prénom pas assez classique, faisant trop penser à la sulfureuse Ingrid Bergman, l'épouse de Roberto Rossellini, martela-t-il. Il faudrait la rebaptiser Maria, Theresa ou Bernadette ! » Il n'avait cependant pas tort de se méfier de cette femme… mais pour d'autres raisons. Birgit Wansung a en effet été citée comme témoin lors du procès de Paolo Gabriele… Dans la matinée du 26 juillet 2012, le pape reçut en audience la commission cardinalice[3] chargée de mener l'enquête administrative sur la fuite d'informations confidentielles. On l'informa des conclusions auxquelles était parvenue la commission avant le procès. Il invita alors la magistrature vaticane à poursuivre son travail « avec zèle ».

Dans un autre registre, Rossella, l'une des autres laïques consacrées, s'occupe de l'important dressing du pape et du linge, des nappes blanches brodées qu'elle

1. Laïque consacrée de l'Institut de Schönstatt, un sanctuaire de la vallée du Rhin.

2. Originaire du Bas-Rhin, où elle est née en 1950, elle fut professeur de musique ancienne à Bâle.

3. Composée des cardinaux Julián Herranz, Jozef Tomko et Salvatore De Giorgi accompagnés du capucin Luigi Martignani, secrétaire de la Commission, du juge d'instruction Piero Antonio Bonnet et du promoteur de justice Nicola Picardi, du tribunal de l'État de la cité du Vatican, ainsi que du substitut pour les affaires générales de la secrétairerie d'État, Mgr Angelo Becciu, de Mgr Georg Gänswein, secrétaire particulier du pape, de M. Domenico Giani, commandant de la gendarmerie du Vatican, et de Greg Burke, nouveau consultant pour la communication de la secrétairerie d'État.

amidonne, des fleurs des centres de table, mais prend d'abord grand soin de son vestiaire afin que Sa Sainteté soit toujours « impeccable ». Elle entretient et repasse la bonne vingtaine de soutanes en laine chaude doublées pour l'hiver, et en épais coton pour l'été, avec un liseré blanc sur blanc presque invisible, dont il faut sans cesse vérifier que les boutons brodés de fil blanc formant des croisillons ton sur ton ne soient pas décousus. Des soutanes moins amples que dans leur version ancienne, avec en dessous une chemise blanche à col romain et des poignets mousquetaires. Soutanes, camails, mosette et manteau blanc ou écarlate retombant presque jusqu'aux pieds sont fermés par une double rangée de boutons. Ses servantes doivent également entretenir les pèlerines pourpres bordées de galon tressé. Mais elles n'ont pas la responsabilité des mitres et chasubles de cérémonie[1], vertes pour le « temps ordinaire », blanches à Noël, Pâques et la Toussaint, violettes pour Carême et les messes de défunts, rouges pour la Pentecôte et le vendredi saint. Le blanc symbolisant depuis le XIIe siècle l'innocence et la charité ; le rouge, que le pape ne porte qu'à l'extérieur, rappellant le sang des martyrs, l'autorité suprême et la compassion.

Si Cristina est chargée du ménage, Loredana s'active aux fourneaux après être allée faire les courses. Outre les produits « maison », il lui faut acheter ceux de base. À l'Annona, le supermarché détaxé du Vatican avec, notamment, une bonne épicerie fine de produits internationaux, à mi-chemin entre Daily Monop' et la Grande Épicerie du Bon Marché. C'est pour elle

1. Les habits de cérémonie sont entretenus par les sœurs de la sacristie pontificale.

l'une des seules occasions de quitter le troisième étage car elle passe la majeure partie de son temps dans sa cuisine ! Là, sur la grande table de marbre blanc, Loredana, souvent assistée de Carmela, prépare des plats peu salés suivant la consigne stricte du Dr Patrizio Polisca, le cardiologue du Saint-Père, spécialiste de réanimation cardiaque. Après une petite attaque cérébrale en 1991, ne lui ayant heureusement laissé aucune séquelle, et la pose d'un pacemaker, même s'il est aujourd'hui en bonne santé, le Saint-Père a l'âge de ses artères. Dommage, ce n'est pas ici que l'on échangera les précieuses adresses des meilleures tables des monastères, chères à bon nombre de cardinaux ! Leur Michelin à eux.

Ce repas frugal de la mi-journée reste une parenthèse tranquille. Contrairement à Jean XXIII qui avoua d'une voix rauque et triste au général de Gaulle, lors de sa visite d'État au Vatican le 27 juin 1959 : « Je n'aime pas déjeuner seul... Seul, je m'ennuie ! », Benoît XVI savoure ce moment exquis, mais ne souhaite pas pour autant bousculer ses habitudes culinaires. Il préfère s'en tenir à quelques plats : potage aux œufs, pâtes au jambon ou aux courgettes, lasagnes aux herbes fraîches, artichauts au parmesan, tarte aux épinards et lard fumé, tourte aux légumes verts, gnocchis à la viande, carré d'agneau parfumé au romarin et à la sauge, salade de fruits, tarte aux amandes, pêches au sirop, sorbet au citron de Sorrento[1]. Après trente années dans la capitale, lui qui, encore cardinal, habitait 1, piazza della Città Leonina, allait dîner en voisin à la Taverna Bavarese, via di Porta Castello, de knödel au bouillon, de gnochet-

1. Voir les recettes des plats préférés du pape en annexe, p. 367.

tis aux betteraves, de goulash et surtout de succulents desserts, telles la pannacotta aux fruits des bois, la Sachertorte[1], les poires nappées de chocolat… Il préfère les spécialités italiennes à la charcuterie de son pays. Il fait juste une exception pour les saucisses blanches de Munich et l'apfelstrudel avec une pointe de cannelle, de raisins secs et de miel. Le Saint-Père ne fait guère honneur au vin, pas même celui de ses vignes de Castel Gandolfo, pétillant et fermé par des bouchons hermétiques comme ceux des bouteilles de limonade. Parfois il trempe ses lèvres dans le champagne au dessert, et exceptionnellement de l'Asti *spumante* partagé avec ses cardinaux le jour de son élection[2]. Il boit de l'eau ou du jus d'orange. Très soigneux, puisque personne ne partage son repas, le pape n'hésite pas à nouer une grande serviette autour de son cou. De toute manière, à cause de son régime, il mange peu de plats en sauce. Par ailleurs, lors d'un repas officiel, on ne prévoit pas de salade afin de ne pas risquer la fatale goutte de vinaigrette qui viendrait tacher ses habits… Le menu d'un des derniers repas officiels se composait de saumon mariné aux herbes, gratin de pâtes fraîches avec gambas et courgettes, espadon sur lit de tomates cerises, basilic et olives, tarte de ricotta au citron de Sorrento sur glace à la vanille de Madagascar, moka, sélection de liqueurs, grappa Müller-Thurgau de Mezzacorona Trento 2009, blanc de Breganza, sauvignon 2009, Moscato d'Asti Castello del Poggio 2008. Ce

---

1. Spécialité de l'hôtel viennois du même nom.
2. Ce vin mousseux doux, populaire, bon marché a été introduit par le cardinal Sodano, né à Isola d'Asti, quand il était Premier ministre, soit cardinal secrétaire d'État.

n'est pas Carême tous les jours ! En dehors de la joie de la présence de quelques cardinaux allemands et de son frère, maintenant seul être au monde dont il soit réellement très proche[1], avec lequel il communie à travers la musique, les souvenirs et joue du piano, le pape ne reçoit que pour Noël, Pâques, son anniversaire ou sa fête où, comme l'exige la tradition, il est toujours servi le premier. Malgré cela, les rares invités sont frappés par sa simplicité, son absence d'emphase. Cette discrétion et cet isolement lui conviennent. La table est bourgeoise, de bon ton, les verres ne sont que deux, un seul maître d'hôtel assure le service. Le Saint-Père écoute, jette quelques regards plus qu'il ne parle, d'une voix assez basse. Difficile de mesurer où cesse la simplicité naturelle et où commence le contrôle de soi... Contrairement à Jean-Paul II qui conviait volontiers à déjeuner les personnalités les plus diverses pour aborder de façon directe les thèmes essentiels du moment. Benoît XVI, timide, pense que cette timidité est paralysante pour ses hôtes et que de toute manière, s'il s'adressait à eux, ils ne pourraient guère répondre la bouche pleine... De plus, il n'est pas homme à parler de la pluie et du beau temps, mais plutôt de sujets de fond, ce qui est difficile à aborder en quelques phrases. C'est à ce genre de détails que l'on peut mesurer la solitude du pouvoir. Réservé, d'une profonde humilité, qui m'a frappée chaque fois que je l'ai approché, ce pape n'aime guère s'épancher et parle difficilement de ses projets. En revanche, il est affable avec son personnel, qui est aussi heureux qu'honoré de le servir.

1. Ils ont d'ailleurs été ordonnés prêtres le même jour, le 29 juin 1951.

Comme le définit le cardinal Tauran, « Benoît XVI est une combinaison du théologien et du catéchète. Il sait dire avec beaucoup de clarté des choses très profondes. Il est resté d'une courtoisie, d'une gentillesse et d'un naturel extraordinaires, dégageant le même charme et la même sérénité que quand il était le cardinal Ratzinger ».

Après le repas, en début d'après-midi, le pape s'autorise un somme sur son fauteuil XVIIIe en noyer à large dossier avant d'aller marcher une trentaine de minutes. À 16 h 30, la Mercedes noire aux vitres teintées entre dans la cour du palais apostolique. Le Saint-Père et son secrétaire allemand se font conduire à côté de l'héliport, pour leur promenade quotidienne dans les jardins, fermés aux visiteurs tous les après-midi afin qu'il puisse se détendre en toute quiétude. Là, de son petit pas saccadé plutôt rapide, suivi par deux membres de sa sécurité, Benoît XVI médite, récite son rosaire en égrenant son chapelet en ébène. Il admire parfois le parterre fleuri représentant son blason, festonné d'une haie de buis, mais emprunte le plus souvent l'allée bordée d'arbres à l'arrière de la basilique. Une forme de rituel… Pourrait-on imaginer que Sa Sainteté se rende un jour, par exemple, à la grande librairie catholique Ancora, via della Conciliazone, près de la place Saint-Pierre, où, quand il était encore le cardinal Ratzinger, il allait avec quelques euros en poche s'offrir des ouvrages de théologie ? Ce serait étonnant, non seulement parce qu'un souverain pontife n'est pas un chef d'État « normal » comme François Hollande ou François Mitterrand, qui s'arrêtait souvent à la librairie Gallimard boulevard Raspail, mais aussi parce que, tel un souverain, il n'a jamais d'argent sur lui[1]. S'il fallait régler ses menues dépenses, sa suite s'en chargerait. D'ailleurs, il n'a pas de salaire et n'en a pas besoin puisqu'il ne s'acquitte d'aucun loyer ni impôt et n'a pas de frais personnels. Malgré cela, Sa Sainteté dispose de son propre argent grâce à ses droits d'auteur, importants vu le nombre de best-sellers traduits dans d'innombrables langues. Des sommes conséquentes qu'il reverse aux œuvres de son choix, tout comme l'argent qu'il reçoit le 29 juin de chaque année à l'occasion de la fête de Saint-Pierre et Saint-Paul. Ce jour-là, des collectes ont lieu dans toutes les églises catholiques du monde. C'est l'annuel Denier de saint Pierre, qui a rapporté en 2010… 67,7 millions de dollars !

Plutôt que de s'aventurer hors les murs, ce pape au tempérament casanier préfère se promener dans les admirables jardins du Vatican qui n'ont pratiquement pas bougé depuis 1848. Vingt-deux hectares où s'étalent une verdoyante et ordonnée succession de palmiers, chênes verts, magnolias et cyprès, d'arbustes de buis disposés en motifs géométriques ainsi qu'une collection de fontaines et statues, dont une réplique fidèle de la grotte de Lourdes. Sans oublier l'odorante roseraie, le verger bio et le potager de cinq cents mètres carrés, entretenus par huit sœurs franciscaines, qui couvent le Saint-Père du regard lorsqu'elles le croisent et osent l'entraîner dans leur paradis, pour lui montrer leurs laitues, artichauts, choux-fleurs, aubergines, petits pois,

1. Le Vatican prend en charge tous ses frais grâce aux revenus qu'il obtient des contributions des évêchés. Ceux des États-Unis, d'Allemagne et d'Italie sont les plus généreux. Cet argent est donc utilisé pour financer ses voyages, ses grandes dépenses…

fraises et framboises qu'elles font pousser en chantant la gloire des cieux.

Après cet exercice, le pape reçoit Tarcisio Bertone. Un rendez-vous qui n'est pas inscrit dans son agenda officiel puisqu'il revient chaque jour. Pas plus que n'est marquée par exemple la visite de Mgr Fellay, chef de file des intégristes. Selon Benoît XVI, comme naguère pour le général de Gaulle, « l'intendance doit suivre ». Au cardinal secrétaire d'État, en théorie entouré d'autres collaborateurs, de mener à bien les affaires de l'Église, d'arbitrer, d'administrer, de hiérarchiser les dossiers, ce qui crée toujours plus de tension... Ce rôle est à la fois fragile et essentiel, car la secrétairerie d'État aide aussi le pape à gouverner le reste de la Curie. Au successeur du prince des apôtres, en revanche, la rédaction de ses écrits, car il tient à laisser sa trace dans l'histoire et dans la littérature religieuse... Un héritage spirituel pour passer, pense-t-il, d'un christianisme d'habitude à un christianisme de conviction. Ses textes sont courts, clairs et précis, et contrastent avec le style hermétique, ampoulé, souvent rébarbatif de ceux rédigés par ses collaborateurs de la secrétairerie d'État... Cela l'exaspère et il ne manque pas de souligner, d'annoter dans la marge leurs pavés parfois indigestes. Sa nature rigoureuse ne peut s'empêcher de reprendre le dessus, assisté dans cette tâche par Ingrid Stampa. Pendant des années, Joseph Ratzinger et Ingrid Stampa au piano jouèrent à quatre mains dans l'appartement du futur souverain pontife. Devenu pape, afin de pouvoir la garder à ses côtés, Benoît XVI l'a nommée fonctionnaire de première classe, dépendant de la secrétairerie d'État. Elle et Birgit Wansung sont de précieuses collaboratrices qui savent le rassurer au quotidien. Il n'a, au fond, confiance qu'en elles pour transcrire et coordonner le fruit de sa réflexion, notamment dans les ouvrages qu'il a publiés depuis qu'il est pape : *Jésus de Nazareth*[1], *lumière du monde : le pape, l'Église et les signes des temps. Entretien avec Peter Seewald*[2]. *Jésus de Nazareth : du baptême dans le Jourdain à la Transfiguration* (vol. 1) et *De l'entrée à Jérusalem à la Résurrection* (vol. 2)[3].

Autre rendez-vous plutôt régulier, le pape reçoit celui qui a été jusqu'en septembre son successeur à la Congrégation pour la doctrine de la foi, le cardinal américain William Joseph Levada[4].

Ce pape qui a la tête dans le Ciel et les pieds plus sur Terre qu'on ne l'imagine, avance à son rythme physiquement, mais aussi comme pasteur de l'Église universelle. Sans réformes spectaculaires ni discours démagogiques, en tentant de se recentrer sur les questions éthiques et sur l'unité des chrétiens. Après le pontificat si politique de Jean-Paul II, il n'était pas facile pour Benoît XVI de s'affirmer, de trouver son style, de réussir à parcourir le monde avec éclat, bien qu'il ait fait quand même déjà vingt-six voyages à l'étranger et vingt-neuf visites pastorales en Italie, célébré quatre consistoires et créé quatre-vingt-quatre cardinaux. Comme l'explique Mgr Piero Marini, l'ancien cérémoniaire de Jean-Paul II[5] qui fut aussi celui des débuts de son pontificat, « Karol

1. Flammarion, 2007.
2. Bayard, 2010.
3. Saint-Léger productions, 2011 et 2012.
4. Le cardinal a été remplacé en septembre 2012 par Mgr Gerhard Ludwig Müller, un évêque allemand.
5. On lui doit aussi les grand-messes spectacles de l'ancien pape.

Wojtyła avait l'amour des autres, voulait annoncer lui-même l'Évangile aux quatre coins de la Terre et était galvanisé par la ferveur des pèlerins, alors que Joseph Ratzinger, plus replié sur lui-même et sa pensée, aime surtout célébrer la messe seul. Moment tellement important qu'il reprend jusqu'à la dernière minute ses homélies pour tenter d'atteindre la perfection. Si Jean-Paul II s'exprimait avec des gestes symboliques, le ministère de Benoît XVI s'illustre davantage par des discours. »

Vient enfin l'heure du dîner, pas du tout romaine ! À 19 h 30, le pape prend un bouillon, quelques légumes vapeur, une compote de fruits, avant d'aller regarder le journal télévisé ou, du moins, les gros titres. Zapping assuré par Mgr Gänswein qui passe de la première chaîne italienne, TG1, à la télévision allemande. Après cela, le Saint-Père s'absorbe dans une œuvre littéraire – *L'Atlas historique de la liturgie*, par exemple, que vient de publier la Libreria Editrice Vaticana et dont il a reçu le premier exemplaire en hommage –, ou écoute de la musique, pour lui le langage de l'âme qui a bercé son enfance. Salzbourg n'était pas loin et Mozart devint vite son compositeur préféré. Souvent, il joue du Mozart, ou du Bach, sur son piano Furstein Farfisa, en prenant soin de toujours ôter de son annulaire droit son lourd anneau pastoral[1], qu'il pose

1. Un anneau en or sans pierres précieuses, symbolisant la crucifixion, ciselé par le sculpteur Manfrini, avec, à l'intérieur, les armes du souverain pontife. Ce bijou ouvert pour pouvoir être adapté aux différentes tailles de doigt fut offert par Paul VI à tous les évêques qui avaient participé aux travaux du concile. Une fois élus papes, Jean-Paul Ier et Jean-Paul II le gardèrent. Ensuite, à chaque consistoire, ce même anneau était offert à tous les cardinaux. Benoît XVI

sur le piano. Mais personne au Vatican n'entendra jamais ses mélodies, car il y a des doubles vitrages… Il est bientôt 21 heures. Avec sa « famille », le vieil homme se recueille pour une dernière prière dans sa chapelle privée avant de faire parfois quelques pas sur la terrasse de ses jardins suspendus. Après sa longue journée, le souverain pontife se retire enfin dans sa chambre. Il est tard. Le pape va éteindre sa lampe de chevet à l'heure où, déjà, tout le Vatican est pieusement endormi. Il peut enfin rêver de tentation contemplative.

---

est revenu en arrière, non seulement en ôtant cet anneau, lequel indiquait symboliquement qu'il était le *Primus Inter Pares*, le premier entre les égaux, mais en revenant à une tradition oubliée depuis des siècles : porter tous les jours au doigt l'anneau du pécheur. Cette bague est si imposante qu'on a du mal à ne pas la remarquer. Elle est signée du joaillier Stefano Ricci, un ancien collaborateur de la maison Bulgari de la via Condotti.

6

Le monarque pontifical et son royaume

Le bruit sourd et rythmé du train entrant en gare alerte l'oreille fine du cardinal Sodano, qui entendrait un moustique vibrionner dans les jardins du Vatican. Le doyen du Sacré Collège sait que, dans quelques minutes, à 8 heures précises, la *Freccia d'argento* qui a l'honneur de transporter le pape quittera la gare du Vatican. La *stazione di San Pietro*[1], de style néoclassique, offerte par Mussolini au pape Pie XI, accueille ce 27 octobre 2011 Sa Sainteté se rendant à Assise avec cent soixante-seize représentants des différentes religions pour célébrer la Journée de prière en faveur de la paix dans le monde. Tous les dignitaires sont déjà sur le quai, enthousiastes

1. Cette gare est surtout destinée à la réception de wagons de marchandises, plus rarement de pèlerins. La première locomotive est entrée au Vatican en 1934. Le tronçon relie la station Saint-Pierre de Rome, point de connexion avec le réseau des chemins de fer italien.

d'emprunter ce train spécial pour Assise, la ville de saint François, le fondateur des Frères mineurs qui n'avait que 24 ans lorsqu'il décida de se consacrer aux pauvres et aux lépreux. Il règne une certaine fébrilité dans l'air, car ce tronçon de chemin de fer est si rarement utilisé pour les déplacements du souverain pontife qu'il a fallu graisser les aiguillages[1]. D'ailleurs, il y a encore trente ans, une lourde porte blindée métallique à mouvement hydraulique barrant la voie ferrée contraignait le conducteur à descendre et sonner pour qu'on laisse entrer son convoi. Comme l'exige le cérémonial avant chaque déplacement du pape, le doyen du Sacré Collège, le préfet de la Maison pontificale et la suite de Sa Sainteté sont là pour lui présenter leurs respects. La Mercedes noire blindée avec ses fanions jaune et blanc[2] dont le toit se lève en même temps que la porte s'ouvre, afin que le pape en descende debout, va arriver avec Benoît XVI et Mgr Gänswein. Tout le monde applaudit. Les employés de la compagnie ferroviaire s'inclinent. Après avoir gravi les trois marches rouges et blanches du train, le célébrissime passager va s'asseoir à sa place. En

1. Situé à l'est, dans l'enceinte du Vatican, et inauguré en 1933, ce tronçon de 862,78 mètres de long a été construit en vertu des accords du Latran en 1929. Les voies ferrées du Vatican n'étant pas électrifiées, le convoi est d'abord tracté par une motrice diesel puis attelé à une locomotive électrique dans une gare romaine. Le premier pape à l'utiliser sera Jean XXIII, également pour Assise, en 1962. Puis Jean-Paul II, deux fois seulement, en 1979 et 2002.

2. Les fanions reproduisant le drapeau pontifical, divisé en deux bandes verticales accolées jaune et blanche, surmonté de la tiare aux trois couronnes, remplacent depuis 1808 la cocarde et le pavillon jaune et rouge pontificaux.

première, tout de même ! Un billet unique à son nom a été imprimé par Trenitalia. Son secrétaire s'installe en face de lui. Le convoi papal du TGV italien, formé de sept voitures, deux de première classe et cinq de seconde, s'éloigne. Dans deux heures, il arrivera en Ombrie, après avoir traversé, au ralenti, les gares de Terni, Spolato, Foligno… car les foules massées le long des voies de ces villes veulent applaudir le pape et les pèlerins de la paix. N'oublions pas que nous sommes en Italie et que, même dans la tourmente, le pape reste le pape ! Les *ferrovie dello stato italiano* assurent le fonctionnement de « La Flèche d'argent », car il n'y a pas de cheminots, hormis un chef de gare, parmi les quatre cent quarante-quatre citoyens du Vatican. Quasiment tous « émigrés », même le pape puisqu'il est naturalisé. En dehors de lui, tous les citoyens doivent détenir le passeport diplomatique de cuir noir et or. De toute manière, le pape est le seul chef d'État au monde[1] à ne pas avoir de passeport car même si ces derniers ne sont pas soumis au fastidieux contrôle des frontières, on s'en doute, ils ne sont pas dispensés de ce document. Joseph Ratzinger a cependant gardé son passeport allemand. C'est son droit. Un député vert de Berlin, Hans-Christian Ströbele, avait au moment de son élection émis des doutes quant au fait que le souverain pontife puisse à Rome conserver sa nationalité d'origine[2]. Le ministère de l'Intérieur a alors répliqué au parlementaire que,

1. La reine Elisabeth II n'a pas non plus de passeport, c'est la seule souveraine dans ce cas.

2. Avec leur simple passeport et sans visa, les Allemands peuvent entrer dans cent soixante-huit pays.

selon le droit germanique, on ne peut retirer sa pièce d'identité à un citoyen, fût-il pape, car l'homme de Dieu n'a fait aucune demande pour obtenir la citoyenneté vaticane. Souveraine appartenance qui ne lui a été octroyée qu'en vertu d'une élection à une fonction historique ! Ce passeport est normalement accordé aux privilégiés travaillant sur place : cardinaux, ecclésiastiques, mais aussi membres de la garde suisse et laïcs. Trois formes en sont délivrées par le gouvernatorat : un diplomatique, un dit « de service » et un simple, qui revient aux autres citoyens du Vatican. Le reste du personnel de la Curie, gendarmes et employés divers du Saint-Siège, qui n'ont pas accès à ce précieux livret, se console avec la *tessera personale*, sorte de carte d'identité de cuir noir frappée des armoiries d'or qui leur permet notamment d'aller à l'Annona et presque partout à l'intérieur du Vatican.

Mais revenons au pape, un souverain naguère si absolu qu'il était, il y a encore quarante ans, au-dessus des lois civiles et pénales, et avait droit de vie et de mort sur ses citoyens. En effet, la peine capitale, héritée de la monarchie italienne, n'a été discrètement abrogée qu'à l'arrivée de Paul VI, en 1963. Le pape détient donc seul les trois pouvoirs d'ordre sacré, de juridiction et de magistère[1]. La monarchie pontificale reste, faut-il le souligner, de droit divin ! Car après le Seigneur, c'est le pape et lui seul qui tient le gouvernail, comme l'a rappelé Benoît XVI lors de la création de nouveaux cardinaux, le 19 février 2012. Ce jour-là, Sa Sainteté a redéfini – « recadré », dirait-on

1. C'est-à-dire la tâche d'enseignement qu'ont le pape et les évêques selon le mandat du Christ.

en politique – la nature de son pouvoir. Malgré cela, le Saint-Père doit parfois rendre la justice. Non plus, tel Saint Louis, sous un chêne, mais grâce à un tribunal de première instance, présidé par un magistrat laïc, l'avocat Piero Antonio Bonnet, une cour d'appel, avec à sa tête Mgr José Serrano Ruiz, et une Cour de cassation, que préside l'archevêque Raymond Burke. Lieux infiniment petits où peuvent travailler quinze personnes au maximum. Bien que des vols, surtout place Saint-Pierre, et quelques actions indélicates aient été commises dans le passé, le Vatican reste encore le dernier État de la Terre à ne pas avoir de vraies prisons, mais uniquement une cellule – celle où a été envoyé pendant plusieurs semaines Paolo Gabriele mis dans une sorte de prison installée à la hâte à la fin de son procès dans la caserne des gendarmes. Une pièce d'une douzaine de mètres carrés avec une douche et des toilettes attenantes[1].

Cela reste compliqué pour le commun des mortels de se faufiler sans pass[2] magnétisé vert et blanc dans la « cité interdite » au-delà de la place Saint-Pierre et de sa basilique. La Vigilanza, avec sa centaine d'agents armés, veille sévèrement, tandis que la sécurité de la place incombe à la police italienne, équipée de petites voitures électriques blanches. Un contrôle ininterrompu qui rend quasi impossible, dans cette zone franche en quelque sorte, le shopping à tout étranger au système ! Désolant, car la zone commerciale est intéressante... La seule ruse est donc d'arriver à la pharmacie vati-

1. Voir chapitre 1.
2. Le pass n'est pas une carte d'identité, mais une carte de service plastifiée.

cane muni d'une ordonnance prescrivant un médicament introuvable dans les pharmacies italiennes, par exemple du Propycil, un antithyroïdien, du Florinef, un minéral corticoïde, ou du Premarin, un œstrogène. Car, à l'ombre de Dieu, on est charitable et on veut garder les croyants en bonne santé. Ainsi, s'ils ont une ordonnance, ils peuvent entrer dans la fameuse pharmacie où l'on se conforme à la pharmacopée suisse. C'est comme cela que, de longues années durant, beaucoup d'hommes venaient acheter ici un médicament prescrit dans le cas d'insuffisance érectile, le Caverject, un vasodilatateur artériel plus efficace que le Viagra aux dires des utilisateurs ! Ce produit, au départ utilisé en cardiologie pédiatrique, qui, en infiltrations locales pendant une petite semaine, se révèle miraculeusement efficace quant aux performances dans ce domaine, provoquait une véritable file de messieurs. En effet, pendant longtemps, on ne le trouvait pas en Italie où il était réservé au monde hospitalier, les patients devaient donc se rendre à Saint-Marin, république à peine plus grande que le Vatican jouxtant l'Émilie-Romagne, ou à Chiasso, commune suisse du Tessin située à la frontière italienne pour trouver ce médicament.

Née jadis dans une petite armoire du palais apostolique, la pharmacie du Vatican est maintenant la plus courue de Rome ! Gérée par les Frères hospitaliers de Saint-Jean de Dieu, assistés de sept personnes, elle vend tout ou presque, hormis des préservatifs et des pilules contraceptives – morale catholique oblige ! –, mais on y achète la meilleure lavande maison d'Italie. Une fois franchie la porte Sant' Anna et avoir parfois croisé les Missionnaires de la Charité, qui ouvrent chaque jour la porte de leur maison d'accueil, située non loin de là, aux SDF pour la distribution de repas, il semble plus facile de longer les murs et de se glisser alors dans l'Annona. L'avantageux supermarché dont le nom est emprunté à la Rome antique. Impossible cependant d'y faire des achats sans la fameuse *tessera*, à moins de rencontrer une âme charitable[1] ! Au-delà des fonctionnaires, employés et retraités du Vatican, on a des chances, dans cette fourmilière, de rencontrer de compréhensives bonnes sœurs, vu le nombre de communautés religieuses en plus des familles protégées par des curés romains, soit quelque vingt mille personnes régulières en comptant les familles, les amis et les amis d'amis, qui peuvent également y faire leurs courses, contrairement aux sœurs cloîtrées du couvent qui se trouve à l'intérieur même du Vatican. Là où vivent actuellement sept religieuses visitandines dont la journée commence plus tôt que celle du pape, à 5 h 20, et se termine à 21 h 30[2], qui elles n'ont jamais eu le loisir de s'évader à l'Annona pour découvrir les exquis produits frais de l'exploitation agricole de Castel Gandolfo : volailles de plein air, fruits, légumes, spiritueux, vin blanc *trebbiano bianco* et rouge *Cesarese di Affile*... sont vendus de 8 h 30 à 20 heures en hiver et 15 heures l'été, samedi inclus. Dans une partie de la gare, rarement utilisée comme on a pu le voir, une

1. Tout le système bancaire des boutiques est géré par la Deutsche Bank Italia, « sujet de droit italien ».

2. Mater Ecclesiae est née d'une initiative de Jean-Paul II qui avait souhaité créer une communauté de religieuses contemplatives qui accompagneraient de leurs prières l'activité du pape et de ses collaborateurs de la curie romaine. Tous les cinq ans, le couvent est occupé par une communauté différente : carmélites, bénédictines, clarisses, visitandines.

boutique propose vêtements, matériel électronique et informatique, bijoux, cadeaux de marque, cognac réputé et habits ecclésiastiques, là encore détaxés ! À proximité de la pharmacie, on peut apercevoir l'*autoparco*, le garage en partie enterré où sont alignées les superbes voitures du pape qui, bien qu'il ne soit pas matérialiste, apprécie comme bon nombre de ses compatriotes les automobiles. D'ailleurs, en 2005, un Américain fétichiste avait acheté 250 000 dollars une Golf grise ayant appartenu au cardinal Ratzinger, mais que conduisait son secrétaire, car il semblerait que Benoît XVI ne possède pas son permis... Ce qui ne l'empêche pas d'être en ce domaine le « client » le plus courtisé de la planète ! Impossible pourtant, pour l'homme en blanc, de se promener incognito dans sa voiture – même si, comme le raconte le cardinal Tauran, le pape sort parfois dans une voiture sombre banalisée difficilement repérable –, car les siennes sont toutes immatriculées SCV1[1] en lettres rouges, à savoir *Stato della Città del Vaticano*, que les Italiens traduisent par *Se Cristo Vedesse*, « Si le Christ voyait ça ». Certes, s'il redescendait sur Terre, il aurait l'embarras du choix devant les innombrables véhicules, dont deux de marque française. En effet, le 5 septembre 2012, Carlos Ghosn, président-directeur général de Renault, reçu au Vatican – avant François Hollande, alors que le président s'est déjà rendu trois fois à Rome[2] –, a remis à Sa Sainteté à Castel Gandolfo les clés des voitures électriques spécialement réalisées pour elle.

1. Les premières, en 1930, portaient un sceau de plomb frappé des armoiries du Vatican.

2. Ce qui a déjà créé de légères tensions avec Rome.

La première, inspirée de la Kangoo, prévue pour ses déplacements dans sa propriété patricienne, est blanche et ornée bien sûr de son blason. La seconde, bleue avec une bande blanc et jaune sur les flancs, est destinée à sa sécurité rapprochée. Ces véhicules ont des sièges arrière individuels fort confortables, un moteur électrique et une batterie au lithium. Elles ont rejoint les multiples limousines blindées aux vitres fumées, 4×4 BMW, Volkswagen, Audi, Mercedes, Fiat évidemment… Tous les constructeurs se disputent depuis des lustres l'honneur d'offrir aux papes leurs plus beaux modèles. Une publicité sans égal ! Mercedes, qui gâte le Vatican depuis quatre-vingts ans, lui a donné voici un an une tout-terrain hybride rechargeable, blanc nacré et, juste avant Noël, une Mercedes classe M qui roule à l'essence sans plomb. Le nouveau véhicule a été inauguré par Benoît XVI lors de la traditionnelle visite place d'Espagne, à l'occasion de la fête de l'Immaculée Conception. Ces papamobiles ont retrouvé les cinq autres dans le garage du Vatican. Ces véhicules sont équipés d'une verrière, composée de multiples couches de verre feuilleté ultra-résistant à l'épreuve des grenades, des mitrailleuses de calibre 12,7 mm et des fusils d'assaut de type AK47, dont le verre, non concave ni déformant, permet de voir parfaitement le pape qui peut quant à lui profiter de l'air conditionné. Approcher de près ces véhicules quasi lunaires est moins amusant que d'admirer ces anciennes drôles de voitures, telles la Citroën Victoria C6 équipée d'un petit trône, offerte en 1930 par André Citroën à Pie XI, ou la Graham-Paige, belle américaine avec laquelle il se rendit en décembre 1929 à Saint-Jean-de-Latran, ou encore une Bianchi 15 offerte au pape par l'Association des femmes catholiques. On trouve aussi une Fiat 525, une Isotta Fraschini, une Cadillac Fleetwood Standard de 1940. Jean XXIII recevra une Mercedes Benz 300D en 1960, Paul VI une Mercedes 600 Landau trois ans plus tard, une Lincoln Continental en 1964, une Toyota Land Cruiser, une Range Rover, une Fiat Campagnola, véhicule important puisque c'est le premier peint en blanc, alors que les précédents étaient noirs, avec finition chrome, intérieur or et bois précieux, et un siège arrière unique. Après l'attentat de 1981, le charme des belles limousines fut rompu car les services de sécurité imposèrent des véhicules blindés, type 4×4, alors que les premières papamobiles étaient découvertes sans protection spéciale ; quant aux ambulances, elles étaient reléguées au fond des garages du Vatican et rarement utilisées.

Lorsque ce digne petit monde tombe malade, il peut se faire soigner sur place au centre médical installé dans le même bâtiment que la pharmacie. Soixante-deux médecins y donnent des consultations. Il y a bien sûr un service d'urgence vingt-quatre heures sur vingt-quatre avec en permanence trois praticiens, et bon nombre des docteurs sont facilement joignables sur leur portable. Des spécialistes dans chaque domaine, même des gynécologues pour les sœurs et les laïques. Le Fonds d'assistance sanitaire, auquel sont affiliés les membres du Vatican (leur Sécurité sociale), leur permet d'aller dans les nombreux centres médicaux appartenant à l'Église, tel l'Instituto Dermopatologico Internazionale (IDI), l'Azienda ospedaliera San Camillo-Forlanini ou l'Ospedale Fatebenefratelli… Mais comme l'explique un cardinal, « mieux vaut être vraiment malade qu'avoir un petit problème, car, dans ce cas, on va directement au Policlinico Gemelli[1] de Rome, un très bon hôpital, alors qu'autrement on vous envoie dans une clinique souvent vétuste avec des médecins... qui ne sont pas toujours les meilleurs ! »

Non loin, se trouve la salle de commandement des gendarmes, l'une des deux dernières entités rescapées des corps militaires pontificaux qui comptaient autrefois également la garde noble et la garde palatine d'honneur. Paul VI, peu sensible à cela, les avait débaptisés en 1970 en « gardiens de la paix » avant qu'ils ne redeviennent, trente-deux années plus tard, par décret de Jean-Paul II, le « corps de gendarmerie[2] ». Cent trente militaires qui ont, au fil des ans, reconquis toutes leurs prérogatives, dont leur drapeau et leur fanfare. Telle une garde d'honneur, ce sont eux qui accompagnent chaque visite de chefs d'État. Ils assurent également la protection de la cité du Vatican, tâche qu'ils partagent avec la garde suisse pontificale. Ils ne vous le diront jamais pour ne pas risquer de commettre un impair, mais il faut savoir qu'il n'existe pas de toilettes au Vatican ! Rien n'est prévu à cet effet... et pour personne ! C'est ainsi qu'en juin 2012, place Saint-Pierre, le prince et 79e grand maître de l'ordre de Malte, Son Altesse éminentissime Fra' Matthew Festing, en grande tenue d'apparat, épaulettes or, veste rouge avec parements et col de velours noir, croix de Malte blanche brodée,

---

1. Le Policlinico Gemelli, qui doit son nom au médecin franciscain Agostino Gemelli, appartient au Vatican et à la Conférence épiscopale italienne. C'est là que fut soigné et sauvé Jean-Paul II après l'attentat du 13 mai 1981 place Saint-Pierre.

2. Avec le corps des pompiers, ils constituent les deux sections de la Direction des services de sécurité et de la protection civile.

fit une apparition aussi soudaine que remarquée dans les toilettes publiques, sises entre la Poste et le magasin de souvenirs, avant de rejoindre le Grand Conseil pour présenter ses lettres de créance à Sa Sainteté...

Autre service : la Poste, féconde source de revenus. C'est l'une des plus efficaces de la planète ! Jamais en grève bien que celle-ci soit reconnue, et dont Jean-Paul II, qui avait la fibre sociale, soulignait : « C'est un moyen extrême peu en phase avec l'Église », elle a de quoi faire pâlir d'envie FedEx et DHL ! Jadis, ses postillons parcouraient toute l'Europe à cheval. Le courrier posté pour la cité *intra-muros* est dispensé de timbrage et distribué le jour même par des sœurs « courrières » dotées de grands sacs de jute beiges siglés « Poste vaticane » et qui acheminent également les lettres dans les palais hors les murs. Celui destiné à l'étranger est parfois acheminé par la valise diplomatique, quand il n'est pas envoyé par la très opérationnelle Poste du Vatican, seul organisme du Saint-Siège « à voir voler le vent », mais qui garde une trace de tout le courrier expédié par ses ressortissants. Trois bureaux sont ouverts au public : deux place Saint-Pierre, à gauche et à droite des colonnades, et le troisième dans les musées. Si les affranchissements s'alignent sur ceux des postes italiennes, les envois sont plus rapides et fiables, car ils sont directement portés à Zurich, où ils sont triés. Timbrer ses lettres ou ses cartes postales du Vatican a un charme désuet particulier, non seulement parce que la cité émet ses propres timbres fort recherchés par les philatélistes, à l'effigie du pape et des monuments, mais aussi parce qu'ils confèrent la sensation unique d'être au cœur de la cité, périmètre harmonieux sans aucune enseigne fluo, juste le nom des boutiques sur de sobres plaques de marbre, comme via della Conciliazione dont tous les bâtiments, boutiques et cafés extraterritoriaux appartiennent aussi au Vatican. De surcroît, depuis début 2013, les mandats postaux peuvent être payés à la Poste vaticane à hauteur de 999,99 euros en espèces et de 1 499,99 euros par chèque de Bancomat.

Autre lieu, caché celui-ci, qui éveille la curiosité mais ne se visite pas : l'atelier de restauration des tapisseries. C'est là qu'avec doigté sont réparées et entretenues par les sœurs franciscaines de Marie les magnifiques et inestimables tapisseries, une tâche à laquelle elles se consacrent avec une patience angélique…

Enfin, une mention spéciale pour la Typographia Polyglotta, qui remonte à 1587. C'est l'imprimerie la plus complète qui soit en caractères typographiques de plomb : sept pour l'arabe, trois pour le syriaque, deux pour le sanscrit… Elle vaut une fortune, mais ne rapporte rien ! Au même titre que celle, plus modeste, chargée d'imprimer *L'Osservatore Romano*. Le personnel qualifié y imprime tous les actes pontificaux, les livrets de célébrations et multiples documents émanant du Saint-Siège, et aussi des cartes postales, des dépliants et bien sûr l'incontournable annuaire pontifical, dont le premier exemplaire, à couverture de cuir blanc[1], de 2 342 pages pour la version 2012, est remis chaque année solennellement au pape par la famille salésienne. Le suprême honneur d'y travailler se traduit là aussi par la règle du silence. C'est pourquoi

1. Les autres ont une couverture de tissu rouge, comme le *Who's Who*.

les employés encadrés par les Frères de Don Bosco prêtent le serment du secret total. Prudence toujours ! Cette sainte prudence que seuls les visiteurs non avertis ignorent lorsqu'ils croisent des typographes, qui impriment tout ce qui est imaginable... sauf la carte du ciel ! Méfiance ou superstition, qui sait ? En tout cas, une réelle déception pour les astrophysiciens et les amoureux des étoiles qui pourront cependant se consoler s'ils sont par ailleurs mélomanes. En effet, depuis cette année ont lieu l'été, à la nuit tombée, des concerts dans la salle de Raphaël. Un moment rare où, pour 19 euros, l'amateur peut visiter la chapelle Sixtine et les appartements des Borgia, la cour du Belvédère et s'arrêter cortile della Pigna, dans le palais apostolique, pour prendre une coupe de *spumante* et savourer d'exquis plats typiquement italiens[1] autour d'une table abritée par de grands parasols. Le public enthousiaste est varié : bonne bourgeoisie et noblesse romaine vêtues de sombre, touristes en tenues plus colorées émerveillés de se trouver là, le soir, dans un tel décor. Vers 22 heures, les hôtes vont rejoindre la salle de Raphaël, dont le plafond à caissons de bois sculpté renvoie une sonorité unique, reconnaissent les musiciens. Le petit conservatoire de Frosinone, avec une toute jeune soprano à la voix cristalline, s'est produit le premier soir. Puis des orchestres de chambre ont interprété, deux fois par semaine, Rossini, Mozart, Bach, Prokofiev, Stravinski, Beethoven, Rachmaninov... devant un parterre heureux. Ces dernières soirées musicales, qui ont eu lieu jusqu'à fin septembre, étaient données sur les terrasses de la pinacothèque, à quelques lieues des

1. À régler en supplément sur place. Il y a une trentaine de tables.

fenêtres de l'appartement de Benoît XVI qui, dit-on, aurait ces soirs-là renoncé à jouer du piano pour profiter, depuis son salon, de cette musique, car il n'y avait jamais eu jusque-là de Vatican *by night* ! Veillaient uniquement quelques sœurs au standard téléphonique et le médecin de garde, installé près de la pharmacie où un pavé gravé marque exactement l'endroit où fut allongé quelques instants Jean-Paul II, après l'attentat de 1981, en attendant l'ambulance… Seul bruit quand le public comblé quitte le Vatican : les pas des gendarmes et gardes suisses, qui se partagent la ronde de nuit, dont les trousseaux de clés battent en cadence et résonnent en écho sur la place Saint-Pierre.

7
Le patrimoine de Dieu

« Mario Monti a décidé de soumettre les biens de l'Église à l'impôt foncier et de supprimer l'exemption fiscale dont bénéficie le Vatican depuis les accords du Latran en février 1929. » C'est par ce message laconique envoyé le 16 février 2012 sur son mail officiel que le cardinal Angelo Bagnasco, président de la Conférence épiscopale italienne, a découvert que dorénavant l'Église allait payer des impôts. Quel choc ! Ce jour-là, l'ambiance n'est pas au beau fixe même si le gouvernement doit encore traduire son intention par un décret qui sera soumis au Parlement[1]. Cette décision, due en partie à la crise sans précédent dont est victime l'Italie, représente une véritable révolution. Jusqu'à présent, aucun gouvernement n'avait osé toucher aux privilèges de la Sainte Église catholique. Une sorte de coffre-fort inviolable, car les Italiens, superstitieux, ont toujours eu peur que cela ne leur porte malheur, et ils ne veulent avoir contre eux ni Dieu ni diable. En 2006,

1. Et depuis lors rejeté par le Conseil d'État.

le zélé Silvio Berlusconi avait même inscrit dans les textes ce salutaire régime d'exemption fiscale qui faisait jusque-là uniquement l'objet d'une reconnaissance tacite. Or, dès son investiture le 11 novembre 2011, le président du Conseil, Mario Monti, entouré de six ministres ouvertement catholiques comme lui, a affirmé sa volonté de lutter contre tous les privilèges pour faire de l'Italie un pays « normal ». Il faut avouer que, entre les dépenses directes et locales, le Vatican coûte quand même à l'Italie 4 milliards d'euros par an – soit 8/1000 de son budget. La République débourse chaque année 1,650 milliard d'euros pour les vingt-deux mille enseignants d'instruction religieuse des écoles (un héritage du Concordat), auxquels s'ajoutent quelque 700 millions à des organismes catholiques du pays, aux écoles ainsi que pour la santé publique, avec en prime, selon les époques, le financement d'événements exceptionnels tels que le Jubilé (1,810 million d'euros) et le pèlerinage de Lorette (2,5 millions d'euros). Consolation : l'Italie reçoit en retour quelque quarante millions de touristes et pèlerins chaque année… Cette douloureuse ponction fiscale[1] devait en théorie rapporter quelque 700 millions d'euros par an au Trésor public, or le 8 octobre dernier le Conseil d'État du pays a rejeté cet amendement. Geste justifié, ont expliqué les juges, à cause de la trop grande hétérogénéité des multiples conventions signées entre l'État et les organisations catholiques pour des activités sanitaires, culturelles ou sportives. Ils ont recommandé de prévoir une législation sur mesure ou d'appliquer les principes généraux prévus pour les activités non commerciales. Ce qui signifierait

1. L'impôt foncier.

que les lieux de culte au sens strict et ceux n'ayant aucune activité lucrative, comme les églises, monastères, couvents, oratoires, abbayes, ainsi que les hôtels appartenant à des ordres, ne pourront plus se prévaloir de la présence d'une petite chapelle ou d'un simple oratoire pour être exonérés. Mais ce jour-là est encore lointain ! En 2011, le cardinal Bagnasco, président de la Conférence épiscopale italienne, a admis qu'il y avait des « zones grises » qui pourraient déboucher sur une négociation avec l'État italien. Par ailleurs, de telles déclarations peuvent avoir une influence sur le personnel politique, qui n'a pas forcément intérêt à se mettre le Saint-Siège à dos. Il ne faut pas oublier qu'en Italie, et uniquement dans ce pays, le président de la Conférence épiscopale n'est pas élu, mais nommé directement par le pape… et pour cause : en tant qu'évêque de Rome, il fait théoriquement partie de cette conférence.

Cette sévère disposition serait pour l'Église une véritable révolution. Si seuls les responsables des finances du Vatican savent exactement ce qu'elle possède, puisque aucun inventaire officiel et complet n'a jamais été établi, on peut néanmoins deviner leur embarras. En effet, quelques cardinaux très renseignés citent *sotto voce* la liste impressionnante des biens appartenant à l'Église[1]. Quelque 70 hectares de terrains construits

1. Dont la Basilica di San Giovanni in Laterano, la Basilica di Santa Maria Maggiore, la Basilica di San Paolo Fuori le Mura, le Palazzo del Laterano (Pontificia Università Lateranense e il Pontificio Seminario Romano), le Palazzo di San Callisto, le Palazzo di Santi Apostoli, le Palazzo contiguo alla chiesa di San Carlo ai Catinari, le Palazzo della Cancelleria, le Palazzo di Propaganda Fide, le Palazzo del San-Uffizio, le Palazzo della Congregazione, le Palazzo del Vicariato et les diverses universités, Pontificia Università

à Rome, les bâtiments administratifs, les universités pontificales, les 55 hectares de Castel Gandolfo et les 500 hectares de ses exploitations agricoles, environ 200 autres en bord de mer et 1 200 en périphérie de la capitale constitueraient l'extraterritorialité du Vatican, échappant, de ce fait, à la juridiction italienne. Élément intéressant : les accords du Latran interdisent à l'administration italienne de s'étendre trop près du Vatican afin de ne pas faciliter l'espionnage… Compliqué car cela concerne quelque 450 édifices, dont 40 % au cœur historique de la Ville éternelle, dont bon nombre donnés par l'Italie dans les années 1950. Et si dans ce calcul on inclut les 325 ordres féminins, les 87 ordres masculins représentés à Rome et leurs biens se déclinant en 600 maisons mères, les 300 paroisses, 30 cloîtres et 1 700 communautés, rien qu'en Italie, sans compter les innombrables immeubles de rapport souvent hérités au fil des siècles, c'est énorme ! Mais personne ne semble ici être notaire dans l'âme et tout cela reste donc encore mystérieux à bien des égards… Les communautés religieuses, l'Église et le pape reçoivent directement, par testament, des biens, mais aussi des dons personnels qu'ils utilisent à leur convenance. Illustration récente : le chèque de 100 000 euros daté du 26 mars 2012 au bénéfice du souverain pontife envoyé par l'université catholique San Antonio de Guadalupe, au Mexique,

---

Gregoriana in via del Seminario, Pontificia Università Gregoriana in piazza della Pilotta, Pontificio Istituto Biblico, Pontifici Istituti di Archeologia Cristiana, le Palazzo della Pontificia Università della Santa Croce, le Palazzo della Domus Internationalis Paulus VI, la maison de retraite pour les clercs de Santi Giovanni e Paolo, l'hôpital pédiatrique et les terres di Santa Maria di Galeria, où se trouve Radio Vatican.

retrouvé dans l'appartement de Paolo Gabriele et mentionné dans le réquisitoire du promoteur de justice, le procureur Nicola Picardi. Ces richesses immobilières sont recensées auprès du cadastre italien en tant que fraternités, congrégations, vicariats, basiliques, hospices, collèges, instituts, fondations, missions, œuvres pieuses… dont certaines, comme l'ordre hospitalier de Saint-Jean, qui possède une île entière à Rome sur le Tibre, sont depuis des décennies les biens de l'Église. Pas grand-chose cependant comparé aux États pontificaux qui, jusqu'en 1870, incluaient Rome et comptaient près du tiers de la Péninsule. C'est-à-dire dix-huit mille kilomètres carrés, sur un territoire allant de l'Émilie-Romagne au Latium, des Marches à l'Ombrie. La République indemnisa alors le Vatican et, en 1929, le traité du Latran stipula que Mussolini remette au pape Pie XI l'équivalent aujourd'hui d'1,458 milliard d'euros en liquide et titres d'État.

De quoi investir, notamment en or, aux États-Unis… Une idée de Mgr Francis Spellman[1], futur archevêque de New York, qui occupa le siège pendant vingt-huit ans, durée jamais égalée depuis ! Une initiative qui se révéla géniale ! La République, généreuse, avait mis à l'abri l'Église catholique, mais les gens d'Église ne sont pas souvent doués pour le business ! Après tout, leurs affaires sont autres, même si le cardinal Tauran reconnaît qu'« autrefois, une bonne action, un legs pouvaient par exemple être récompensés et l'on recevait souvent un titre nobiliaire. Maintenant, on a juste la reconnais-

1. Né le 4 mai 1889 dans le Massachusetts, créé cardinal par Pie XII le 18 février 1946, décédé à New York le 2 décembre 1967. Il repose dans la crypte de la cathédrale Saint-Patrick.

sance morale d'avoir fait cela, au nom de la foi ! » À cet égard, la phrase du cardinal comte Rafael Merry del Val, secrétaire d'État de Pie X, est restée célèbre. Cet aristocrate espagnol, qui aimait bien qu'on lui soit reconnaissant des titres qu'il distribuait au nom du pape après avoir reçu un chèque important dans un volume de saint Augustin au lendemain d'avoir anobli M. Vitali, écrivit au nouvel aristocrate la missive suivante : « Le Saint-Père a beaucoup apprécié le premier volume et attend le second avec impatience. »

Il y a donc eu un premier séisme, en ce début d'année 2012, auquel est venu s'ajouter le scandale qui a touché la banque du Vatican : l'IOR a été accusé de gestion peu saine, pouvant faire fonction d'intermédiaire de blanchiment d'argent, soit de possibles financements de réseaux terroristes risquant de faire figurer le Vatican sur la liste noire, au même titre que Saint-Marin et les îles Caïmans… Conscient de ces graves lacunes, Benoît XVI avait choisi, dès 2009, Ettore Gotti-Tedeschi[1], économiste catholique et un de ses conseillers lors de la rédaction de son encyclique *Caritas in Veritate*, pour présider « sa » banque. Le 24 mai 2012, Gotti Tedeschi, 67 ans, a été « défenestré », selon les propres termes de ses avocats, du conseil d'administration parce qu'il voulait « nettoyer » entièrement l'établissement afin qu'il entre dans la *white list*. Ses détracteurs l'ont alors accusé d'inefficacité et d'avoir commis de multiples erreurs, dont celle d'avoir transféré 24 millions d'euros dans une banque italienne… Somme immédiatement bloquée par les juges romains,

1. Banquier honorablement respecté, homme d'affaires et professeur d'éthique de l'économie.

qui en ont profité pour mettre leur nez dans les affaires du Saint-Siège. « Je suis la victime désignée des lois anticléricales », s'est défendu Gotti-Tedeschi avant de s'enfermer dans le mutisme. De son côté, le Vatican affirme « avoir franchi une étape fondamentale en jetant les bases d'un système robuste et durable de lutte contre le blanchiment d'argent et le financement du terrorisme. Nous devons maintenant créer la structure adéquate afin de démontrer la volonté du Saint-Siège et de l'État de la cité du Vatican d'être un partenaire fiable au sein de la communauté internationale ».

À ce scandale s'est ajouté celui du gouvernatorat, dont le responsable, le cardinal Carlo Maria Viganò, a été, selon les bons principes, éloigné de Rome et nommé nonce apostolique à Washington. *Promoveatur ut amoveatur*, « promouvoir pour déplacer », technique éprouvée depuis des siècles, car le dévoué *monsignore* avait critiqué, dans une lettre privée adressée au pape, les méthodes peu catholiques de ce management et le manque d'appels d'offres lors de certains marchés, comme l'entretien des jardins du Vatican attribué directement à des sociétés et facturé le double des autres prestataires de service, ou comme l'installation, pour plus de 300 000 euros, de la magnifique crèche et ses santons grandeur nature place Saint-Pierre au moment de Noël. Il arrive, comme me l'explique un éminent prélat membre du conseil cardinalice pour les questions administratives et économiques, « que des prestations soient facturées et réglées deux fois car les finances sont peu centralisées et tout le monde travaille dans son coin. C'est une vieille habitude qui faisait dire à chacun qu'il gérait ses fonds avec de l'argent donné par des mécènes dont il était obligé de taire les sources. La transparence est ici une notion très nouvelle. » De quoi indigner les Italiens, d'habitude plutôt indulgents, comme l'explique le vaticaniste Bruno Bartoloni. « Si le Vatican était en France, les dessous de la gestion de l'Église auraient sûrement passionné les Français, comme nous qui suivons cela depuis deux millénaires. » Jusqu'à Paul VI, le Vatican possédait de nombreuses sociétés italiennes et, avant la révision en 1981 des accords du Latran, le clergé était encore salarié[1] par l'État italien qui, depuis, continue d'assurer à l'Église des financements importants.

Les cardinaux de la Curie reçoivent quelque 3 000 euros nets par mois. Cela correspond à l'ancienne « assiette cardinalice », mais ils doivent s'autofinancer et régler tous leurs frais, en dehors de l'appartement. Dépenses qui, selon leurs fonctions officielles, leur sont remboursées par l'administration du Saint-Siège tels leurs frais de secrétariat, leurs déplacements, leur personnel de bureau et de maison. De fait, je me trouvais récemment, un dimanche, place Saint-Pierre, après une cérémonie au Vatican, dans une file attendant des taxis, derrière moi, devisaient deux souriants cardinaux, je leur demandai : « Qu'avez-vous fait de votre chauffeur pour guetter ainsi un taxi sous cette pluie ? – Que voulez-vous, me répondit l'un d'eux, levant les bras au ciel et regardant son collègue, j'ai un prêtre secrétaire et chauffeur, mais il est de repos aujourd'hui ! Nous allons donc partager une voiture… » Du coup, embarrassée, je les ai laissés passer devant moi ! Un évêque perçoit

1. En France, cela est toujours le cas en Moselle et en Alsace, en raison du concordat de 1801.

39 000 euros par an, réglés par la Caisse de la conférence épiscopale italienne, et un prêtre 1 650 euros nets par mois, auxquels s'ajoutent les dons de sa paroisse.

Les cardinaux sont-ils aujourd'hui riches ? Comme le raconte le cardinal Poupard, président émérite du Conseil pontifical de la culture : « Le dernier vraiment riche était l'Américain Francis Spellman. Cardinal aviateur, le futur archevêque de New York, d'abord évêque ordinaire aux Armées, possédait son propre avion. Manager en clergyman, doté d'un indiscutable panache, il n'avait pas hésité, en 1937, à prendre son appareil de Rome à Paris pour consigner à l'agence United Press International la copie de l'encyclique *Mit brennender Sorge* contre le racisme et la persécution religieuse dans l'Allemagne nazie. Il avait aussi piloté le cardinal secrétaire d'État Eugenio Pacelli, futur pape Pie XII, dont il était proche, aux États-Unis… Je ne vois plus guère de nos jours de collègues fortunés, et si nous, cardinaux du clergé séculier, ne faisons pas vœu de pauvreté, nous la pratiquons davantage au quotidien que ceux issus d'ordres religieux qui disposent généralement d'un secrétaire. Quand feu le cardinal jésuite Carlo Maria Martini[1] quitta Milan pour Jérusalem, son collaborateur le suivit… À cet égard, nous sommes, avec les Allemands me semble-t-il, les plus mal lotis ! Naguère, à la secrétairerie d'État, mon collègue de la section allemande qui, lui, roulait dans une Porsche (qui lui avait été offerte !), me lançait : "Mon cher, ce qu'on te donne au Vatican te permet-il seulement de boire une bière ?" Je ne suis certes pas de ceux qui

1. Décédé le 31 août 2012.

pleurent, mais, dans certains cas, on est en dessous du minimum. Et lorsque j'avais été nommé en 1985 à la tête du Conseil pontifical de la culture à Rome, ma surprise fut de découvrir que l'appariteur de mon dicastère, certes marié et père de deux enfants, avait un traitement qui, tout modeste qu'il soit, était néanmoins supérieur au mien ! J'étais ravi pour lui, mais ce n'était pas agréable car je devais me déplacer, recevoir, avoir un train de maison… C'est toujours le cas mais heureusement, j'ai la chance d'avoir quatre carmélites apostoliques mexicaines au pair, c'est-à-dire nourries et logées, qui font des études en ville et tiennent, en échange, mon appartement. Je n'ai, en revanche, droit à aucun frais de représentation. Alors, quand on m'invite pour un congrès ou une cérémonie, mes hôtes savent qu'ils doivent m'offrir le billet d'avion et l'hôtel… Sinon, je ne me déplace pas ! Et, à Rome, je conduis ma Peugeot… Lorsque, récemment, je me suis rendu à une réunion de cardinaux au Vatican, j'avais devant moi une voiture conduite par une religieuse "chauffeur" et sans doute aussi "cuisinière" qui venait de déposer l'un de mes éminents collègues… Ce qui est amusant, c'est que je fais l'inverse ! Moi, j'arrive au volant avec les religieuses dans mon auto… Je puis vous assurer que je suis le seul ! » (Il rit de bon cœur.) Pas de quoi placer ses économies à l'IOR ! Encore moins d'ailleurs pour un cardinal sur le sol français qui reçoit par mois 930,79 euros de son diocèse[1]. Sans chauffeur, ni cui-

1. L'argent de l'Église en France : les derniers chiffres datant de 2009 donnent 713 millions d'euros de ressources annuelles pour les 95 diocèses de l'hexagone sans aucune subvention publique. À

sinière, ni gouvernante, mais le plus souvent avec une ou deux bonnes sœurs à leur service quelques heures par semaine, l'existence des hauts prélats est moins glorieuse qu'on ne l'imagine... Depuis le 24 septembre 2012, un décret de la Conférence des évêques allemands stipule qu'outre-Rhin seuls les contribuables s'acquittant de leur impôt sur le culte ont désormais le droit d'appartenir à l'Église et de recevoir des sacrements. Les évêques allemands espèrent ainsi enrayer la vague de départs de la part des catholiques provoquée par les scandales pédophiles.

La somme payée au culte a été, selon les Länder, de 8 à 10 % des revenus, en 2011. De fait, cent vingt-six mille quatre cent vingt-huit fidèles ont quitté l'Église catholique.

La « banque de Dieu » – qui accueille ses clients privilégiés et défiscalisés par un *Carus expectatus venisti !* (« Bienvenue ! ») – gère les comptes de Sa Sainteté, des ordres, des congrégations, des cardinaux, des employés du Vatican, des diplomates et de quelques privilégiés s'engageant à laisser, à leur mort, 10 % de leurs avoirs bancaires à une œuvre ou à un ordre. Cent douze employés y travaillent, mais personne n'ose l'avouer ! De par son statut international particulier, l'IOR, qui se trouve à proximité de l'appartement du souverain pontife dans la cour Nicolas V, bénéficie de l'extraterritorialité propre à l'État pontifical. Ce qui fait de cette institution privée une sorte de paradis financier avec

---

titre de comparaison, l'Église allemande reçoit 5 milliards d'euros de l'État. Par ailleurs, notre Église n'est pas rentière. La plupart de ses immeubles et presbytères appartiennent aux collectivités locales et les loyers de ses biens ne représentent que 3 % de son budget.

un patrimoine estimé actuellement à 6 milliards d'euros, dont 70 % sont en euros et 30 % en dollars, sans compter son or déposé à l'American Federal Reserve. L'IOR gère environ trente-trois mille comptes courants destinés, notamment, aux œuvres de religion et de charité, dont 77,3 % en Europe et 7,3 % au Vatican.

En vertu de son statut hybride l'IOR profitait jusqu'à maintenant de sa situation. Cela facilitait notamment les transferts de fonds à destination d'institutions religieuses dans des pays politiquement hostiles à l'Église, mais aussi, parfois, dans des buts moins nobles. On est donc très tenté de se rendre furtivement dans ce lieu signalé nulle part, mais surveillé vingt-quatre heures sur vingt-quatre par des gardes suisses dont la caserne est voisine. La banque, aux vilaines proportions, quasiment sans fenêtre, entre le sinistre donjon de briques brunes et l'imposant château d'eau, rompt avec la splendeur des lignes architecturales du palais apostolique. En fait, cette vénérable institution, fondée à la fin du XIXe siècle pour gérer les dons et les legs des institutions religieuses, a été réorganisée en juin 1942 par Pie XII qui, escomptant la victoire des Alliés, voulait doter l'Église d'un outil financier moderne avec un réseau international capable de résister, pensait-il, à l'avènement des communistes. Ainsi, jusqu'en 1954, le Vatican acquit des participations dans de multiples entreprises et des organismes institutionnels, notamment aux États-Unis, avec des parts de la Chase Manhattan Bank et de la banque Morgan, de General Motors, TWA, IBM, GoodYear, General Electric, Paramount… Un choix aussi intelligent qu'éclectique, dont l'éthique dicte que les dividendes ne soient jamais réinvestis dans des sociétés chimiques pharmaceutiques, des industries d'armement ou toute autre entreprise pouvant engendrer des conflits d'ordre moral. Le Vatican a donc pris d'importants intérêts dans les assurances, la téléphonie, le pétrole, le gaz... Mais au cours du pontificat de Paul VI, son grand argentier, le cardinal Egidio Vagnozzi, préfet pour les affaires économiques, annonça que les participations du Vatican ne dépasseraient pas 7 % du capital d'une société. Or, dans les années 1970-1980, les scandales du banquier Sindona, puis de Roberto Calvi secouèrent durement la réputation du Saint-Siège dont les finances passèrent d'un coffre-fort inviolable à une nébuleuse de troncs d'églises disséminés dans le monde. Mgr Paul Marcinkus, évêque au physique imposant, fils d'émigrés lituaniens, né dans la banlieue de Chicago – dans la même ville... qu'Al Capone ! – qui s'était fait remarquer comme « gorille » de Paul VI (dont il organisait les voyages à l'étranger et la sécurité), se trouva embarqué dans des affaires douteuses d'investissements vers les paradis fiscaux en liaison souterraine avec la Mafia. Ce que le malchanceux ignorait avant la faillite frauduleuse de Sindona et Calvi, patrons du Banco Ambrosiano, dont l'IOR était le principal actionnaire et qui perdit alors autour d'un milliard de dollars. Ces deux banquiers, au départ estimés dans le milieu politique, terminèrent l'un empoisonné en prison par un café au cyanure, l'autre pendu à Londres sous le pont des Black Friars (« les Frères noirs »). Quant à Mgr Marcinkus, il quitta Rome en 1990 et s'éteignit en février 2006, à l'âge de 84 ans, dans une paroisse perdue près de Phoenix en Arizona. « Un personnage néanmoins loyal qui s'était laissé entraîner… me confie le cardinal Tucci, son successeur, responsable des voyages de Jean-Paul II. Rentré à Sun City, Marcinkus jouait beaucoup au golf et circulait à bord de son 4 × 4 pour aller célébrer des cérémonies dans sa région. Jean-Paul II, qui aimait bien cet évêque originaire d'un pays proche du sien, l'avait défendu de son mieux, mais tant d'accusations planaient sur lui qu'à la fin, lorsqu'il accompagnait le Saint-Père, les médias parlaient davantage de Marcinkus que du pape ! »

C'est en 1982, après la faillite du Banco Ambrosiano, quand une enquête démontra les liens entre ladite banque, la Mafia et la loge maçonnique P2, que de nouvelles normes entrèrent en vigueur pour assurer plus de clarté dans leurs opérations financières. Depuis lors, la banque est contrôlée par un conseil de surveillance de plusieurs membres. Après la récente démission d'Ettore Gotti-Tedeschi, ce sont Ronaldo Hermann Schmitz, Carl Albert Anderson (respectivement président et vice-président par intérim), Giovanni De Censi et Manuel Soto Serrano qui assurent ces fonctions. Mais l'ambiance est tendue, car le Vatican n'aime guère qu'on fouille dans ses affaires privées. De longues années durant, l'organisme n'a pas fait parler de lui jusqu'à ce fatidique 24 mai 2012, quand son conseil de surveillance, dénonçant une détérioration de la gouvernance, a brutalement renvoyé Ettore Gotti-Tedeschi, au moment même où un prêtre sicilien complique les comptes de l'évêché de Trapani[1].

1. Ce même Trapani où un prêtre de l'église San Lorenzo, don Vito Lombardo, a annoncé quitter son ministère et se marier après avoir mis sa compagne enceinte.

En effet, l'un des pères du diocèse et ancien trésorier vendait en théorie dans le dos de son évêque les biens de l'Église[1] à des promoteurs immobiliers locaux sans en avertir le Vatican. Ce qui a obligé Mgr Miccichè, dont le compte à l'IOR enflait dans d'étranges proportions, à démissionner depuis, d'autant que le procureur de Trapani a découvert que le prélat en question était proche de la Mafia. Mais revenons à Gotti-Tedeschi dont la mise à pied a été douloureuse pour ce catholique fervent, si fier d'être le banquier du pape. C'est une fonction qui vaut tous les titres de la « noblesse noire » romaine, et celui qui croyait pouvoir instaurer la transparence a été le catalyseur de luttes internes, « le bouc émissaire », comme le confirment les derniers documents publiés. Un laïc facile à remercier, car il n'y avait nul besoin de le « recaser » – d'autant qu'il était déjà à la retraite !

Pour avoir le label « banque propre », il faut répondre à quarante-neuf critères, or l'institut, ne répondant qu'à quarante et un d'entre eux, avait été sauvé de justesse. Trois défaillances de plus et elle était classée « banque non fréquentable »... L'audit confié aux experts européens de Moneyval, chargés à la demande du Saint-Siège d'évaluer les mesures de lutte contre le blanchiment, a tranché le 4 juillet dernier au Conseil de l'Europe à Strasbourg en ces termes : « Le Saint-Siège a beaucoup progressé en très peu de temps et la plupart des exigences antiblanchiment ont été formellement adoptées. » Un engagement moral relaté en double page avec photo dans *L'Osservatore Romano* du

1. Au-delà de 1 million d'euros, chaque vente exige le consentement du Vatican.

26 juillet 2012. Le patrimoine est évalué à 6 milliards d'euros, dont 80 % appartiennent à des congrégations et monastères. Il n'en reste pas moins que réussir à pénétrer dans cette tour hypersécurisée depuis 1996 est un exploit. Raison pour laquelle cela éveille tous les fantasmes ! Depuis les derniers travaux, datant d'une vingtaine d'années, l'entrée officielle se fait face à la Poste. Avant cela, l'accès se trouvait près de l'ascenseur privé du pape... Quelle n'était pas la surprise des austères clients de croiser Sa Sainteté et d'être soudain tenus de se prosterner respectueusement devant lui avant d'aller déposer leurs économies ! Autre nouveauté, la porte vitrée est automatique. Il y a bien sûr un sas de sécurité et des caméras de surveillance, ce qui, dans cette enclave désuète et démodée, surprend. En revanche, inutile d'appeler l'ascenseur : il est réservé à la direction et aux employés chargés des opérations spéciales... Impossible de savoir qui ! Les clients importants ne font pas la queue derrière les bonnes sœurs. Cela leur demanderait trop de temps, car des couvents entiers de religieuses viennent déposer des dizaines de chèques, souvent d'un montant infime... C'est pour elles une promenade ! La banque ne donne pas de carnet de chèques, et vous envoie pour cela chez Unicredit-Banco di Roma, son correspondant. Elle n'accorde pas non plus de prêts. D'ailleurs, lorsque l'on consulte le site du Vatican, si l'on souhaite offrir l'obole de Saint-Pierre à Sa Sainteté, c'est un numéro de compte de cet établissement qui est proposé. En revanche, quand on demande une carte de crédit, on vous remet une carte plastifiée, baptisée *Tertio Millennio*, pour régler, mais non pour effectuer des retraits. Ce très chic sésame sur fond bleu avec la place Saint-Pierre, les armoiries

du Vatican et les lettres IOR (prononcer OR), est plus rare que la *centurion card* d'American Express ! Il n'est pas simple de circuler ici quand on souhaite se rendre ailleurs qu'au rez-de-chaussée de la banque, car il faut indiquer aux gendarmes en faction avec qui l'on a rendez-vous, et pour quelle opération. On est alors escorté jusqu'à un bureau où un employé vous accueille sans jamais sourire. Une fois l'opération effectuée, la mine sombre, il vous tend un reçu avec des initiales. Le nom de l'Institut pour les œuvres de religion n'y figure point, pas plus que le vôtre, transformé en numéro. Enfin, retirer plus de 10 000 euros en espèces est un véritable casse-tête : la banque ne tient pas à passer pour un établissement faisant circuler les liquidités. Se rendre à l'IOR est une sorte de détour par le purgatoire !

Si, pour le commun des mortels, ce pieux établissement symbolise la richesse et le coffre-fort du Vatican, c'est, en fait, plus compliqué puisqu'il y a deux budgets : celui du Vatican et celui du Saint-Siège. Le premier présente un solde régulièrement positif, car il bénéficie des recettes du tourisme avec, notamment, les musées et la Poste, mais doit supporter les lourdes charges d'entretien. Le second pâtit de toutes les dépenses, à Rome et à l'étranger, avec les nonciatures, les régimes de retraite et le gouffre que représentent les médias, *L'Osservatore Romano* et Radio Vatican, qui n'ont aucune publicité !

L'Administration du patrimoine du siège apostolique, l'APSA, présidée par le cardinal Domenico Calcagno, assure les dépenses, le contrôle et la gestion des biens immobiliers du Vatican. Elle fait office de ministère du Budget, responsable du personnel dont la motivation première n'est pas l'argent, on s'en doute, surtout

Le pape Benoît XVI, en tenue de grande cérémonie, porte des parements liturgiques du XIXe siècle dans des tissus précieux brodés de fils d'or. Sa chasuble est fermée par un formale ancien très lourd en or 22 carats.

Avec son goût prononcé de retour à la tradition, Sa Sainteté choisit de flamboyants habits taillés sur mesure depuis deux siècles et demi par Gammarelli, le couturier attitré des papes installé près du Panthéon.

À Castel Gandolfo, Joseph Ratzinger, 85 ans, et son frère Mgr Georg Ratzinger, 88 ans, ordonnés prêtres le même jour, le 29 juin 1951. Très proches, ils sont les deux seuls membres de la famille Ratzinger qui restent depuis le décès de leur sœur Maria en 1991.

Le 21 novembre 2010, je commente pour TG Uno la création de 24 nouveaux cardinaux par Benoît XVI. Ayant dû passer l'antenne directement au pape à cause d'un mauvais *timing*, c'est ce jour-là que j'ai décidé de me lancer dans une nouvelle enquête au cœur de la Ville éternelle et d'écrire *Le Vatican indiscret*.

Lors de l'avant-dernier consistoire, le 18 février 2012, le pape arrive à Saint-Pierre sur l'estrade mobile, conçue pour son prédécesseur Jean-Paul II. Il est entouré par bon nombre de cardinaux du Sacré Collège dont, bien sûr, d'abord, les nouveaux Princes de l'Église.

L'un des 106 studios de Domus Sanctae Marthae, « l'hôtel » des cardinaux dans l'enceinte du Vatican où ils seront installés pendant le prochain conclave. Chaque unité dispose d'une salle de bains et de toilettes séparées. D'après la constitution, les persiennes y sont alors scellées jusqu'à l'élection au Poste Suprême.

Le palais du gouvernatorat, poste stratégique de l'administration vaticane et objet de tous les fantasmes, est présidé par le cardinal Giuseppe Bertello, diplomate subtil de 70 ans.

Le bureau du pape est le lieu mythique où rêvent d'être reçues toutes les hautes personnalités.

Castel Gandolfo est la résidence d'été des papes à 25 kilomètres au sud-est de Rome où Benoît XVI passe toutes ses vacances, reçoit ses anciens élèves et amis.

Salmone marinato alle erbette fini
su misticanza di insalatina con pane in cassetta

•

Caserecce di pasta fresca verdeoro
con gamberoni sgusciati e cubetti di zucchine

•

Trancio di pescespada
in guazzetto di pomodorini al basilico e olive
con panache di verdurine al burro

•

Tortino di ricotta agra e limoni di Sorrento
su crema delicata
aromatizzata alla vaniglia del Madagascar

•

Caffè espresso - selezione di liquori e grappe

Müller Thurgau, Cantina Mezzacorona Trento 2009
Bianco di Breganze Sauvignon, Cantina B.B. Breganze 2009
Moscato d'Asti Castello del Poggio 2008

Menu d'un repas de fête et grands vins locaux rouges et blancs. Ici, bien que ça ne soit pas l'Italie, il y a toujours des pâtes. Au Vatican, ce n'est pas tous les jours Carême !

Dans l'antichambre de Benoît XVI, à l'étage noble, trois éminents cardinaux attendent d'être reçus en audience privée par Sa Sainteté. En arrière-plan, un buste de bronze représente le Pape Jean-Paul II.

© Éric Vandeville

L'évêque de Rome déjeune avec le doyen du Sacré Collège, le cardinal Angelo Sodano (à sa droite), et son cardinal secrétaire d'État Tarcisio Bertone (à sa gauche). Selon un protocole établi depuis des siècles, le Saint-Père est bien sûr toujours servi avant ses hôtes.

Ces huit cardinaux les plus souvent cités par les autres membres du Sacré Collège sont tous *papabili*. De gauche à droite et de haut en bas : le Québécois Marc Ouellet (68 ans), les Lombards Angelo Scola (71 ans) et Gianfranco Ravasi (70 ans), l'Argentin Leonardo Sandri (69 ans), le Brésilien João Braz de Aviz (65 ans), l'Américain Sean Patrick O'Malley (67 ans), le Hondurien Óscar Andrés Rodríguez Maradiaga (70 ans) et le Hongrois Péter Erdö (60 ans).

Quand le Pape sort, c'est toujours un événement qui obéit à un lourd dispositif de sécurité et à un cérémonial imposant. Autour du véhicule, les membres de sa protection rapprochée. À côté du chauffeur est assis dans le 4x4 Mercedes blanc, son ancien majordome désormais célèbre, Paolo Gabriele.

On peut apercevoir les armoiries de Benoît XVI sur les portières arrière de sa Mercedes blindée.

Presque personne ne connaît le visage de la plus fidèle collaboratrice de Benoît XVI : Ingrid Stampa, 62 ans, tradutrice, secrétaire et gouvernante.

Privilège exceptionnel : prendre l'avion avec le pape, dont le numéro de vol est toujours 4000, quelle que soit la compagnie aérienne qu'il emprunte. S'il part de Rome sur Alitalia, il rentre en Italie dans un avion du pays qu'il a visité.

Érigé au XVIe siècle, le palais Doria Pamphilj situé à Rome entre les *vie* del Corso et della Gatta ouvre sur une cour grandiose avec une galerie aussi éblouissante que celle du Roi-Soleil à Versailles ! Héritage du pape Innocent X, il appartient toujours à ses descendants.

Caroline Pigozzi remet à Jean-Paul II le numéro de *Paris Match* qui lui est consacré. Le pape a toujours aimé ce magazine.

L'auteur venait régulièrement offrir à Sa Sainteté des tirages grand format des photos réalisées lors des reportages de *Paris Match*.

M. Giorgio Dino, l'éditeur des livres que Sa Sainteté offre à des hôtes de marque, vient lui apporter une très belle édition reliée.

La salle de presse du Saint-Siège. Dans chaque guérite, de la taille d'une cabine téléphonique, est «parqué» un journaliste vaticaniste.

L'Annona, le supermarché du Vatican.

Manuscrit reproduisant la première trace de l'Évangile de saint-Jean, un cadeau de Benoît XVI au cardinal Philippe Barbarin.

En haut : la Poste centrale du Vatican : plus rapide que le vent, elle ne fait jamais grève.
En bas : La Floreria apostolica est l'inépuisable réserve où sont engrangés le mobilier ancien et les cadeaux offerts à Sa Sainteté.

La ferme modèle et écologique de Castel Gandolfo, datant des années 1930, fournit les produits frais de la table du pape et de ses proches.

Le poulailler est décoré de céramiques des Abruzzes. Là, trois cents gallinacés sont en liberté.

Le pastis et l'eau de lavande les plus chic de la Péninsule sont produits par les Fatebenefratelli et vendus à la pharmacie du Vatican.

Les produits des Ville Pontificie que s'arrachent les Romains : l'huile d'olive, les yaourts et le lait des vaches frisonnes primées dans les meilleurs concours agricoles à la grande joie du fermier Giuseppe Bellapadrona.

L'IOR : l'Istituto per le Opere di Religione est la banque de Dieu, véritable coffre-fort caché derrière les hauts murs du Vatican.

Le rayon parfumerie de la pharmacie vaticane propose, pour 30 à 40 % moins cher, toutes les grandes marques de cosmétiques.

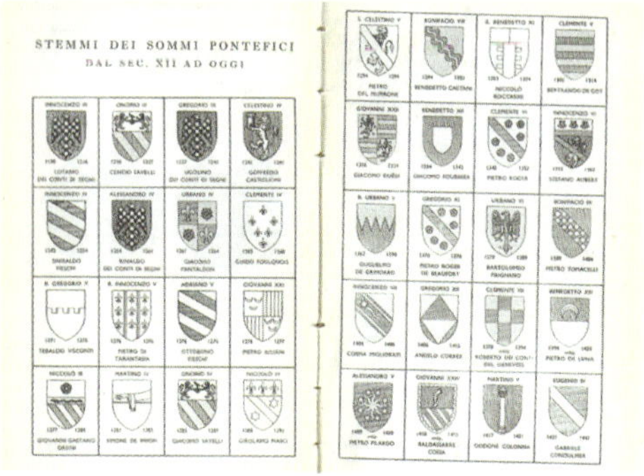

Chaque cardinal est titulaire d'une église romaine dont le fronton est orné de ses armoiries. L'aristocratie a toujours eu beaucoup d'importance au Vatican. Si jusqu'à Paul VI le blason de tous les cardinaux figurait dans l'Annuaire pontifical, on le trouve aujourd'hui encore sur leur papier à lettres.

En haut à gauche : le *Who's Who* de l'Église catholique.

En bas à gauche : l'annuaire téléphonique du Vatican, difficile à se procurer, où sont inscrits les numéros du haut clergé romain et de tous ceux qui comptent au Saint-Siège.

À chaque voyage du pape, Radio Vatican publie cet incontournable outil de travail.

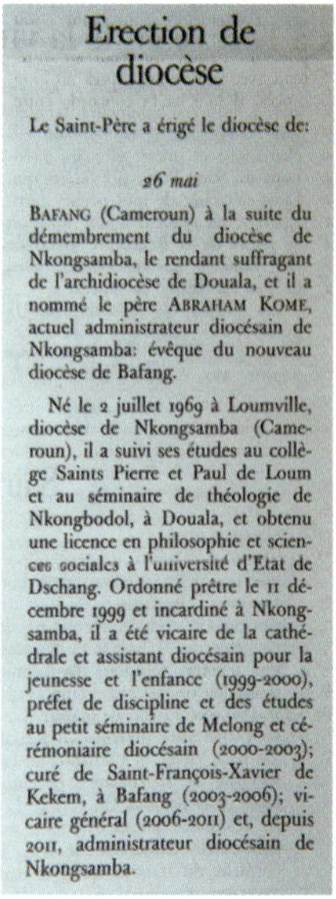

Erection de diocèse

Le Saint-Père a érigé le diocèse de:

26 mai

BAFANG (Cameroun) à la suite du démembrement du diocèse de Nkongsamba, le rendant suffragant de l'archidiocèse de Douala, et il a nommé le père ABRAHAM KOME, actuel administrateur diocésain de Nkongsamba: évêque du nouveau diocèse de Bafang.

Né le 2 juillet 1969 à Loumville, diocèse de Nkongsamba (Cameroun), il a suivi ses études au collège Saints Pierre et Paul de Loum et au séminaire de théologie de Nkongbodol, à Douala, et obtenu une licence en philosophie et sciences sociales à l'université d'Etat de Dschang. Ordonné prêtre le 11 décembre 1999 et incardiné à Nkongsamba, il a été vicaire de la cathédrale et assistant diocésain pour la jeunesse et l'enfance (1999-2000), préfet de discipline et des études au petit séminaire de Melong et cérémoniaire diocésain (2000-2003); curé de Saint-François-Xavier de Kekem, à Bafang (2003-2006); vicaire général (2006-2011) et, depuis 2011, administrateur diocésain de Nkongsamba.

Ce vocabulaire parfois ambigu surprend généralement les nouveaux ambassadeurs…

Ces deux trônes majestueux en bois doré sculpté et velours frappé rouge, que Benoît XVI a fait ressortir des très riches réserves du Vatican, sont les sièges qu'il met à l'honneur pour les occasions solennelles. Pièces uniques du XIXe siècle, ils ressemblent à l'ancienne *sedia gestatoria*, la chaise à porteurs qui était utilisée jusqu'à l'élection du pape Jean-Paul Ier.

Sa Sainteté choisit avec attention chacune de ses croix pectorales afin qu'elles soient toujours en harmonie avec ses habits liturgiques.

Ces deux chapelets sont ceux que Sa Sainteté remet à ses prestigieux visiteurs. Celui de gauche en ébène pour les hommes, celui de droite en perles seulement pour les reines catholiques, en théorie...

Cela n'a échappé à personne, au Vatican le blason est toujours dans l'air du temps. Pour preuves : le passeport, le pot de fleurs, l'appui-tête du pape et les menus lorsqu'il voyage sont éternellement ornés de ses armoiries.

Pour les chercheurs, ces archives sont un inestimable trésor : conflits, successions, révolutions, traités, le Vatican recèle des témoignages uniques sur les événements qui ont façonné l'histoire de l'Europe. Des documents secrets... mais pas totalement. À droite : les archives d'Ippolito Aldobrandini, pape Clément VIII, qui, entre 1592 et 1605, s'opposa à l'édit de Nantes.

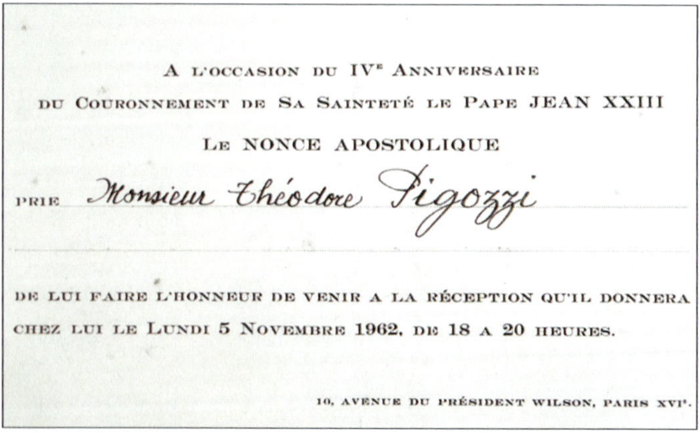

A L'OCCASION DU IVE ANNIVERSAIRE
DU COURONNEMENT DE SA SAINTETÉ LE PAPE JEAN XXIII
LE NONCE APOSTOLIQUE
PRIE Monsieur Théodore Pigozzi

DE LUI FAIRE L'HONNEUR DE VENIR A LA RÉCEPTION QU'IL DONNERA
CHEZ LUI LE LUNDI 5 NOVEMBRE 1962, DE 18 A 20 HEURES.

10, AVENUE DU PRÉSIDENT WILSON, PARIS XVIe.

Comme en témoigne cette invitation à son père Henri Théodore Pigozzi, l'auteur a baigné dès sa plus tendre enfance dans cet univers, qui lui a donné le goût d'aller plus loin. Quel défi !

avec des salaires oscillant entre 1 000 et 2 500 euros[1]. L'APSA est aussi en charge de l'immobilier et du contrôle des placements. En parallèle, une Préfecture pour les affaires économiques, créée en 1967, fait office de Cour des comptes. Le Vatican dispose de quatre postes budgétaires : le budget du Saint-Siège, celui du gouvernatorat de la cité du Vatican, le Denier de saint Pierre et enfin celui des contributions des diocèses du monde. Les dons, cela mérite d'être souligné, constituent le troisième poste budgétaire, se décomposant ainsi : d'abord le Denier de saint Pierre, puis les contributions provenant des instituts de vie consacrée, des sociétés de vie apostolique, des fondations et, en dernier lieu, la « charité du pape », c'est-à-dire les chèques ou espèces que les fidèles lui donnent. Ces sommes peuvent parfois atteindre plusieurs millions de dollars. Très exactement 69,7 millions en 2012, soit 2 millions de plus que l'année précédente ! De l'argent souvent utilisé pour combler les déficits. Au hit-parade des dons se trouvent les Américains, suivis des Allemands, des Italiens, des Espagnols et des Français. Pour autant, le bilan consolidé du Saint-Siège s'est soldé fin 2011 par un déficit de près de 15 millions d'euros.

Les activités institutionnelles – c'est-à-dire celles de la secrétairerie d'État, des congrégations, des divers conseils pontificaux, les coûts du personnel (2 832 employés) et des moyens de communication sociale, soit les médias – ne sont pas sources de revenus. En revanche, les activités financières, placements

1. Et qui, bien que catholiques dociles et de bonne moralité, se sont quand même plusieurs fois mis en grève ces dernières années car ils ne vivent pas que de paroles pieuses !

et investissements, le parc immobilier, les ventes et locations d'immeubles, et les sommes conséquentes que rapporte l'Œuvre romaine pour les pèlerinages (ORP) présentent un résultat positif de 21 millions d'euros. Quinze cardinaux, venus de tous les continents, ont examiné les comptes avec les responsables du Saint-Siège, et incitent les responsables à la prudence et à la maîtrise des dépenses en ces temps d'évolution négative des marchés financiers mondiaux. L'ORP dépend du cardinal vicaire du pape, Agostino Vallini, aidé d'un administrateur délégué, le père Caesar Atuire, Ghanéen diplômé d'ingénierie et de philosophie. Leurs chiffres sont secrets, mais l'organisation gagne énormément d'argent. Ses bureaux, situés piazzetta Pio XII, au coin de la place Saint-Pierre, organisent des pèlerinages à Rome et dans tous les lieux saints du globe. Elle possède ses propres cars et circuits touristiques, bénéficie d'accords privilégiés avec Alitalia et veut maintenant acheter ses trains pour avoir à l'avenir son parc ferroviaire. Cette dépense est estimée à 20 millions d'euros, auxquels s'ajouteraient les frais de fonctionnement !

À ces chiffres positifs s'ajoutent ceux secrets de Propaganda Fide, qui dans le passé s'appelait la Congrégation pour la propagation de la foi. Jean-Paul II la rebaptisa en 1982 « Congrégation pour l'évangélisation des peuples », car il était, on s'en doute, allergique au mot « propagande ». Cette congrégation autonome, puissante et énigmatique siège sur l'autre rive du Tibre dans un imposant palais de la place d'Espagne, œuvre du Bernin et de Borromini, les deux grands architectes ennemis de leur temps, et gère l'univers missionnaire avec de très gros moyens. Des sommes venant souvent de l'Occident et envoyées dans le tiers-monde.

Propaganda Fide loue des boutiques en bas de son administration à Lacoste, Renard, importante boutique de vêtements de cuir. Il y a aussi une librairie vaticane. Des magasins, des deux côtés du palais, abritent plus de vingt boutiques de luxe, chaussures, gants, vêtements pour enfants, maroquinerie… et, au-dessus de chaque enseigne, l'abeille Scalpita, symbole des Barberini (la famille du pape Urbain VIII), règne en majesté.

Le cardinal Filoni, le tout-puissant préfet à la tête de cette entité vaticane qui n'a de comptes à rendre à personne, engendre la fureur de ses pairs qui l'appellent le « pape rouge[1] » par opposition au prestigieux « pape noir », le général des Jésuites.

Comme nous avons pu le voir, d'autres sources rapportent beaucoup au Saint-Siège : ce sont ses éblouissants musées[2] dont, depuis le 1er janvier 2013, les visiteurs ne peuvent plus payer l'entrée par carte

---

1. C'est sa force. D'ailleurs ne se laisse-t-il impressionner par personne. Préfet de ce dicastère, ce missionnaire, qui a auparavant occupé le délicat poste de nonce apostolique à Bagdad pendant la guerre d'Irak, a été, à ce titre, le dernier diplomate résidant dans la dangereuse capitale. Il règne depuis sans partage sur ce super-ministère des Missions au budget équilibré. Tel un système de vases communicants, l'argent collecté dans les pays riches pour des missions est ensuite redistribué aux églises du tiers-monde, les frais de fonctionnement de la congrégation étant largement couverts par les revenus de ses richesses immobilières, composées d'immeubles au cœur de Rome et de domaines dans sa région. Dans les années 1990, Propaganda Fide collectait plus de 100 millions de dollars par an. Cet argent vient d'abord d'Amérique et profite ensuite à l'Afrique. Environ neuf cents diocèses sont financés ainsi. Leurs évêques reçoivent une allocation par prêtre séminariste et catéchiste.

2. Plus de cinq millions de visiteurs en 2011 ont rapporté 91,3 millions d'euros au plus petit État du monde, contre 82,4 millions en 2010.

de crédit. Héritière de vingt siècles d'histoire, cette richesse unique d'œuvres d'art représente cinq galeries et mille quatre cents salles, parmi lesquelles, à tout seigneur tout honneur, la basilique Saint-Pierre[1], la plus grande et célèbre église du monde, la chapelle Sixtine, avec ses fresques signées de Michel-Ange, les appartements de Jules II peints par Raphaël, la chapelle Paolina, la chapelle Nicoline, la Bibliothèque apostolique vaticane et sa collection exceptionnelle d'incunables et de manuscrits, le musée Pio Clementino, le Musée grégorien étrusque avec ses vestiges, la galerie des Tapisseries, la Pinacothèque, le Musée égyptien, le musée Chiaramonti… Ils regorgent de trésors de la Renaissance à nos jours : des sculptures et peintures des grands maîtres italiens : Léonard de Vinci, Titien, Véronèse, le Caravage, Raphaël, le Tintoret, Bramante, mais aussi des œuvres de Renato Guttuso, Alfred Manessier, Bernard Buffet, Francis Bacon, Dalí, Picasso données au Vatican après que Paul VI eut inauguré en 1973 la collection d'art religieux moderne. Les pièces maîtresses des collections restent des œuvres inspirées par la Bible et l'histoire de l'Église. Dans la sacristie pontificale, dont un ascenseur avec une sœur liftière donne directement dans Saint-Pierre, on reste là encore émerveillé par les extraordinaires ostensoirs ornés de pierres précieuses, calices sertis de diamants, tiares enrichies de rubis et émeraudes, calices en or, ciboires flamboyants, croix pectorales et anneaux du

1. Saint-Pierre abritant *La Pietà* sculptée par Michel-Ange, le baldaquin de bronze du Bernin de vingt-huit mètres de haut et ses colonnes torsadées, abrités par la coupole de quatre-vingt-onze mètres de hauteur.

même métal, bagues de cérémonie et étonnants objets précieux, éblouis aussi par les tenues cérémoniaires des papes anciens, qui portaient de somptueux velours et brocarts de soie agrémentés de passementeries rebrodées au fil d'or et d'argent. Tous ces symboles de puissance avaient entraîné Paul VI à faire sienne cette phrase tirée des Écritures : « Si tu veux être parfait, vends tout ce que tu possèdes et donne-le aux pauvres, puis viens, suis-moi, et tu auras un trésor dans le Ciel. » C'est comme cela que, pour donner l'exemple, ce pape progressiste, frappé par une telle magnificence, fit à peine élu don de la tiare de son couronnement. Malgré ce geste généreux, et peu fréquent même chez les souverains pontifes qui, généralement, reçoivent plus qu'ils ne vendent, le Vatican recèle d'innombrables biens qui font partie du patrimoine culturel universel et sont la fierté du monde catholique.

Mais comment nier lorsqu'on visite ces salles que le Vatican est riche ? Un Vatican qui, en 1849, eut notamment pour banquier Rothschild Frères, grâce au cardinal Dupont, archevêque de Tours, qui avait l'oreille du pape. Il ne faut toutefois pas confondre fortune captive et compte en banque[1]. En effet, aucun évêque de Rome n'a jamais envisagé de dilapider un tel héritage. C'est pourquoi, comme le rappelle souvent avec sagesse Jean-Louis Tauran, à la tête du Conseil pontifical pour le dialogue interreligieux et seul cardinal français aujourd'hui en activité à Rome : « L'argent est un bon serviteur, mais un mauvais maître. »

---

1. Ainsi, les célèbres financiers, à travers Charles de Rothschild, prêtèrent-ils 20 millions de l'époque au souverain pontife au cœur de la crise économique des années 1848-1852.

8

Les princes de l'Église entre cérémonial et simplicité

Audience dans la salle Clémentine[1], au deuxième étage du palais apostolique. En ce 22 décembre 2011, Benoît XVI reçoit les membres de la curie romaine et du gouvernatorat pour la traditionnelle présentation des vœux de Noël. Dans l'assistance, Sa Béatitude Bechara Boutros[2] Raï, patriarche maronite d'Antioche et de tout l'Orient[3], élu quelques mois

1. C'est dans cette salle du XVIe siècle à l'éblouissant décor baroque et aux murs ornés de fresques et de peintures allégoriques et mythologiques de la Renaissance italienne, dont *Le Martyre de saint Clément* et *Le Baptême de saint Clément*, que se trouve le siège papal le plus somptueux.

2. Sa Béatitude Bechara Boutros Raï a été créé cardinal de l'Église romaine, le 24 novembre 2012.

3. Le Saint-Siège vient de créer en France un diocèse regroupant les quatre-vingt mille catholiques libanais vivant dans notre pays. Nommé à la tête de cette nouvelle éparchie (circonscription ecclésiastique dans les Églises orientales), Mgr Nasser Gemayel, 61 ans, diplômé en philosophie et théologie, connaît bien la France puisqu'il a étudié à côté de la Sorbonne. Il siège à la paroisse

auparavant[1]. C'est la première fois qu'il assiste à cette cérémonie solennelle dans le grandiose salon Renaissance. Pourtant habitué aux fastes byzantins de la liturgie des Églises orientales, le patriarche s'étonne de tant de magnificence. En effet, Benoît XVI est assis sur le flamboyant trône d'apparat en bois sculpté et doré à l'or fin dessiné au XIXe siècle pour Pie IX, car bien qu'il ait, comme Jean-Paul II, renoncé à se faire couronner après son élection, Joseph Ratzinger aime le cérémonial d'antan, même s'il a été simplifié et s'appelle maintenant « cérémonie de début de pontificat ». En effet, le dernier pape couronné fut Paul VI, le 30 juin 1963. Le vieux cardinal Alfredo Ottaviani posa alors sur sa tête la tiare moderne d'or et d'argent en forme d'obus – certains disaient même de suppositoire ! –, offerte par les fidèles milanais. Par humilité, le souverain pontife décida de ne pas porter ensuite cette inesthétique tiare, de plus très lourde, et l'ingénieux cardinal Spellman, qui avait le sens des affaires, la fit envoyer aux États-Unis, où elle circula dans un bus transformé en musée itinérant afin de rapporter un maximum d'argent destiné à des œuvres. Puis le précieux objet fut expédié à Washington, où il est depuis exposé dans le musée diocésain. L'éphémère successeur de Paul VI, Jean-Paul Ier, baptisa ensuite

---

Notre-Dame du Liban, rue d'Ulm, à Paris, accolée à l'École normale supérieure, disposera de séminaristes et pourra ordonner ses propres prêtres. Il siègera au sein de la Conférence des évêques de France aux côtés des ordinaires des communautés arméniennes et ukrainiennes. C'est un geste fort du Saint-Siège puisque, jusque-là, les maronites de France étaient placés sous l'autorité de l'archevêque de Paris.

1. Le 15 mars 2011.

l'intronisation « cérémonie solennelle pour le début du ministère ».

Autre étonnement, mais pour les nouveaux ambassadeurs près le Saint-Siège, celui de découvrir quelques semaines plus tard, lors de la messe du Consistoire, le 19 février, dans Saint-Pierre, la statue en bronze du premier des papes, somptueusement parée, adossée à un des piliers droits de la nef centrale. Chef-d'œuvre aux proportions impressionnantes, le présentant assis sur un imposant trône en marbre de Carrare[1], et revêtu pour l'occasion du somptueux *piviale* rouge et or, de son étole, et coiffé de sa tiare de bronze, argent et pierres fines[2].

Benoît XVI, théologien, enraciné dans la liturgie et la tradition, aime célébrer avec faste la gloire de Dieu. Comme l'explique Paolo Sagretti, responsable du mobilier de la cité du Vatican, « le pape utilise de nombreux trônes pour les audiences et cérémonies dans le palais apostolique et la basilique Saint-Pierre. Nous en avons de précieux dans nos réserves. C'est moi qui suis chargé de veiller à leur état. Parmi les plus anciens à avoir été sortis récemment, se trouvent les trônes baroques de Pie IX et Léon XIII ». Benoît XVI a également souhaité que ses armoiries figurent sur le médaillon tenu par les deux angelots de bois doré qui ornent le siège papal. Cette logique implacable pousse aussi Sa Sainteté à célébrer ses grands-messes en latin, même devant des foules qui, souvent, suivent difficilement ! Attaché à la liturgie du XIXe siècle, Joseph Ratzinger n'est à l'aise ni dans

1. Attribué au sculpteur Arnolfo di Cambio (XIIIe siècle).
2. Exécuté pour cette œuvre majestueuse au début du XIXe siècle.

le genre sobre et dépouillé de Paul VI ni dans celui, plus contemporain, de Jean-Paul II, qui voulait des grands-messes spectacles et croyait à l'importance des cérémonies, à l'impact de l'image. Il souhaitait glorifier Dieu dans Saint-Pierre avec des centaines de cierges et une demi-livre d'encens, tous ses cardinaux et des centaines de prêtres. Les grands-messes étaient sa respiration. Le lendemain, d'ailleurs, le petit personnel de la préfecture pontificale raclait avec énergie les sols tant il y avait de traces de bougies. On lui disait à l'oreille le nombre de pèlerins qui s'étaient joints à la cérémonie, cela le mettait de bonne humeur, et, dans ces occasions, le pape faisait même réaliser par des religieuses napolitaines des hosties géantes aussi grandes que des pizzas afin que la foule puisse les voir de loin. Il voulait aussi séduire l'œil de la caméra. Pour cela, à l'initiative du cardinal Lustiger, Karol Wojtyła avait notamment fait appel au couturier Jean-Charles de Castelbajac pour dessiner l'une de ses chasubles bariolées. Celle des JMJ de 1997[1] qu'il porta comme tous les concélébrants lors de la messe à Longchamp, dont un généreux membre de la communauté juive, Léon Cligman, ami du cardinal archevêque de Paris et propriétaire d'une importante affaire de tissus dans l'Indre, Indreco, se fit le mécène, ou celle en lamé multicolore qu'il endossa lors du jubilé de l'an 2000 devant la porte de la basilique Saint-Pierre.

Mais parlons de l'actuel pape. Son classicisme lui a fait exhumer les mitres hautes, pavées de pierres

1. Le couturier a fait confectionner cinq mille cinq cents chasubles pour les 12e Journées mondiales de la jeunesse d'août 1997 en France.

précieuses, très ouvragées, religieusement conservées dans la sacristie de la basilique Saint-Pierre. Situé à l'arrière de la chapelle Sixtine, ce lieu étonnant recèle un inestimable trésor. Il regroupe les salles d'entrepôt, d'exposition et les ateliers où des conservateurs laïques et des frères augustiniens assurent avec attention et discrétion l'entretien, la préparation des objets de culte et des habits liturgiques, sous l'autorité du maître des cérémonies pontificales, Mgr Marini.

Un travail demandant une infinie patience, car cet héritage séculaire signifie tout connaître et savoir sélectionner des objets parmi les cinq mille répertoriés ! Benoît XVI choisit lui-même ses habits en fonction des événements, parcourant, émerveillé, les vitrines qui abritent sur trois étages ces objets de culte offerts au Saint-Siège au fil des siècles, sur lesquelles le conservateur Leonardo Marra veille jalousement. Chacune d'elles étant entretenue et manipulée avec des gants blancs. Le pape par exemple préfère les chasubles tissées à l'époque de la Contre-Réforme, les *piviales* et manteaux de cérémonie brodés au XVe siècle. Sa Sainteté est attentive aux bijoux afin qu'ils soient en harmonie avec ses habits. Ainsi la voit-on porter une croix pectorale différente selon les cérémonies. Suspendue à un cordon de fils d'or tressés, elle est soit en or travaillé, soit ornée d'émeraudes, de rubis, de diamants… L'une de ses préférées est la croix du pape Pie X, sertie d'aigues-marines baptisées « Santa Maria », non pas à cause de la Vierge, mais de la profondeur de leur bleu, lumineux, caractéristique des gemmes, qui proviennent de la célèbre mine brésilienne de Batalda, au nord de Rio. Ce bijou historique fut offert en 1890 par le pape Léon XIII à Giuseppe Sarto lorsqu'il devint cardinal… Élu pape sous le nom de Pie X, ce dernier la porta tout au long de son pontificat. Seules coquetteries pour l'évêque de Rome, avec l'anneau pastoral et les boutons de manchettes. À cet égard, le pape Jean-Paul II, pourtant peu matérialiste, appréciait les montres. Cette information ayant filtré au-delà du Vatican, bon nombre de chefs d'État, de hautes personnalités ou même de gens plus modestes n'hésitaient pas, lorsqu'ils étaient reçus en audience ou dans ses appartements privés, à lui offrir des Patek Philippe, des Rolex, dont une, comme je l'ai vu un jour, donnée par un horloger polonais émigré aux États-Unis, où les douze lettres de son nom en diamant, Karol Wojtyła, marquaient les heures… et même des Swatch, qu'il portait immédiatement. Cela l'enchantait ! C'est pourquoi je n'avais pas hésité à lui donner la montre de *Paris Match*, en métal, avec une plume stylisée en guise de trotteuse[1] ! Il la mit à son poignet et me suggéra d'en apporter aussi une à son secrétaire particulier, Mgr Dziwisz, tant il la trouvait différente de celles qu'il recevait d'habitude. De retour à Paris, je racontai cela à Roger Thérond, le patron du journal. Il fut si amusé qu'il en fit envoyer une dizaine à Rome pour l'entourage proche de Sa Sainteté. Quelle publicité pour nous !

Et les anneaux ? C'est un peu comme si Benoît XVI les collectionnait ! Ainsi le voit-on porter à l'annulaire de la main droite son anneau pastoral, large bague en or offerte par Paul VI lors du concile de Vatican II aux pères conciliaires, symbolisant l'union de l'évêque

1. La même que j'avais offerte au président Chirac.

à son Église. Ou bien son anneau pontifical, ou encore l'anneau du pécheur, sur lequel sont ciselées les têtes de Pierre et de Paul. À ces bagues s'ajoutent celles qu'il reçoit de ses visiteurs parce qu'il est fort difficile d'offrir des cadeaux personnels à un pape. Quelle ne fut pas ma surprise, invitée à la messe privée de Jean-Paul II en même temps que des religieuses mexicaines – qui m'avaient suggéré l'autoconfession avant de communier, méthode pour moi jusque-là inconnue –, de les voir lui présenter spontanément après l'office des pots de confiture de goyave et son portrait, réalisé en spaghettis ! Une œuvre très kitsch dont il les remercia chaleureusement… Benoît XVI apprécie pour sa part des cadeaux plus conventionnels.

Autre raffinement : Sa Sainteté a toujours dans ses poches des mouchoirs de batiste blanche brodés de ses armoiries. Mais, une fois révélé ce détail, on ne pourra toutefois pas lui en offrir car, en Italie – même si le Vatican n'est pas l'Italie –, ce cadeau porterait, prétend-on, malheur !

Dans son goût prononcé de retour à la tradition, le Saint-Père est secondé par un cérémoniaire, Mgr Guido Marini, un proche de Tarcisio Bertone, qui, sur la recommandation de ce dernier, a succédé à Piero Marini, grand ordonnateur des liturgies de Jean-Paul II – dont, coïncidence inouïe, il porte le même nom sans avoir aucun lien familial ! Une homonymie opportune, car ici on n'aime guère le changement ! Il partage avec Benoît XVI cette approche : la messe est un sacrifice et non un spectacle. On a donc vu réapparaître, coutume datant du Moyen Âge, les six chandeliers et la croix au centre de l'autel, ainsi que le trône pontifical mobile. Le pape souhaite aussi que la communion soit donnée à genoux et sur les lèvres. Rite plus en phase avec ses grands-messes en latin… Pour ces raisons, l'importante garde-robe de Benoît XVI compte, entre autres, des surplis amidonnés réalisés dans de fines toiles de lin ou batiste blanches ornées de dentelles arachnéennes[1], des chasubles de cérémonie coupées dans de superbes brocarts ou des damas ornés de fils d'or et d'argent, des *piviales*, fermés par des *formales* en or… Ces habits d'apparat sont confectionnés par Gammarelli. Elle voisine dans le quartier du Panthéon avec Barbiconi, De Ritis et Bianchetti, autres couturiers liturgiques un peu moins chers. Sa Sainteté a aussi fait réaliser à la manière d'autrefois des tissus par la Fondation Lisio[2], dernière maison florentine à reproduire velours frappés de soie cramoisie et autres damas rehaussés d'or[3]. Enfin, les mois d'hiver, il porte une mosette[4], courte pèlerine de velours rouge bordée d'hermine, ainsi que le *camauro* assorti… Des modèles identiques à ceux du pape Boniface IX au XIVe siècle. Quant à sa crosse d'évêque, un détail qui a son importance, car le pape est l'évêque de Rome, il a choisi celle de Pie IX. Au quotidien, il préfère cependant s'appuyer sur la crosse, plus contemporaine, de Paul VI, avec un Christ en croix stylisé pour laquelle avait également opté Jean-Paul II. Cette œuvre d'art a été dessinée par Lello Scorzelli, auquel on doit aussi la porte de Pierre

1. On a pu en admirer la finesse lors des funérailles de Jean-Paul II qu'il célébra en tant que doyen du Sacré Collège.

2. Tessuti d'Arte, à Florence, et via Sistina, à Rome.

3. Savante technique appelée la paramentique, qui fait référence aux vêtements portés depuis le IVe siècle lors de la célébration des sacrements.

4. Aussi appelé camail.

dans Saint-Pierre. Il fallut en sculpter deux, car la première, en argent massif trop pur, se brisa. Ce travail d'orfèvre fut, à l'époque, confié au joaillier milanais Pino Creperio, choisi par Don Macchi, alors secrétaire particulier de Paul VI. Enfin, l'enseigne lombarde réalisa une troisième crosse pastorale en argent plus léger pour Jean-Paul II, car, avec les années et la maladie, ce « bâton de berger » pesait si lourd que le Dr Buzzonetti demanda qu'on l'allège.

Et les habits des cardinaux ? Comme l'explique le cardinal Poupard : « À Rome comme ailleurs, nous nous habillons maintenant le plus souvent en clergyman. Dire qu'il me soit agréable d'aller à Saint-Pierre vêtu de ma soutane rouge avec rochet et mosette en plein été sous l'intenable chaleur romaine serait exagéré, mais c'est la tradition ! Je me réjouis cependant que la *cappa magna*, traîne bordée d'hermine de plusieurs mètres de long que nos pairs portaient il y a encore un demi-siècle, ait été supprimée ! Cela avait déjà été une mini-révolution au sein de la curie lorsque Pie XII la fit raccourcir de moitié… avant que Paul VI ne simplifie en 1967 nos habits solennels, élimine les galons rouge et or du chapeau ainsi que les lourdes passementeries des manteaux écarlates. Heureusement, la soutane et la mosette, naguère en épaisse moire, sont maintenant en laine. On prétend qu'ici rien ne bouge… Or, même si le temps du Vatican est plus lent, les choses évoluent malgré tout. »

Il faut aussi rappeler que figurait dans l'annuaire pontifical, jusqu'à l'élection de Paul VI, au-dessus des notices biographiques, l'écusson des armoiries des éminentissimes et révérendissimes cardinaux, c'est le terme consacré, qui composent le Sacré Collège. Ce sont des coutumes auxquelles est néanmoins attaché l'actuel pape qui, par ailleurs, et à l'instar de bon nombre de ses compatriotes, semble un nostalgique de la monarchie. Ne vient-il pas, après tout, d'un pays qui comptait une multitude de principautés ? Au XVIIIe siècle, avant leur unification sous Napoléon Ier au début du XIXe siècle, on parlait encore « des Allemagnes » ! Joseph Ratzinger a été particulièrement ému et heureux lorsque Jean-Paul II fit béatifier en octobre 2004 l'empereur Charles de Habsbourg, héritier des empereurs d'Autriche, rois apostoliques de Hongrie et rois de Bohème, détenant les vingt-cinq autres titres princiers et ducaux, et dont les États s'étendaient sur quatre millions de kilomètres carrés[1], cinquante millions d'âmes d'une douzaine de nationalités, mais enracinées dans un passé culturel chrétien commun ! Il a d'ailleurs fait dessiner son blason par l'un des deux seuls grands aristocrates du Vatican, le cardinal comte piémontais Andrea Cordero Lanza di Montezemolo[2] (l'autre noble étant le cardinal Christoph Schönborn), héraldiste officiel du Vatican, qui a terminé comme archiprêtre de la basilique Saint-Paul-hors-les-Murs. C'est donc à lui qu'est revenu l'honneur de dessiner le blason papal, où dominent les couleurs or, rouge et argent, qui pour les spécialistes se lit ainsi : « De gueules, chapé d'or, à la coquille du même, la chape dextre à la tête de Maure au naturel, à la couronne et au collier de gueules, la chape senestre à l'ours au

---

1. Du lac de Constance aux Carpates, de la Pologne à l'Adriatique.
2. Oncle de Luca Cordero di Montezemolo, ancien président de Fiat et de la Confindustria. Il a été nonce en Papouasie-Nouvelle-Guinée, dans les îles Salomon, en Israël et en Palestine.

naturel, lampassé et chargé d'un bât de gueules croisé de sable. » Un jargon hermétique pour qui n'est pas féru d'héraldique ! Mais où il faut toutefois noter que l'ours de saint Corbinien qui figure sur les blasons des archevêques du diocèse de Munich-Freising a aussi été choisi par le pape en souvenir de l'ours en peluche de son enfance, le jouet qu'il avait eu une année pour Noël et auquel il tenait tant. Pourquoi le pape n'aurait-il pas lui aussi son jardin secret ?

Quelques années plus tard, en 2010, Sa Sainteté, ne trouvant pas ses armoiries assez nobles, a fait remplacer la mitre par l'imposante tiare à trois couronnes inspirée de celle du pape Urbain VIII, issu de l'illustre famille des princes Barberini. Coquetterie du 265e successeur du prince des apôtres. Mais c'est sans doute son goût pour l'histoire et le fait qu'il soit né dans un milieu simple, avec une mère cuisinière et un père gendarme, ainsi qu'il le raconte avec humilité[1], qui ont éveillé chez lui ce penchant pour le décorum encore si présent au sein du Gotha, puisque bon nombre de ses prédécesseurs de la Renaissance, les Barberini, Aldobrandini, Chigi, Rospigliosi, Orsini, Colonna, Odescalchi, Boncompagni… étaient des princes de sang de la très grande noblesse. Toujours nés dans des palais, ils possédaient d'admirables demeures, des familles très étendues, de multiples héritiers, une cour… C'était l'élite sur Terre, car, pour devenir saint, il fallait attendre ! Benoît XVI regrette-t-il secrètement

1. Détail qui a son importance. En France, le cardinal-archevêque de Paris, André Vingt-Trois, est le seul des princes de l'Église qui, dans sa notice biographique publiée par le Vatican lors de sa création cardinalice, a volontairement omis de confesser ses origines.

de ne pouvoir souligner l'excellence, l'exemplarité, en octroyant des titres ? Si ce n'est pas « tendance », l'article 42 des accords du Latran lui reconnaît cependant encore le droit de donner des titres nobiliaires. C'est Jean XXIII qui conféra un dernier titre, en 1962. Au XXe siècle, les papes ont surtout attribué l'éperon d'or et l'ordre Suprême du Christ avec lequel allait celui de comte. Le premier, datant de 1559, conférait la noblesse à son titulaire et ses descendants. Paul VI la réserva aux chefs d'État catholiques, et avait déjà été accordé par Jean XXIII, en 1959, au président Eisenhower. Le grand collier de l'ordre Suprême du Christ fut aussi attribué en 1953 par Pie XII au général Franco. Si les clercs ne reçoivent pas de décorations au Vatican, mais des titres honorifiques tels que prélat d'honneur, les princes de l'Église sont, pour leur part, souvent honorés par leur pays, car chez eux on est plutôt fier qu'ils fassent partie du Sénat du pape. Ainsi le cardinal Barbarin est-il chevalier de la Légion d'honneur, le cardinal-archevêque de Bordeaux, Ricard, comme le cardinal Vingt-Trois sont officiers, et les cardinaux Panafieu, archevêque émérite de Marseille, et Poupard, président émérite du Conseil pontifical de la culture, sont commandeurs. Quant à Roger Etchegaray, ancien président du Conseil pontifical justice et paix, il est grand officier. En revanche, une certaine insolence dictait au cardinal Lustiger lorsqu'il était invité à l'Élysée de garer sa voiture dans la cour d'honneur puis d'écouter assis le chef de l'État. Un droit réservé aux princes du sang et à ceux de l'Église qu'il respectait non par vanité, mais pour préserver ce privilège républicain. Il refusa la Légion d'honneur que Jacques Chirac voulut tardivement lui remettre. Pourquoi, disait-il, accepter ce ruban rouge après avoir été vêtu de rouge par Jean-Paul II[1] ?

En réalité, les derniers vrais titres furent donnés jusqu'en 1870. On parlait de titre du « marquis du baldaquin », car qui le recevait avait le droit d'installer dans le salon d'honneur de sa demeure un baldaquin papal, et un fauteuil, lui, tourné contre le mur pour bien montrer que personne ne devait s'y asseoir, sauf le pape, s'il venait en visite ! Dignité dont ont bénéficié en Italie, à la fin du XIXe siècle, les Patrizi-Naro, les Theodoli… Les princes des très anciennes familles romaines ne peuvent s'empêcher de s'amuser des armoiries des nouveaux aristocrates, ayant tendance à se faire dessiner des blasons compliqués. Selon eux, « de véritables volières » ! Il reste encore trois ordres de chevalerie pontificaux : l'ordre équestre du Saint-Sépulcre de Jérusalem, créé par Pie X en 1847, qui n'anoblit plus ses titulaires depuis 1939 ; celui de Saint-Grégoire-le-Grand, fondé en 1831, récompensant des mérites militaires et civils ; l'ordre de Saint-Sylvestre, que reçoivent des laïques pas uniquement catholiques, très engagés dans un apostolat. Quant aux ordres du Saint-Sépulcre, de Jérusalem et souverain de Malte, ils ne dépendent pas du Saint-Siège. Ces distinctions peuvent être certifiées par les tribunaux ecclésiastiques puisqu'elles ont été attribuées par décret du Vatican. L'ordre de Malte avait, pour sa part, délégation de remettre les titres attribués par le Saint-Siège jusqu'en

1. Quatre cardinaux archevêques de Paris ont été décorés depuis 1945, dont deux grands officiers, Emmanuel Suhard (1940-1949) et François Marty (1969-1981), Maurice Feltin (1949-1966) et Pierre Veuillot (1966-1968) en tant qu'officiers.

1799, date à laquelle les États pontificaux perdirent l'île de Malte. Le Concordat de 1929 permettait à l'Italie de reconnaître les titres papaux, mais une cabale fit rage, car les nationalistes souhaitaient que seuls les titres des Italiens soient reconnus. Cette querelle s'est enfin éteinte lorsque la révision des accords du Latran du 18 février 1984 abrogea l'article 42 prévoyant cela. Seule persiste une croyance aussi fausse qu'injuste qui prétend que Pie XII avait anobli ses frères. Faux, c'est son père, le brillant avocat Filippo Pacelli, qui reçut un titre princier du roi d'Italie en reconnaissance de son savoir-faire dans la rédaction du Concordat de 1929[1].

Au cœur de ces très nobles dynasties, l'éclat de la souveraineté prévalait souvent sur le sens religieux. Depuis Paul VI, la garde palatine[2] a été abolie, les plumes ôtées, le faste réduit, et le pape n'est plus juché sur la *sedia gestatoria* où tout le monde pouvait le voir lors des audiences générales. C'est Jean-Paul Ier, le dernier à l'avoir utilisée, le 23 septembre 1978, qui, lors de son très bref règne de trente-trois jours, eut quand même le temps de l'abolir… Car cet inconfortable trône provoquait la nausée, le « mal de chameau » ; les *sediari*, qui dépendaient du *Decano de*

1. La famille Pacelli avait déjà été introduite dans le milieu fermé de la noblesse noire par Pie IX mais sans titre.

2. La garde palatine, née en 1850 sous le pontificat de Pie IX, était une unité d'infanterie qui participait à la surveillance de Rome. Après 1870 et le Risorgimento, elle dépendit du Vatican pour assurer un service d'antichambre, de garde et de parade, exécutant notamment les hymnes nationaux lors des visites de chefs d'État. Il s'agissait de volontaires qui percevaient uniquement une indemnité pour réparer leur uniforme. La garde fut dissoute le 14 septembre 1970 par Paul VI.

Sala, devaient la soulever en même temps selon un rythme et un balancement précis, faisant penser à la démarche chaloupée du dromadaire. Les cérémonies dans ce lourd fauteuil capitonné furent vécues « comme un enfer » par Jean XXIII !

Mais le cérémonial reste encore imposant. Et bien qu'aient été supprimées de nombreuses fonctions attachées à ces illustres familles romaines, leurs descendants possèdent toujours à Rome de magnifiques palais, avec des chapelles privées dans lesquelles ils font dire régulièrement la messe, célèbrent les baptêmes, mariages et enterrements... Dans les antichambres de ces demeures historiques, face à un sombre portrait de leurs illustres ancêtres, à côté de fauteuils d'apparat trône dans le vestibule d'honneur un haut baldaquin recouvert de soie, de velours ou de tapisserie à dominante rouge sur lequel figurent leurs armoiries princières. Lorsqu'ils reçoivent un cardinal à dîner, celui-ci est en théorie précédé par deux serviteurs en livrée sombre portant de lourds flambeaux en argent massif. Un usage que respectait notamment à Paris le prince de Beauvau-Craon lorsqu'il recevait le cardinal Tisserant et à Rome la princesse Pallavicini où nombre de cardinaux mondains allaient dîner[1]. Des *monsignori* auxquels il lui arrivait de citer ce passage du *Rouge et le Noir* de Stendhal : « Il est une façon de manger un œuf à la coque qui annonce les progrès faits dans la vie dévote... » La très noble vieille dame avait la dent dure !

Ces princes de l'Église doivent selon le protocole

1. Le palais Pallavicini est situé juste à côté du Quirinale, le palais présidentiel italien.

être assis à la place d'honneur, ainsi, le prince de Beauvau-Craon, allié aux Colonna, avait un soir invité à sa table parisienne, avenue Foch, Georges Pompidou, alors Premier ministre, et le cardinal Tisserant[1], et prévu de placer la République à droite et l'Église à gauche. Au moment de passer à table, le cardinal académicien, qu'à Rome on surnommait « il Barbuto » et fierté du quai de Conti qui signait toujours son courrier d'une croix suivie d'Eugène card. Tisserant et doyen du Sacré Collège, prit le chef du gouvernement français par les épaules et, lui désignant la place d'honneur, lui fit comprendre qu'il devait la lui céder… Le maître de maison avait juste oublié qu'un cardinal prince de l'Église, ayant vocation à succéder à Pierre sur le trône pontifical, doit être traité comme un prince héritier et donc, protocolairement, passer avant un éphémère Premier ministre de la République… Le majestueux cardinal avait moins d'humour que Mgr Poupard qui, un jour de 2010 où nous dînions à quatre avec Valéry Giscard d'Estaing chez Le Duc, restaurant parisien de la rive gauche, répondit, l'œil gourmand, à l'ancien président qui lui proposait de partager un mille-feuilles : « Ah non, je ne mangerai pas que cinq cents feuilles ! », ce qui fit beaucoup rire le président Giscard d'Estaing qui aime l'histoire de l'Italie dont celle du prince Alessandro Farnese, qui fit construire le palais du même nom, devint Paul III, et le transmit à sa descendance. Une splendeur qui abrite aujourd'hui l'ambassade de France[2] à Rome. Ugo

1. C'est le prince Marc de Beauvau-Craon qui présenta Georges Pompidou au cardinal Tisserant.

2. Auprès de la République italienne.

Boncompagni, futur Grégoire XIII, légua à son fils la villa Aurora, le plus vaste domaine privé romain en plein cœur de la Ville éternelle, à deux pas de la via Veneto dont jouit à présent son héritier en ligne directe, car, précise le prince Nicolo Boncompagni Ludovisi, « avant son élection, mon ancêtre avait eu un enfant » ! Camillo Borghese, futur Paul V, bâtit deux immenses palais au centre de Rome ; Matteo Barberini, c'est-à-dire Urbain VIII, en fit ériger un dans les beaux quartiers de la capitale ; quant à Gianbattista Pamphilj, Innocent X, sa famille lui doit un fabuleux palais d'une centaine de pièces abritant une galerie des Glaces aussi impressionnante que celle de Versailles et une exceptionnelle collection de tableaux, dont le portrait d'Innocent X par Vélasquez, mais aussi *Madeleine pénitente* par Carrache, *La Fuite en Égypte* du Caravage, *Salomé* par Titien, d'innombrables peintures des XVe et XVIe siècles, parmi lesquelles *La Descente de la Croix* par Memling et une sculpture du Bernin d'Innocent X. Des œuvres présentées selon l'élégant accrochage serré qui se pratiquait à l'époque. Sans compter le pâté de maisons attenant comprenant plus de cent cinquante appartements ! Ippolito Aldobrandini, Clément VIII, dont descend donna Olimpia Aldobrandini, épouse du banquier David de Rothschild, laissa la villa Frascati et son réputé vignoble… Toutefois moins important que Château Lafite Rothschild ! C'est aussi à lui que l'on doit, au Vatican, la salle du Consistoire, au plafond à caissons magnifiquement sculpté, et la salle Clémentine, où sont reçus les groupes lors des audiences. C'est là également que sont exposées les dépouilles mortelles des papes avant leurs funérailles.

Il reste de nos jours une bonne cinquantaine de

splendeurs baroques de cet ordre, toujours entre les mains des descendants des princes des apôtres avec leurs noms et leurs blasons à couronne fermée sur le fronton de la façade principale de pierre. Avec, à l'intérieur, de véritables trésors. En effet, ces aristocrates distingués, généralement polyglottes, qui ne vivent pas dans le passé, ont pour la plupart fait de très bonnes études (Polytechnique, médecine, agrégation de philosophie, de droit…) et se sont adaptés à leur siècle en devenant des gestionnaires avisés, inventifs, de talentueux juristes… jonglant de nos jours entre les baux aux commerces de luxe, tels que Prada, Bulgari, LVMH, Gucci, Versace, et l'administration de leurs biens.

Ces riches dynasties de la « noblesse noire », qui cultivent la discrétion, regardent parfois avec condescendance les autres aristocrates, fussent-ils les dignes héritiers de la couronne d'Angleterre, car ces grandes familles patriciennes romaines considèrent qu'elles symbolisent la continuité entre la Rome glorieuse de César et la Rome universelle de la papauté. De fait, en 1511, le pape Jules II donne aux deux familles les plus importantes, les Orsini et les Colonna, le titre de « princes assistants au trône pontifical » dont les devises sont restées fameuses : « Les Orsini pour l'Église » et « Les Colonna pour le peuple ». Lorenzo Colonna, ancêtre direct de la lignée, épousa la nièce du cardinal de Mazarin, Marie Mancini. Ce privilège permettait aux chefs des deux familles respectives de siéger à droite du Saint-Père durant les cérémonies et les déplacements. Un honneur qui perdura jusqu'en 1958 pour les Orsini, année où ils furent écartés, car le prince héritier entretenait une liaison tumultueuse et extraconjugale avec une actrice… Il fut remplacé par le prince Alessandro Torlonia qui assuma avec le prince Colonna cette charge d'assistant au trône jusqu'à sa disparition, en 1968, sous le règne de Paul VI. Des familles dont les illustres ancêtres ont parfois érigé leurs vastes domaines sur les vestiges de l'antique Latium. Ainsi, le palais Massimo alle Colonne, par exemple, toujours propriété des Massimo[1], la plus ancienne famille princière de la ville, a jadis été bâti sur les ruines romaines de l'Odéon de l'empereur Domitien. Marbres rares, murs de la salle à manger recouverts de cuir de Cordoue, plafonds peints à caissons… ce palais historique donne sur la bien nommée via del Paradiso ! Quoi de plus normal pour une lignée dont l'un des siens, le jeune Paolo Massimo fut ressuscité par saint Philippe Neri en personne, et où l'on célèbre encore régulièrement des messes dans la chapelle privée où Jean-Paul II avait été reçu. « Dans notre bibliothèque sommeillent cinq siècles d'archives », explique le chef de famille et médecin de formation, le prince Carlo Massimo. « De véritables trésors à la disposition des historiens dont des lettres de Louis XIV, des incunables… Notre nom vient de notre ancêtre Quintus Fabius Maximus, général romain (275-203 av. J.-C.) qui, au IIIe siècle avant notre ère, défendit la ville contre les troupes d'Hannibal. C'est après une autre catastrophe, le sac de Rome en 1527 par les lansquenets de Charles Quint,

1. Une anecdote bien italienne : Bonaparte dit au prince Massimo : « Mais enfin, cette prétention que vous avez de descendre d'un consul romain est une fable ! – Bien sûr, lui répondit le prince, mais comme cette fable a cours depuis le IIIe siècle, nous la laissons courir ! »

que notre dynastie fit bâtir l'actuel palais sur le Corso Vittorio-Emmanuele II. »

Ces demeures fabuleuses, décorées d'œuvres inestimables, témoignent d'une époque où il n'y avait qu'une frontière symbolique, aussi mince qu'une hostie, entre l'aristocratie et le haut clergé. Elles sont aussi le fruit de ce qu'on a appelé le népotisme, mot forgé à partir de *nipote*, « neveu » en italien. Le prince Nicolo Boncompagni Ludovisi, héritier de Grégoire VIII et de la villa Aurora, reconnaît : « Nous avons tant reçu à la naissance que notre devoir est de conserver ce patrimoine au fil des générations et d'en assurer la pérennité car il appartient autant à l'histoire de la papauté qu'à celle de notre famille. Mon ancêtre fit bâtir ce grandiose édifice en 1585 et demanda aux artistes les plus talentueux de l'époque de le décorer. Le Guerchin peignit le plafond du premier étage en trompe-l'œil dans des teintes pastel et voulut qu'on symbolise la Gloire, l'Honneur et la Vertu. Il dessina également le *Char de l'Aurore*, tiré par de puissants chevaux. Peint dans les tons de brun et de fauve, il paraît si réaliste qu'il pourrait presque se détacher du plafond ! On doit au Caravage les fresques de *Giove*, *Nettuno* et *Plutone*. Dans un autre salon, des panneaux représentent les quatre saisons par le Guerchin… Ces chefs-d'œuvre du XVIe siècle louent la puissance du Très-Haut. Un extraordinaire héritage, mais malheureusement inhabité, car cette villa est si vaste, avec son enfilade de salons et d'appartements, que je n'ai jamais eu les moyens de m'y installer ! »

Comme le souligne le prince Jonathan Doria Pamphilj, de la famille d'Innocent X : « Autrefois, les souverains pontifes nommaient leurs neveux cardinaux, leur offraient des terres. Ils bâtissaient des églises, des palais et rivalisaient de luxe et de raffinement, d'un cardinal à l'autre. » En réalité, le prince Doria Pamphilj vit depuis si longtemps dans ce musée qu'il aurait presque oublié l'insolente beauté de son palais situé entre les via del Corso et della Gatta, ouvrant sur une cour carrée plus sublime encore que celle du Roi-Soleil ! Mais l'amateur d'art est immédiatement habité par ce palais du XVIe siècle aux proportions admirables, dont seule une petite partie se visite. Le plus surprenant est qu'il reste une maison de famille, toujours occupée par les descendants privilégiés de ce pape fastueux.

Alors comment ces « princes noirs » parviennent-ils à entretenir ces trésors ? « Cela requiert une bonne dose d'énergie, un zeste d'intelligence, un brin de machiavélisme… et la bénédiction du pape ! » confie avec humour le prince Carlo Massimo. « C'est pourquoi nous sommes si heureux quand le Saint-Père vient célébrer la messe chez nous. » Et lorsque le pape fait à ces dignes héritiers le suprême honneur de les retrouver dans leur chapelle privée, ce qui reste un événement, il n'arrive pas, aussi surprenant que cela puisse paraître, les mains vides. Il apporte généralement un chapelet bénit en ébène noir pour les hommes, en perles pour les femmes, bien qu'ils soient théoriquement réservés aux rares reines catholiques[1] –, et souvent un livre sur l'histoire de l'Église. Ces ouvrages, à tirages très limités, dont les derniers sont consacrés à *Padre* Pio et à Mère

1. La reine Sophie d'Espagne et Paola, reine des Belges.

Teresa, présentés dans des caissons ornés de cuivre martelé[1] recouvert de vingt-quatre grammes d'argent, et à l'effigie du pape, sont l'œuvre de Dino Editore, l'éditeur officiel du Vatican. Cette maison, qui relie tout à la main, appartient à Salvatore Giorgio Dino. Il présente dans chaque volume des tableaux, peintures et portraits, et les pages ornées d'enluminures sont réalisées selon une technique artisanale datant de la fin du Moyen Âge[2]. Ces ouvrages, qui valent autour de 5 000 euros, sont réservés à des personnalités ayant généralement fait d'importants dons au Saint-Siège…

Le protocole prévoit qu'un pape ne se déplace qu'exceptionnellement chez les héritiers des princes de l'Église pour célébrer un événement familial, hormis des funérailles, afin de ne créer ni jalousie ni précédent. En ces tristes occasions, la *Casa pontificia*, la Maison pontificale, désigne un cardinal pour dire la messe.

Les funérailles obéissent à un protocole de deuil précis. Le plus marquant reste celui du souverain pontife, s'il laisse un testament. Ce qui fut le cas pour Karol Wojtyła qui le réécrivit six fois, entre 1997 et 2000, et songea même à demander dans ses dernières volontés d'être inhumé dans sa Pologne natale… avant de s'en remettre à la tradition. Ce fut, comme toujours selon la Constitution apostolique révisée par Jean-Paul II lui-même en 1996, au cardinal camerlingue, dans le cas de Karol Wojtyła, Edoardo Martínez Somalo, que revint le devoir de constater la mort effective du pape, en

1. Chaque couverture fait l'objet de huit cents coups de marteau d'orfèvre.

2. S'inspirant des *Très Riches Heures du duc de Berry*.

présence des maîtres des célébrations liturgiques et du secrétaire de la chambre apostolique. Une réelle évolution car autrefois, de façon presque théâtrale, le décès était constaté en tapant sur le front du pape à trois reprises avec un petit marteau d'argent, en l'appelant respectueusement par son nom. Le camerlingue est aussi chargé de rédiger l'acte de décès et de mettre sous scellés la chambre du défunt et ses bureaux qui ne seront rouverts qu'après l'élection de son successeur. Enfin, il avertit le vicaire de Rome – pour Jean-Paul II, le cardinal Camillo Ruini – et déclare un deuil officiel de neuf jours. C'est alors que doivent intervenir les responsables de l'Institut médico-légal de l'université de Rome, chargés de maintenir le corps en bon état de conservation afin que les fidèles puissent venir se recueillir devant sa dépouille mortelle, exposée dans la basilique Saint-Pierre[1]. Le souverain pontife est revêtu de sa soutane blanche et d'une chasuble rouge[2], du pallium avec des croix noires en signe de collégialité et coiffé de sa mitre dorée. Les funérailles solennelles doivent se tenir entre quatre et six jours après la constatation du décès pour que tous les cardinaux aient le temps de rejoindre la Ville éternelle[3]. De pieux et très âgés Romains se souviennent de l'insoutenable odeur que dégageait le

1. Une charge qui jusque-là revient aux Signoracci, famille spécialisée dans les techniques d'embaumement.

2. Le rouge est la couleur de deuil des papes.

3. Afin également que les membres de la curie, les plus hautes autorités italiennes et le corps diplomatique puissent défiler devant la dépouille dans la salle Clémentine du palais apostolique, suivis par une file continue de moines, religieuses, policiers, gardes suisses et civils privilégiés. Dans le cas de Jean-Paul II, la file ininterrompue du million de pèlerins qui s'étendait sur deux kilomètres entra dans

corps en décomposition de Pie XII qui, en 1958, avait provoqué des évanouissements parmi la foule. Jusqu'aux années 1900, les viscères des papes étaient conservés dans des amphores et soigneusement déposés dans l'église de Saint-Anastase et Saint-Vincent, qui voisine avec la romantique fontaine de Trevi. À l'époque, on aimait cela autant que les reliques ! Cette tradition d'un autre âge fut heureusement abolie par Pie X. Reste toutefois l'interdiction formelle de photographier le corps du pape ; une mesure instituée après que le Dr Riccardo Galeazzi Lisi[1], médecin personnel de Pie XII, archiatre pontifical, c'est-à-dire le premier des médecins de Sa Sainteté, eut pris quelques clichés du souverain pontife sur son lit de mort pour les vendre à *Paris Match* (déjà !). C'est à la suite de ce scandale que ce titre a été supprimé. Dernier symbole : le collège cardinalice se réunit autour du camerlingue qui brise l'anneau du pécheur représentant l'apôtre Pierre, ainsi que son sceau en plomb. Le corps du pape sera déposé sur un linceul pourpre dans un triple cercueil : le premier en bois de cyprès symbole d'éternité, le deuxième en plomb, le troisième en noyer. On y place aussi une poche contenant un exemplaire de chaque médaille frappée sous son « règne » et un tube de plomb contenant un parchemin résumant le pontificat. La plupart reposent dans les grottes du Vatican mais certains, tels Sylvestre II (999-1003) ou Léon XIII (1878-1903), ont exprimé la

---

Saint-Pierre pendant deux journées pour rendre un dernier hommage au premier pape polonais de l'histoire.

1. Médecin privé du pape Pie XII mais aussi un ami de jeunesse, qui était le frère d'Enrico Galeazzi Lisi, architecte influent et banquier qui contribua aux fouilles sous la basilique Saint-Pierre.

volonté d'être inhumés hors les murs, par exemple dans la basilique Saint-Jean-de-Latran.

L'enterrement de Karol Wojtyła, le 8 avril 2005, fut un événement mondial. Concélébré, sur le parvis de la basilique Saint-Pierre, par cent cinquante-sept cardinaux, il dura environ trois heures. Il fut suivi par un million de pèlerins sur place, dans la ville et sa périphérie, grâce à des écrans géants disposés par la municipalité, et en mondovision par plusieurs centaines de millions de téléspectateurs. Funérailles en présence de sept cents archevêques et évêques, trente mille prélats et prêtres, cent soixante-neuf délégations officielles, et plusieurs chefs d'État et de gouvernement dont George W. Bush, Tony Blair, Moshe Katsav, Mohammad Khatami, Kofi Annan… Jacques Chirac a été vivement impressionné, en tant qu'ancien maire de Paris, par le fait que la municipalité de Rome ait placardé trois mille cinq cents affiches géantes sur le Lungo Tevere avec cet inoubliable message : « Merci. Rome pleure et salue son pape. » Cette cérémonie funèbre symbolisait un style et sans doute la fin d'une époque. Cela signifiait aussi élire un nouveau pape dans les jours suivants et, pour les cardinaux, entrer en conclave.

Or comment cela se passe-t-il ? En théorie sans témoin ni journaliste – bien que six mille reporters et photographes aient couvert cet événement parmi les plus importants du siècle. Alors quelle frustration de ne pas être une souris grise dans la chapelle Sixtine ! Heureusement, j'ai eu la chance inespérée, en me faisant promettre de taire son identité, d'avoir recueilli le témoignage de l'un des cent quinze participants à l'un des événements les plus marquants dans la vie d'un prince de l'Église.

« Il y eut d'abord, confesse "mon" cardinal, les journées préparatrices tous les matins, de 9 h 20 à 13 heures, dans la salle du synode. Elles commencèrent le 4 avril et prirent fin le samedi 16, jour des 78 ans du cardinal Ratzinger. Tous les cardinaux habitaient Domus Sanctae Marthae. Un bâtiment de cinq étages dans l'enceinte du Vatican, sans charme, mais pratique, qui était, au XIXe siècle, un dispensaire. Transformé en 1995 par la volonté de Jean-Paul II, l'"hôtel des cardinaux" dispose de cent six studios, vingt-deux chambres, et un appartement un peu plus confortable réservé à un cardinal malade qui aurait besoin d'une assistance la nuit. Air conditionné, toilettes séparées, petite salle de bains, mais pas de kitchenette. Tout le monde prend ses repas ensemble, servis par les sœurs de la Congrégation de Sainte-Marthe. Quelques jours avant le début du conclave, lors d'une réunion générale du matin, les chambres ont été tirées au sort et attribuées, sans commentaire, à chacun de nous. Les dortoirs et les lits de camp aménagés dans les couloirs du palais apostolique appartiennent au passé ! Les rustiques pots de chambre, frappés des armoiries du Vatican, cuvettes de faïence d'un autre âge qui font rêver les brocanteurs romains, ont été relégués à la Floreria. Si la promiscuité avait, paraît-il, ses charmes, j'étais content d'habiter là, même après avoir découvert, lors de ce conclave, qu'on allait devoir vivre jusqu'à l'élection dans une semi-pénombre, les persiennes ayant été provisoirement scellées ! Mais, après tout, le mot "conclave" vient du latin *cum clave*, "avec une clé", alors... Toujours cette obsession du secret, héritée de la Constitution pontificale de 1274 et, par ailleurs, en phase avec le tempérament des uns et des autres. Bien sûr, nous ne pouvions ni lire la presse ni écouter la radio ou regarder la télévision, encore moins nous servir d'un portable. Les portables, contrairement à ce que vous croyez, ne sont pas "confisqués" à notre arrivée, mais tout est brouillé aussi bien à Sanctae Marthae qu'à la chapelle Sixtine et sur le trajet de l'un vers l'autre. Une disposition de l'article 43, inscrite par le pape Jean-Paul II, qui prévoit de "veiller à ce que les cardinaux et les électeurs ne soient approchés par personne pendant le transport de 'l'hôtel' au palais apostolique". Chacun trouva donc ses marques. Certains, comme moi, venaient ici pour la première fois. Le lundi 17 au matin, il y eut une messe présidée par le cardinal Ratzinger. Le conclave ne débuta vraiment que le lendemain, mardi, à 16 h 30, dans la chapelle Sixtine après une messe privée, cette fois entre nous, dans cette même chapelle. L'assistance comptait cent quinze cardinaux, dont deux seulement créés par Paul VI, Joseph Ratzinger justement, et l'Américain William Wakefield Baum, 79 ans à l'époque, sur les deux cent quatorze à l'époque, car seuls ceux ayant moins de 80 ans peuvent participer à l'élection du nouveau pape. C'est Paul VI, s'inspirant des cent vingt qui étaient réunis au moment du choix de Matthias pour remplacer Judas (Actes 1, 15) qui décida de ce nombre[1]. Nous étions donc tous, sans exception, logés à Santa Marta qui, comme la chapelle Sixtine où a lieu l'élection, était fermée chaque soir sous l'autorité d'un cardinal. Les rares personnes autorisées à être en contact avec nous pendant ces journées historiques étaient le

1. En réalité, les cardinaux sont moins nombreux, car il y a toujours des décès entre deux conclaves.

maître des cérémonies, assisté de deux cérémoniaires[1] et de deux religieux de la sacristie, ainsi que les sœurs[2] responsables de l'intendance et des repas – une cuisine d'accueil religieux, bien présentée, avec du vin aussi. Pas un menu de gourmets mais permettant de manger agréablement. Quant au petit déjeuner classique, il était servi entre 7 heures et 9 heures dans la salle à manger où chacun venait à sa guise. Plusieurs prêtres étaient aussi à notre disposition, pour les confessions. En plus des médecins des âmes, il y avait deux urgentistes et deux infirmières, car si aucun de nous n'avait encore fêté son 80e anniversaire, bon nombre avaient quand même un âge certain ! Cuisinières, femmes de ménage et religieuses s'occupaient de nous. Sans compter les chauffeurs des mini-bus qui nous conduisaient d'un lieu à l'autre. Nous sommes entrés en procession de la chapelle Pauline du palais apostolique à la chapelle Sixtine, chantant en chœur le *Veni Creator* en rangs par deux, par ordre d'ancienneté, pour rejoindre notre place. Après un moment de recueillement et avoir fait serment sur les Saintes Écritures de garder le secret absolu, nous avons écouté une dernière instruction du cardinal Spidlik avant de procéder au vote. Nous ne nous connaissions pas tous, sauf les grandes figures et ceux que nous avions rencontrés lors des diverses manifestations religieuses et dans les dicastères dans lesquels nous travaillons. On tutoie quelques collè-

1. Dans la liturgie catholique, prêtre ou clerc chargé de régler le déroulement des cérémonies.

2. Cette communauté de religieuses de Santa Martha est encore là car, historiquement, avant que l'hospice ne soit transformé en hôtel pour le clergé, c'étaient elles qui s'en occupaient.

gues. Heureusement, on nous a donné un épais polycopié de trois cents pages où était décrit le parcours de chacun. Deux à trois pages par cardinal avec l'origine de sa famille, ce qu'il a fait, sa santé… Il n'y a pas eu de campagne, pas de candidat officiel, même si des noms ont circulé, personne ne nous a dit : “Votez pour moi !”, on n'entendait pas des “Moi, je vote pour lui parce que c'est le meilleur !”… On abordait surtout les questions importantes du moment : l'athéisme, la montée du bouddhisme, le dialogue avec l'Islam, la vie religieuse, la place de la Chine, la situation en Afrique… Pendant les trois semaines de concertation précédant le conclave, on n'a pas prononcé de nom. Les grands gabarits émergeaient naturellement. Il y a des personnages qui forcément impressionnent plus que d'autres, de très courageux qui forçaient l'admiration par leur parcours personnel. Le vrai problème était d'arriver à s'accorder, mais le système des deux tiers est plutôt sain. Les derniers soirs avant le conclave, il régnait tout de même une tension psychologiquement lourde. Il y avait plus de monde à la chapelle que dans les chambres… d'ailleurs, elle était pleine. Nous n'avions pas l'esprit à nous raconter des histoires et la nuit, nous dormions mal… Moi, en tout cas ! »

J'osai lui poser la question clé : « Alors comment se passe le vote ? »

« Le camerlingue l'organise avec l'aide de trois scrutateurs tirés au sort parmi les cardinaux électeurs. Ensuite, nous votons en commençant par le doyen du Sacré Collège, puis les cardinaux-évêques, les cardinaux-prêtres et en dernier les cardinaux-diacres. Nous étions le 18 avril 2005. Sur un bulletin rectangulaire où était imprimé en latin *Eligo ad Summum Pontificem*, chacun a inscrit le nom de son candidat, comme il nous l'était demandé, "d'une écriture non reconnaissable". Il fallait donc changer de façon d'écrire, on a ensuite plié le précieux bulletin dans le sens de la longueur, en le tenant en hauteur pour que nos pairs, devant lesquels nous avancions en allant déposer le bulletin sur l'autel en demi-cercle, puissent le voir, avant le vote. Je me suis solennellement avancé vers l'autel, la gorge serrée, pour prêter serment et prononcer : "Je prends à témoin le Christ Seigneur qui me jugera que je donne ma voix à celui que, selon Dieu, je juge le plus apte à remplir cette charge." D'un geste lent, j'ai ensuite posé mon bulletin dans la patène en vermeil[1] placée devant moi. Il régnait un silence profond, mais aussi une certaine fébrilité et je me disais : "Quelle responsabilité... !" De là le bulletin était glissé dans une urne. Après que nous eûmes tous accompli ce même rituel, les bulletins ont été comptés par les scrutateurs, et comme le chiffre obtenu correspondait au nombre de votants, les scrutateurs ont pu procéder au dépouillement. Bulletin par bulletin, le premier et le deuxième scrutateur ont lu le nom inscrit, sans rien dire. Le troisième l'a proclamé à haute voix, ajoutant en suivant le protocole son numéro dans la liste des cardinaux afin qu'il n'y ait pas d'hésitation. Nom inscrit sur un vélin ivoire, armorié, numéroté et daté. Le décompte des voix a alors

1. Petite assiette qui sert habituellement à recevoir les hosties, utilisée ici dans un souci rare de transparence – surprenant pour le Vatican –, car un cardinal tenté par « la main du diable » pourrait tenir sournoisement deux bulletins dans sa main ! Ce qui explique ce rituel.

été détaillé avant d'être vérifié par les trois scrutateurs. L'atmosphère était grave. Ces papiers secrets déposés dans une deuxième urne[1] pouvaient enfin être jetés dans le fameux poêle de la chapelle Sixtine, d'où allait s'échapper une fumée noire, tant que le nouveau pape n'était pas élu. Ma montre marquait midi moins dix. Pour la deuxième fois, la cheminée de la Sixtine crachait une fumée sombre[2], car pour monter sur le trône de Pierre, le vicaire de Jésus-Christ[3] doit totaliser les deux tiers des suffrages[4]. Une fois élu, le 19 avril 2005, le nouveau pape répondit à la question posée par le doyen du Sacré Collège au nom de nous tous : "Acceptes-tu ton élection canonique comme souverain pontife ?" Puisque sa réponse était affirmative, il n'assista pas au rite des derniers bulletins brûlés dans le poêle, mais partit se recueillir dans une antichambre de la sacristie, appelée salle des Larmes, à la gauche de l'autel. À cet instant où nous l'avons entendu prononcer avec gravité son "*Accepto*", a cessé pour nous l'obligation du secret », conclut mon cardinal complice.

À 18 h 05, les milliers de fidèles, les Romains et les touristes massés sur la place Saint-Pierre, s'impatientant de savoir le nom de « leur » pape, ont vu

---

1. Les urnes ont été sculptées par Cecco Bonanotte qui avait déjà sculpté le coffret muré dans la porte sainte lors du jubilé de l'an 2000.

2. Le traditionnel poêle en fonte, modernité oblige, a été équipé d'un tableau de commande électronique pour colorer la fumée grâce à l'introduction de produits fumigènes.

3. C'est le deuxième titre du pape, après celui d'évêque de Rome.

4. Si leur nombre n'est pas divisible par trois, il faut arrondir à l'unité supérieure. Ce fut justement le cas lors de l'élection de Joseph Ratzinger.

monter la fumée blanche vers le ciel. Quasiment en même temps, les six cloches, relayées par un micro de Radio Vatican placé à proximité, ont joyeusement carillonné, annonçant en direct au monde entier qu'un pape dont ils ne savaient pas encore le nom avait été élu ! Le temps paraissait interminable…

« Au même moment, encore abasourdi, pétrifié, anéanti par le choix de ses pairs, comme le racontera son frère Mgr Georg Ratzinger, le nouvel élu, assisté du camerlingue et du maître de cérémonie, revêtait pour la première fois la soutane blanche. Sa Sainteté posa alors sur sa tête une calotte du même ton, et sur ses épaules un camail immaculé et une étole rouge. Il hésitait encore, ces gestes ne lui étaient pas familiers. Seul témoignage du passé récent, il gardait pour l'instant son anneau pastoral et sous ses lourds vêtements un fin lainage noir dont les manches dépassaient, cela le rassurait, j'imagine.

« Paré de ses nouveaux habits, très ému, le souverain pontife, élu trois jours après son 78e anniversaire, reçut d'abord l'hommage solennel de chacun de nous, électeurs, puis il s'est avancé d'un pas mesuré vers la loggia de Saint-Pierre. C'est là, après que le premier des cardinaux diacres eut prononcé d'une voix triomphante "*Habemus Papam*" et révélé son identité, que le serviteur des serviteurs de Dieu, c'est l'un de ses titres, a donné sa première bénédiction *urbi et orbi*. Le raconter n'a bien rien de comparable à le vivre. »

Presque une année après, Benoît XVI a décidé qu'il ne serait plus patriarche de l'Occident. Rarement employé depuis le grand schisme d'Orient en 1054 qui sépara catholiques et orthodoxes, ce titre semble désormais désuet surtout pour un pape qui tente d'effacer des siècles de mésentente entre les deux religions et essaie aujourd'hui de se rapprocher de ses frères. De toute manière, il lui reste encore huit titres : évêque de Rome, vicaire de Jésus-Christ, successeur du prince des apôtres, souverain pontife de l'Église universelle, primat d'Italie, archevêque métropolite de la province romaine, souverain de l'État de la cité du Vatican et Serviteur des serviteurs de Dieu.

Benoît XVI le reconnaît depuis. Il éprouva en ce mémorable 19 avril un sentiment de fierté, mais fut aussi pris de vertige, car il mesurait soudain qu'il était l'héritier de vingt siècles d'histoire de l'Église et que ses prochaines pages, c'est lui qui les écrirait !

9

La multinationale de la foi

Depuis son élection, chaque année à l'automne, ce pape peu voyageur affronte un pays souvent difficile pour rappeler, avec son style modeste, les fondements de la foi catholique et la place des religions dans les sociétés sécularisées. Ainsi, après l'Allemagne, son premier voyage, la Pologne, l'Espagne, la Turquie, le Brésil, les États-Unis, la France, le Cameroun et l'Angola, la Terre sainte, la Jordanie, Chypre, le Royaume-Uni, la Croatie, le Bénin, le Mexique et Cuba, Benoît XVI a en septembre[1] accompli l'un de ses déplacements les plus difficiles, cette fois au Liban. Un exploit que d'affronter, à presque 86 ans, trois jours durant, ce chaudron du Moyen-Orient, même s'il devait parfois s'aider de sa canne. Mais le pape était déterminé à aller délivrer un message d'espoir aux chrétiens du Liban, à appeler à la fin des violences

1. Les 14, 15 et 16 septembre 2012.

et au renouvellement du dialogue avec l'islam. Ce qui signifiait affronter une terre aux équilibres souvent instables. Un carrefour pour lui important que ce voyage pastoral, une tribune lui permettant de plaider pour le dialogue, les libertés et la dignité humaine, et de donner un signe de fraternité, d'encouragement, de solidarité, « confiant dans la protection de la prière », mais… sans doute trop optimiste là où de nombreux croyants sont condamnés à l'exode, comme les quelque vingt mille jeunes présents au patriarcat maronite de Bkerké s'en sont faits l'écho auprès de lui. Que Benoît XVI n'ait pas annulé son voyage, compte tenu d'un contexte très tendu à cause de la guerre civile en Syrie et de l'afflux de réfugiés, a impressionné les autorités locales. Après tout, Damas n'est qu'à quatre-vingts kilomètres de la capitale libanaise ! Pour le souverain pontife, cinq millions et demi de catholiques valent bien une grand-messe dominicale, célébrée le 16 septembre sur le Beyrouth City Center Waterfront, cette vaste esplanade gagnée sur la mer par les promoteurs gourmands, ainsi qu'une rencontre au palais de Baabda avec le président de la République, Michel Sleimane, seul dirigeant chrétien maronite du Moyen-Orient. Là où s'étaient déjà rendus dans le passé Paul VI et Jean-Paul II. Le sens profond de cette visite, officiellement pastorale, est également politique, puisque musulmans et chrétiens ont été invités à dialoguer non seulement pour envisager une paix durable, mais aussi pour trouver une solution à cette folie meurtrière et à l'exode massif des fidèles. Dans cette poudrière permanente qu'est le Moyen-Orient, la visite d'un pape au Liban, et plus encore à Beyrouth, capitale aux cinq diocèses, permet au Vatican d'entretenir discrètement des réseaux d'information essentiels tissés au fil des décennies, et d'affiner leur feuille de route, leur stratégie pour protéger les chrétiens d'Orient. Le Liban est un pays charnière car dans cette région du monde, seize millions de fidèles sont répartis entre huit pays – la Syrie, le Liban bien sûr, la Turquie, Israël, les Territoires palestiniens, la Jordanie, l'Égypte, l'Irak, et presque autant d'Églises, chaldéenne, copte, arménienne, gréco-melkite, maronite, syriaque et latine, dont l'existence remonte aux origines de la chrétienté, mais aujourd'hui déstabilisées par les persécutions, les discriminations et d'abord les guerres. De plus, au Liban même – en dépit des quinze années de guerre civile qui ont déchiré le pays de 1975 à 1990 – coexistent dix-huit communautés – treize chrétiennes, quatre de confession musulmane et une petite communauté juive. Benoît XVI a au moins réussi à conforter l'œcuménisme oriental !

Il existe trois sortes de visites : d'État, avec tout le cérémonial dû à son rang, visites officielles, avec un protocole un peu moins lourd, et visites pastorales, comme celle que je viens d'évoquer au Liban, où là, comme pèlerin au sens ancien de voyageur de Dieu et de la foi chrétienne, le pape va porter au-delà des frontières son message d'espérance et de paix, l'une des missions essentielles de tous les successeurs de Pierre, même s'il ne peut pas dire comme son prédécesseur : « L'avion est ma deuxième maison. » Il ne veut pas avoir à choisir entre édulcorer le message catholique et s'enfermer dans un bastion.

Revenons à la visite d'État que fit Benoît XVI en France en septembre 2008 qui marqua non seulement le monde catholique, mais aussi les milieux politiques, et dont le protocole et le fonctionnement illustrent ce qu'est la lourde « caravane vaticane ». J'avais la chance d'être dans son avion, de faire partie de la poignée de privilégiés sélectionnés pour voyager avec lui. Nous avons décollé le 12 septembre à 9 heures précises de l'aéroport de Rome Fumicino, pour nous poser, au retour, le 15 septembre à 15 h 15, cette fois sur le tarmac de Ciampino[1]. Patrons et rédacteurs en chef de journaux internationaux, de radio, de télévision, preneurs de son, cameramen, correspondants laïcs et religieux des organes de presse du Saint-Siège avaient comme d'habitude fait l'objet d'une insondable sélection. Ces invitations font tant rêver que la règle interdit à quiconque de rejoindre le cortège aux escales. Dès le départ, avait été remis au *seguito*, sa suite, dont nous faisions partie, le précieux livret conçu et édité par le Vatican[2]. « Bible » incluant un programme si précis de l'emploi du temps du Saint-Père qu'il indique, à la minute près – par exemple, arrivée à la nonciature à 15 h 15-départ à 17 h 50 –, avec qui et dans quelle voiture il se déplacera, ainsi que les numéros de portables de son entourage pendant ces quatre jours. Un tel outil de travail peut aussi se révéler un instrument dangereux s'il tombait entre les mains de personnes malintentionnées… Par ailleurs, nous n'avions plus de passeport puisque, pour plus de sécurité, lorsqu'on voyage avec le pape, le Saint-Siège les garde jusqu'au retour. Ainsi devient-on provisoirement l'otage du Vatican ! Pour une femme, cet honneur signifie s'habiller de noir, avec une jupe sous le genou. Mais comme je ne voulais pas qu'on me confonde avec

1. Le deuxième aéroport de Rome.
2. En nombre limité et impossible à se procurer ailleurs.

une bonne sœur, je portais un rang de perles et osai un léger maquillage.

Déjà installés à bord, nous attendons le pape. Un souverain pontife n'est jamais en retard, à l'inverse parfois d'un président de la République[1]... Ce n'est pas banal de partager l'avion du successeur de Pierre. Il règne une certaine fébrilité quand nous entendons un bruit sourd. L'hélicoptère de l'aéronavale italienne en provenance de Castel Gandolfo vient de se poser. Les cardinaux s'agitent à l'avant de l'appareil. Dans quelques instants, Sa Sainteté montera à bord de l'Airbus A320, le vol spécial AZ 4000 d'Alitalia[2]. C'est toujours sous ce chiffre que voyage l'évêque de Rome, dont le numéro de code international du contrôle aérien est Shepherd One, « Berger 1 ». Lors de l'embarquement, qui se fait à la porte C6 de l'aéroport Leonardo da Vinci, le pape et ses invités, qui ont droit au tapis rouge, sont simplement séparés des autres voyageurs par une banale barrière métallique. Le président du Conseil, en jaquette, et l'évêque du diocèse de Porto et Santa Rufina, circonscription ecclésiale dans laquelle se trouve l'aéroport de Fumicino, sont là pour lui présenter leurs respects. Contrairement à ce que l'on pourrait croire, le Saint-Siège n'a pas de flotte aérienne. Le Vatican affrète donc un avion de la compagnie natio-

---

1. Feu le président Mitterrand était rarement à l'heure. Nicolas Sarkozy et François Hollande n'ont pas non plus un sens précis de l'heure alors que le général de Gaulle, Georges Pompidou, Valéry Giscard d'Estaing et Jacques Chirac considéraient que l'exactitude n'était pas que la politesse des rois, mais aussi celle des chefs d'État.

2. Le personnel navigant, le commandant de bord et le copilote sont volontaires et sur une liste d'attente pour avoir l'honneur de piloter le pape.

nale à chaque vol au départ d'Italie, qui retrouve, dès le retour, sa vocation commerciale. Et aucun passager du premier rang ne saura jamais qu'il occupe le siège parfois réservé au pape ! L'appareil est aménagé en fonction des besoins de l'illustre passager. Selon la durée du vol, la compagnie met à sa disposition un DC 10, un DC 11, un Jumbo ou un Airbus, et facture seulement au Vatican les places des membres du *seguito*. Quant aux journalistes, ils règlent directement leur billet au siège d'Alitalia[1]. En fin d'année, la compagnie fait un don aux œuvres du pape qui correspond au montant des trajets. Manière habile de remercier l'évêque de Rome pour l'incroyable publicité qui lui est faite lorsque des millions de téléspectateurs voient l'« homme en blanc » descendre d'un avion d'Alitalia, après que, à peine atterri, les pilotes ont planté les fanions jaune et blanc à l'avant de l'appareil. Deux sièges sont supprimés pour installer le pape dans un fauteuil de première classe, à l'appui-tête brodé de ses armoiries. Pas de lit ni de télévision ou de bureau-bar. Nous sommes séparés de lui et de ses collaborateurs par un petit rideau, mais durant les vols courts, il reste la plupart du temps ouvert. Dans cet espace sont assis son secrétaire particulier, Mgr Gänswein, son Premier ministre, Tarcisio Bertone, et son majordome, à l'époque Paolo Gabriele. En business, se trouve le *seguito*, soit une bonne vingtaine de personnes : le substitut de la secrétairerie d'État, Giovanni Angelo Becciu, l'inspecteur général de la police du Vatican, Domenico Giani, le responsable des voyages, Alberto Gasbarri, le maître des cérémonies liturgiques, Mgr Guido Marini,

1. Et non dans une agence en ville.

le directeur de Radio Vatican et de la salle de presse, le père Federico Lombardi, le directeur de *L'Osservatore Romano*, Giovanni Maria Vian, et Francesco Sforza, son photographe. Il y a bien entendu ses deux médecins. Son entourage confia à l'époque qu'avec un médecin personnel de 87 ans aussi fatigué qu'attaché à Sa Sainteté, c'était plutôt Benoît XVI qui veillait sur le Dr Buzzonetti ! Depuis, saine précaution, un praticien plus jeune le suit pas à pas. Il y a également quatre gendarmes et deux gardes suisses assurant sa sécurité rapprochée[1]. Avec eux, en renfort, quatre militaires de la garde suisse en civil[2]. Une suite tellement importante que, si par malheur l'avion s'écrasait, cette catastrophe décapiterait presque toute l'Église de Rome ! Et dans ce cas, ce serait le cardinal camerlingue qui assumerait automatiquement l'intérim. Sont également invités une poignée de cardinaux et d'évêques parmi lesquels, pour un voyage dans l'Hexagone, les cardinaux français résidant à Rome : Roger Etchegaray, Paul Poupard et Jean-Louis Tauran. On assiste alors à un ballet inédit car ils vont tous se prosterner pour baiser son anneau. Ce que le cardinal Poupard appelle avec malice « l'immuable liturgie des voyages ».

Peu de temps après avoir quitté la Ville éternelle et envoyé, selon l'usage, un diplomatique et cordial message au président Giorgio Napolitano, le pape fait son apparition auprès de nous pour une conférence de

---

1. Au Vatican, et partout où il se trouve, deux gardes suisses gradés, en civil, veillent sur le périmètre personnel du pape.

2. Issus du corps de la gendarmerie de l'État du Vatican, chargé, lui, de la sécurité du plus petit État du monde, ce qui fit dire en 1944 à Joseph Staline, en réponse à Winston Churchill : « Le Vatican, combien de divisions ? »

presse dans les cieux. Même encadré par le cardinal Bertone et par le *padre* Lombardi, avoir à moins de deux mètres de soi, pour les premiers rangs, ce qui est mon cas, le pasteur de un milliard cent quinze millions de catholiques est impressionnant ! C'est à la fois surréaliste et empreint d'une grande simplicité. Faut-il écouter et prendre des notes ? Appuyer sur les touches du magnéto ? J'ai beau avoir eu l'habitude des voyages de Jean-Paul II qui visita cent vingt-neuf nations et prononça plus de vingt mille discours où la cabine se transformait en paroisse sans frontières, au début je suis médusée, car le calme de Benoît XVI est déconcertant. De fait, on en oublierait presque que c'est le pape. Son imposante croix pastorale en or brille sous nos yeux. Comme sur les photos, sa soutane est un peu courte... Debout, adossé à la cloison, le pape commence par nous bénir. Une vive euphorie règne car pour une fois nous le cernons, et il ne peut nous échapper ! Il s'exprime dans un français parfait, mais ne répondra au cours de cette mini-conférence de presse qu'à quatre questions, sélectionnées parmi celles que nous lui avions envoyées la veille, par Internet, dont la mienne, sur ses lectures d'auteurs français. Quelle chance ! Sa voix est plaisante, il est souriant, attentif à tout avec un beau regard empreint de douceur. Après vingt minutes, il regagne son siège à notre grand regret. Mais, consolation, de dignes hauts prélats se succèdent à l'arrière de l'appareil sous prétexte d'aller se laver les mains, alors qu'en réalité ils guettent l'occasion de deviser avec nous. C'est pour eux l'une des seules opportunités de nous voir sans effort car, à Rome, il n'y a qu'une star, le pape, et les cardinaux les premiers sont de ce fait économes de leurs propos... Pendant ce temps, une hôtesse, un brin intimidée, et un steward servent une collation à Sa Sainteté : salade de fruits et thé, pendant que le reste du personnel de bord s'occupe des autres passagers. Le vol est court. Ils doivent aller vite car, ensuite, l'équipage au grand complet se fera bénir et photographier avec le pape. L'anxiété reste vive pour son entourage prêt à affronter une France qui compte aujourd'hui 65 % de catholiques[1], 3 % de musulmans, 2 % de protestants, 0,6 % de juifs, 2,4 % d'adeptes de croyances diverses, et 27 % de citoyens sans religion. Pour sa première visite en France comme souverain pontife, il s'agit de faire entendre son message pastoral au-delà du monde chrétien, des cercles d'intellectuels catholiques et des théologiens. Après une étude discrètement commandée par le cardinal-archevêque de Paris, André Vingt-Trois, qui révélait une « carence d'image » de Joseph Ratzinger auprès des catholiques de France, il s'est quatre jours durant adressé à cœur ouvert aux fidèles en prononçant des paroles claires et puissantes lors de ses treize interventions publiques. « La foi et la raison ne s'opposent pas [...]. Dieu a créé la raison en laissant l'homme libre d'accepter le don de la foi [...] et la religion ne veut se substituer ni à l'État ni à la politique, mais participer dans le respect des règles à la construction du bien-être commun. [...] Le monde a besoin de Dieu », concluait-il au collège des Bernardins devant sept cents personnalités. Ce brillant discours n'empêcha cependant pas certains hauts prélats de pratiquer la technique éprouvée de l'assoupissement pour se réveiller quelques instants avant la fin... Ce qu'ils appellent entre eux « l'oraison de saint Pierre »,

1. Dont moins de un sur dix va régulièrement à la messe.

qui signifie sommeiller en faisant semblant de pieusement méditer !

Comment l'ancien professeur Ratzinger avait-il préparé cette brillante allocution ? C'était l'un de ses devoirs de vacances, écrit en allemand, et dont il avait ensuite surveillé de près la traduction de la secrétairerie d'État, assisté pour sa relecture de Mgr Jean-Marie Speich, ambitieux prélat alsacien à la tête de la section francophone du Vatican. Le pape restait traumatisé, le mot n'est pas trop fort, par le discours de Ratisbonne à l'automne 2006, qui déclencha alors une vive polémique d'abord dans le monde musulman, dont il faut rappeler la teneur. Se référant ce jour-là à son cours magistral, auquel il s'était longtemps consacré à Castel Gandolfo, il avait en préambule expliqué à des étudiants et professeurs de l'université de Ratisbonne combien il était ému d'être en chaire. Pendant ce cours, il avait cité le théologien allemand Theodore Khoury, de Münster, fin connaisseur du christianisme et de l'islam, qui, à son tour, évoquait un dialogue entre l'empereur byzantin Manuel II et un Persan. « Démontre-moi, lui demanda l'empereur, ce que Mahomet apporte à notre civilisation, et tu trouveras seulement des éléments négatifs et violents, comme ceux de répandre le doute au sein de la foi qu'il exhortait. » Alambiqué, trop intellectuel, son esprit de rhétorique n'étant pas universel, le pape en subit le contrecoup. Sans doute avait-il oublié qu'il est désormais souverain pontife et que ses paroles retentissent avec l'impact qu'ont les propos du chef de l'Église catholique. Enfin, ses collaborateurs, ayant, par négligence ou par paresse, découvert ce texte tardivement, le remirent dans la foulée aux journalistes… Environ mille cinq cents mots à résumer en quelques lignes, impossible alors d'entrer dans la logique du Saint-Père. À deux mois d'une visite en Turquie, cela compliqua sérieusement les relations diplomatiques… Benoît XVI se sentit humilié d'avoir été mal compris, mal transcrit, et les précisions apportées ensuite furent vaines. Le mal était fait. Depuis ce pénible événement, il vérifie méticuleusement chaque mot.

Un emploi du temps chargé sous le soleil de l'été qui, après Paris, allait conduire le pape à Lourdes. Mais pourquoi la ville mariale ? Parce que dans la concurrence qui oppose le haut clergé, où chacun veut s'affirmer, Mgr Perier, évêque de Lourdes et Tarbes, avait pris un an et demi auparavant l'initiative d'inviter Benoît XVI pour le 150e anniversaire des apparitions, sans imaginer bien sûr qu'il viendrait ! Or le pape accepta… Une heureuse surprise qui impliquait aussi une infrastructure conséquente. Alors que Jean-Paul II avait en 2004 résidé à l'Accueil Notre-Dame des malades, Benoît XVI souhaita être hébergé à l'Auxilium, situé à quelques mètres des sanctuaires et tenu par les auxiliaires de l'Apostolat. Une organisation plus compliquée qu'à Paris, où il avait séjourné à la nonciature apostolique, dans le 16e arrondissement. Là où il avait invité les évêques d'Île-de-France et sa suite pour un sympathique déjeuner, avec au menu terrine de légumes, filet mignon de veau, asperges, tomates provençales, plateau de fromages, tarte aux figues et abricots, arrosé de sauterne et de châteauneuf-du-pape pour ses hôtes, et jus d'orange pour lui. Au cours de son existence quotidienne comme en voyage, l'intendance doit s'adapter dans la simplicité. Peu lui importent les détails. D'ailleurs à peine s'est-il aperçu durant ce séjour que sa lourde Peugeot 607 à vitres fumées était blindée… À ses yeux, conduire l'Église universelle ne signifie pas, même s'il en est l'épicentre, en être le seul célébrant. Sa conception d'abord théologique de la fonction l'entraîne à s'appuyer également sur les évêques locaux.

Gasbarri, un laïc aussi efficace que souriant, ce qui est inhabituel au Vatican, coordonne donc toute l'organisation, jusqu'aux plus infimes détails, soit même le choix des chapelets, médailles, presse-papier[1]… mais s'assure également que le pape ne porte pas, par exemple, une cape bordée d'hermine dans un pays qui milite contre la souffrance des animaux. Il faut penser à tout et pas uniquement à éviter que le cortège ne se trouve face à des manifestants encourageant la bioéthique, le mariage homosexuel ou l'avortement… Faire vérifier qu'aucune banderole en langue étrangère ne soit insultante. Ces déplacements signifient également acheminer une cinquantaine de valises et de malles, du style cantine militaire, contenant d'innombrables cadeaux, livres de messe, ainsi que plusieurs centaines d'exemplaires des discours et homélies du pape, sans oublier ses micros – c'est un homme d'habitudes –, mais surtout son importante garde-robe. Un vestiaire composé de plusieurs soutanes, mitres, chasubles, ornements… Enfin, les malles-chapelles dans lesquelles sont enfermés les objets liturgiques, sans compter l'important matériel technique de diffusion du Centre de télévision du Vatican (CTV) et de Radio Vatican, diffusant sur ondes courtes ou par satellite ses programmes aux quatre coins de la planète,

1. En théorie ils devraient seulement être offerts aux reines catholiques.

relatant et commentant avantageusement chaque fait et geste du pape.

Une visite du pape est rarement un long Tibre tranquille… Alors que, au départ de ce séjour en France, le pape devait uniquement, à l'invitation des évêques, se rendre à Lourdes, une étape parisienne plus politique s'imposa avec la « fille aînée de l'Église », car Nicolas Sarkozy s'en mêla. Fidèle à son tempérament, le président tenta même au début de détourner le pape de sa destination lourdaise pour le diriger vers le Mont-Saint-Michel en évoquant la spiritualité du lieu. Lieu chargé de symbole d'où il avait entamé sa campagne électorale présidentielle de 2007. L'épiscopat protesta, mais le président réussit quand même à faire en sorte que Benoît XVI s'arrête d'abord dans la capitale. Le pauvre pape n'était pas au bout de ses peines… car, selon un protocole immuable, il était prévu que ce serait le Premier ministre qui l'attendrait à son arrivée à Orly, au pied de l'avion. Or un bref communiqué de l'Élysée annonça que Nicolas Sarkozy, accompagné de son épouse Carla, l'accueillerait à 11 heures précises au pavillon d'honneur. *Exit* François Fillon… Pour autant, c'était déjà Jacques Chirac qui en 2004 avait accueilli le pape Jean-Paul II à sa descente d'avion. Un précédent sur lequel s'appuya Nicolas Sarkozy. Cette manière de déroger aux usages, « d'aller au-delà du protocole », selon l'expression d'un proche collaborateur du pape, ne lui fit aucun plaisir, car toute fantaisie dans ce domaine risque de modifier le cérémonial lors de ses futures visites d'État.

Dans le palais présidentiel fleuri aux couleurs du Vatican, le président présenta ensuite au successeur du prince des apôtres François Fillon (enfin !), le ministre de l'Intérieur et des Cultes, Michèle Alliot-Marie, de noir vêtue, comme la Première dame, ainsi que les principaux acteurs de la République laïque. Quand une personnalité féminine reçoit officiellement, ou est reçue, par le souverain pontife, elle doit porter une jupe longue sombre ou une robe noire, des manches longues, des chaussures plates, des bas et une mantille noire s'il s'agit d'une audience au Vatican, tandis que les hommes sont tenus d'être en frac. Seules les souveraines à la tête de monarchies catholiques peuvent s'habiller de blanc. Soit aujourd'hui Sophie d'Espagne, Paola reine des Belges, la reine Fabiola et la grande-duchesse de Luxembourg. En revanche, ni Charlène de Monaco, épouse du prince Albert, ni Marie-Aglaé de Liechtenstein, femme du prince Hans-Adam II, n'y sont autorisées. Une politesse ayant pourtant échappé à deux *first ladies* et une souveraine qui ont marqué l'histoire récente du Vatican : d'abord, Raïssa Gorbatchev[1] qui osa se présenter devant Jean-Paul II en tailleur rouge… Une forme de provocation qui, en réalité, l'amusa plutôt. Lui qui venait d'un pays où l'on ne pouvait manifester aimait bien la contestation qui donnait un parfum de liberté. En revanche, son entourage fut indigné. Quant à Cherie Blair, elle arriva, sans complexe, tout de blanc vêtue chez Benoît XVI[2], à l'inverse de Michelle Obama qui, respectueuse des us et coutumes, portait du noir de la tête aux pieds ! Autre surprise, lors d'un voyage du pape Jean-Paul II en Thaïlande en mai 1984, alors qu'il avait en mémoire la très fine et gracieuse Sirikit de Thaïlande, contempo-

1. En 1989.
2. En 2006.

raine de Grace de Monaco et Jackie Kennedy dont les photos arrivaient même en Pologne, il vit se prosterner devant lui à Bangkok une respectable petite reine boulotte aux cheveux gris en habit traditionnel… et ne put s'empêcher de commenter, en polonais bien sûr, avec Mgr Dziwisz, cette décevante apparition…

Mais revenons à Nicolas Sarkozy. Après ces présentations officielles, le président et le pape ont rejoint le salon Vert pour un entretien privé d'une petite demi-heure, où Benoît XVI a rappelé au passage au président français qu'une menace d'interrompre à l'avenir la retransmission en direct de la messe de Noël sur TF1 planait[1]. Le pape, comme toujours totalement renseigné, savait que la chaîne était privée, il savait Sarkozy et Bouygues proches. Suivit le moment des cadeaux : une gravure ancienne de la part de Benoît XVI qui reçut une lithographie monochrome représentant Mozart, une édition originale des *Provinciales* de Pascal et la médaille de la présidence française… Présents ayant une forte probabilité de rejoindre les greniers de Saint-Pierre ! Le lendemain, à 9 heures, le pape revêtit sur sa soutane blanche une chasuble en dentelle ornée de la croix de Saint-André, sur laquelle il portait une mosette rouge pour se rendre sous la coupole, en tant que membre étranger à l'Académie des sciences morales et politiques[2], et honorer les académiciens en habit vert. Une heure plus tard, il célébrait une grand-messe aux Invalides devant deux cent soixante mille fidèles, avant de s'envoler pour Lourdes. De riches moments au cœur de la laïcité positive si chère à Nicolas Sarkozy. Une

1. Tradition qui remonte à 1987.
2. Élu en 1992 au siège d'Andreï Sakharov.

visite en France de soixante-douze heures, dont on retiendra d'abord les rencontres avec les représentants des diverses communautés, puis ceux du monde de la culture au collège des Bernardins, la messe à Notre-Dame, la veillée de prière avec le chemin de lumière et la messe célébrée avec mille prêtres et deux cent mille croyants, la procession mariale aux flambeaux sur l'esplanade du Rosaire de Lourdes, la messe solennelle sur la prairie, la procession eucharistique, le chemin du Jubilé, la messe des malades sur le parvis de la basilique[1]... Un marathon et un réel succès personnel, pour un pape de 81 ans à l'époque, heureux, après ces journées intenses, de rejoindre la Ville éternelle. L'usage prévoyant qu'il rentre chez lui dans un avion de la compagnie aérienne nationale du pays hôte. Il voyagea, toujours avec nous, sur Air France cette fois.

Chaque visite pontificale implique une mobilisation maximale des services de sécurité, car, comme pour tout chef d'État étranger en visite officielle, le pays invitant prend à sa charge les frais de réception et de transport de la délégation. Bien qu'il n'y ait pas de menaces particulières, la venue du pape chez nous s'est inscrite dans un contexte où le risque terroriste restait élevé, m'avait assuré Michèle Alliot-Marie. « Plus que jamais le plan Vigipirate était maintenu au niveau rouge en raison d'un contexte international très tendu. Outre des messages d'Al-Qaïda interceptés, dès mai 2007, citant le pape comme une cible potentielle, les attentats en Algérie et la mort de soldats français

1. Quelque quatre-vingts couturières bénévoles de toutes nationalités ont confectionné pas moins de six cents chasubles pour les prélats.

en Afghanistan achevèrent de mettre en alerte les services de renseignement. » Sans compter les risques de manifestations locales, les libres penseurs brocardant les prises de position papales et les militants d'Act Up menaçant de jeter des préservatifs géants sur le passage du cortège, comme ils l'avaient fait quelques semaines auparavant lors des JMJ de Sydney. Cela signifiait pas moins de soixante-cinq unités mobiles, soit près de cinq mille hommes se relayant pendant ces événements. Cette vigilance a aussi entraîné la présence de la brigade fluviale sur la Seine et celle des tireurs d'élite stationnés sur les points hauts des immeubles des quartiers traversés. Le pape et sa suite ont, également, été escortés par une centaine d'hommes du Raid et du Service de protection des hautes personnalités, ayant à leur disposition des tenues NRBC[1] conçues en cas d'attentat bactériologique ou chimique. Une mission toujours difficile quand il s'agit d'un tel personnage car les services de sécurité ont souvent la tentation, le réflexe de vouloir l'observer au lieu de scruter la foule… Benoît XVI a été classé en degré 2 sur une échelle internationale de risques établie par l'Unité de coordination de la lutte antiterroriste. Un niveau très élevé quand on sait que le premier degré correspond à « une menace absolue et imminente ». Les deux papamobiles blindées, afin qu'il y en ait toujours une de secours, pesant quatre tonnes chacune, étaient arrivées en France la semaine précédente à bord d'un avion Hercule C130 affrété par l'armée de l'air. Le pape devait rejoindre Notre-Dame

1. Soit constituées d'une doublure filtrante chargée de piéger et stocker les produits toxiques nocifs, associée à un textile laissant circuler l'air et la vapeur d'eau.

dans son véhicule, avant de célébrer sur le parvis de la cathédrale les vêpres retransmises en direct sur grand écran suivies d'une rencontre avec les jeunes réunis sur le parvis. Un même dispositif fut mis en place sur le périmètre restreint de Lourdes, où avaient auparavant prospecté les démineurs. Quelque deux mille cinq cents policiers et gendarmes patrouillaient dans la cité mariale et ses environs car deux cent mille pèlerins devaient y affluer. Dès son arrivée à Lourdes, un avion radar AWACS survola l'espace aérien, précisa Michèle Alliot-Marie. Ce qui m'impressionna le plus fut d'apercevoir, lors de l'atterrissage, les rampes antimissiles déployées autour de l'aéroport de Tarbes, pour créer une bulle virtuelle de vingt kilomètres autour de la ville. Au total, près de six mille hommes assurèrent le bon déroulement de ce « pèlerinage ». De mémoire de préfet, on avait rarement vu une telle mobilisation en France.

Et à quel prix ? 3,3 millions d'euros. Investissement comprenant aussi la fabrication des podiums et du mobilier liturgique en plein air, l'achat de trois mille coupelles pour la communion, de soixante-quinze chasubles et mille huit cents étoles, mais aussi les frais de coordination logistique, de communication, les affiches, les services de secours, de mise à disposition et d'aménagement des bâtiments, du centre de presse…

Depuis Paul VI[1] et Jean-Paul II, les deux premiers papes à avoir sillonné le monde, la règle est toujours la

1. Il fut le premier pape à prendre l'avion, en janvier 1964, pour un pèlerinage historique en Terre sainte. En décembre 1964, il se rendit au Congrès eucharistique de Bombay qui lui donna l'occasion de visiter le sous-continent indien, alors très pauvre, et, en octobre 1965, à New York, devant l'assemblée générale de l'Onu, il proclama « plus jamais la guerre », un discours retentissant où il

même : c'est l'Église catholique de la terre d'accueil qui finance le voyage, sauf lorsqu'il s'agit de pays démunis, comme en Afrique noire en novembre 2011, ou lorsqu'il s'agit de contrées hostiles au catholicisme, tel Cuba en mars 2012. Rome envoie alors des fonds spéciaux. L'une des raisons pour lesquelles, ainsi qu'il est écrit dans les chapitres précédents, le Saint-Siège n'aime guère rendre de comptes...

Le but de ces visites papales ? Reconquérir les âmes, certes, mais aussi favoriser les échanges internationaux et faire entendre sa voix dans ce siècle de mondialisation, pas seulement au travers de ses cinq mille évêques, quatre cent vingt mille prêtres et sept cent cinquante mille religieuses. Le Vatican maintient des relations diplomatiques avec cent soixante-dix-neuf pays ainsi qu'avec la plupart des organismes internationaux, telles l'Agence internationale pour l'énergie atomique, l'Organisation mondiale du tourisme... Le Saint-Siège a aussi un observateur permanent à l'ONU, à l'Unesco, à l'OMC et garde presque partout une présence religieuse. Quelque quatre-vingts pays ont une ambassade à Rome près le Saint-Siège, et le Vatican entretient un réseau d'une bonne centaine de nonces. Diplômés généralement en droit canon, puis élèves de l'Académie pontificale, soit L'ENA de l'Église, qui donne une solide formation doctrinale, historique, politique et diplomatique, et demande un très bon niveau en anglais et en espagnol. Près de la moitié des nonces sont italiens, un pourcentage en baisse par rapport au passé puisqu'en 1961 quarante-huit nonces sur cinquante-huit, leur

---

définit la géopolitique du Saint-Siège émancipée de tout pouvoir temporel, qui le conduisit à faire neuf voyages internationaux.

nombre à l'époque, étaient italiens. Ils le restent dans des pays ecclésiastiquement et politiquement importants, tels que la France, l'Espagne, les États-Unis, l'Argentine, le Brésil, la Colombie, Israël, la Palestine, la Russie et... l'Italie bien sûr ! Tous les nonces et représentants diplomatiques du Saint-Siège à travers le monde vont être reçus, pour la première fois de son pontificat au Vatican, par Benoît XVI qui les a convoqués en juin prochain.

Le Saint-Père ne cache pas qu'il préfère regarder les catholiques dans les yeux à Saint-Pierre plutôt qu'aux quatre coins de la Terre, même s'il a deux diocèses, Rome et l'univers ! Sa présence de par le monde comme premier VRP de la foi signifie d'abord veiller à la dignité de l'homme, valeur transcendante dont le respect est la norme fondamentale. Cette mission, selon le Saint-Siège, justifie sa reconnaissance comme autorité morale souveraine indépendante des États et, de ce fait, le statut international dont il jouit. Exception d'ailleurs contestée par ses détracteurs qui ont tendance à assimiler son action à celle d'une ONG ou qui s'interrogent sur les immenses privilèges reconnus à l'Église catholique, ce qui entraînait la fureur de Jean-Paul II qui faisait remarquer que la plus flamboyante des messes coûtait moins cher qu'un feu d'artifice municipal ou que l'entretien des carrosses de la reine d'Angleterre. Avantages dont ne bénéficient pas les autres grandes confessions. Cela ne l'empêche pas d'être heureux de conforter ses relations diplomatiques avec le reste de la planète.

Voyager peu signifie donc pour Benoît XVI se rendre opportunément là où ses interventions peuvent entraîner un large écho. Comme en mars dernier au Mexique et à Cuba pour aborder dans la patrie du Líder Máximo la question des droits de l'homme, son engagement restant plus spirituel que politique. C'était aussi un geste de reconnaissance dans cet État communiste envers l'Église cubaine qui a œuvré, entre 2010 et 2011, pour la libération de cent quinze prisonniers politiques. Au Brésil, pays de huit millions et demi de kilomètres carrés, presque aussi vaste qu'un continent, et l'un des plus catholiques de la Terre, le pape, célébrant en mai 2007 une messe à San Paolo devant plus d'un million de fidèles, mit l'accent sur l'institution de la famille, qualifiant l'avortement et les unions civiles de « plaies de la société » afin de contrer les communautés néo-évangéliques protestantes d'une grande vitalité, menées par des pasteurs, pour bon nombre autoproclamés, qui se réfèrent à une « théologie de la prospérité » afin d'attirer toujours plus d'adeptes. Cette expansion évangélique se propage dans toute l'Amérique latine et aussi en Afrique noire. Comme me l'a l'expliqué le cardinal zoulou d'Afrique du Sud, Wilfrid Fox Napier : « De petites Églises apparaissent, structurées autour de prédicateurs affairistes, généralement liés à des réseaux ou des diasporas. Notamment dans mon pays, elles poussent spontanément et cela se traduit maintenant par quelque cinq mille associations religieuses, rien qu'ici, qui se disent toutes chrétiennes. Leurs membres pensent souvent que c'est une manière de détenir du pouvoir. Cela les incite à fonder leur Église ou à quitter la leur pour en rejoindre une nouvelle. C'est donc une vraie menace pour nous car ils disposent d'importantes ressources, notamment grâce à l'appui de grandes organisations installées surtout aux États-Unis. Nombre de ces cultes dissidents qui attirent les catholiques sont inspirés des Églises évangéliques et pentecôtistes américaines. Par chance, après un peu de temps, beaucoup de fidèles s'aperçoivent que la vie sacramentelle de l'Église et la proximité de Dieu leur manquent… et reviennent vers nous. » Pour remotiver les Africains, Benoît XVI s'est donc également rendu au Cameroun et en Angola, ancienne colonie allemande jusqu'en 1918, en mars 2009[1], et au Bénin en novembre 2011. Autre défi, aux États-Unis cette fois, en avril 2008. Le pape s'est battu en faveur des principes intangibles de droit à la vie, de défense de la famille traditionnelle, de liberté religieuse… Sujets essentiels inhérents aux évolutions sociales et même économiques. Benoît XVI a été reçu à Washington par le président Bush à la Maison Blanche, a célébré une messe au Yankee Stadium, puis s'est envolé pour New York, a fait un discours aux Nations unies et visité le douloureux héritage du World Trade Center avant de dire une messe, puis une deuxième à la cathédrale Saint-Patrick de New York. Un déplacement extrêmement important car les catholiques représentent 23,9 %[2] de la population américaine. C'est la première religion du pays, regroupant majoritairement des classes moyennes ou supérieures, présente sur tout le territoire. Une Église devenue au fil des ans d'abord hispanique, les pays de langue espagnole ayant contribué pour 71 % à la croissance de l'Église catholique depuis les années 1960. Une véritable force de frappe, avec vingt-deux car-

1. Même si, à l'époque, ses propos mal interprétés sur la lutte contre le sida, tenus dans l'avion qui l'emmenait sur le continent, déclenchèrent une polémique retentissante, cette population noire, qui connaît de terribles problèmes – éducation, santé, sécheresse… –, était fière d'être la première à recevoir le pape.

2. Selon le Pew Forum on Religion and Public Life.

dinaux[1], trois cents évêques et quarante-cinq mille prêtres pour cent quatre-vingt-dix-sept diocèses et vingt mille paroisses. Le Saint-Père a aussi tenu à aller en Australie, en juillet 2008, à l'occasion des Journées mondiales de la jeunesse où il a célébré, au champ de courses Randwick de Sydney, une messe à ciel ouvert devant quatre cent mille personnes. Quel exploit pour Benoît XVI, angoissé par les changements de fuseau horaire, d'avoir effectué un vol de plus de vingt-quatre heures !

Autre dossier sensible, la Terre sainte. Le Saint-Père s'est rendu dans les Territoires palestiniens en mai 2009, en Israël et en Jordanie. Il a rencontré le patriarche latin de Jérusalem, Fouad Twal, le président de l'Autorité palestinienne Mahmoud Abbas, le roi de Jordanie Abdallah II et le Premier ministre israélien Benyamin Nétanyahou. En Israël, le ShinBet, le service de sécurité, avait choisi comme nom de code pour le protéger « Soutane blanche ». Trente mille policiers, militaires, agents en civil, membres des services secrets et du corps médical avaient été mobilisés pour escorter le pape, qui profita discrètement de l'occasion pour tenter de régler l'éternelle épineuse question fiscale locale… Car Israël compte trois cents couvents, hôpitaux, dispensaires, crèches, écoles, instituts, universités, mais aussi hôtels et restaurants, dont le sort n'est toujours pas fixé. Quant à l'accord juridico-financier entre Israël et le Vatican, l'Église plaide donc l'exemption fiscale alors que le ministère des Affaires étrangères, dont ces institutions dépendent, considère qu'ayant une activité commerciale d'hôteliers, restaurateurs pour pèlerins, ou agricole, en produisant du vin, du miel dans les monastères, ils n'ont

1. Dont treize électeurs.

aucune raison d'échapper à l'impôt ! Un bras de fer délicat, car en cédant sur ce point, les autorités locales craignent que cela incite d'autres communautés chrétiennes d'Orient à revendiquer les mêmes avantages. Durant ce déplacement risqué où le pape s'était déjà rendu, en Jordanie, le Vatican avait demandé que la gracieuse et jolie reine Rania, atteinte du syndrome médiatique de Lady Diana, soit placée le plus loin possible du pape afin qu'elle ne détourne pas l'attention des photographes et journalistes… Dans cette région jadis foulée par le Christ, Benoît XVI souhaite être un interlocuteur privilégié des États pour arriver au silence des armes, à la paix des cœurs. Largement aidé dans ces pays difficiles par Mgr Jean-Louis Tauran, le grand diplomate du Saint-Siège, qui, après avoir servi à la nonciature apostolique en République dominicaine, puis au Liban, et représenté le Saint-Siège auprès de l'Organisation pour la sécurité et la coopération en Europe (OSCE), fut, dès l'âge de 47 ans, nommé ministre des Affaires étrangères de Jean-Paul II. Fonction qu'il occupa de 1990 à 2003. Il devint alors brièvement le cardinal archiviste et bibliothécaire de la Sainte Église romaine et occupe, depuis 2007, la stratégique présidence du Conseil pontifical pour le dialogue interreligieux. Il accomplit à ce titre des missions toujours discrètes, souvent secrètes dans des pays difficiles pour les chrétiens, tels que l'Iran, le Pakistan, l'Azerbaïdjan, l'Indonésie, l'Égypte, le Qatar, l'Inde, la Jordanie, la Turquie, le Kazakhstan… Champion du dialogue avec l'islam, c'est lui qui organisa le sommet catholique musulman à Rome destiné à apaiser les relations suite à l'incident de Ratisbonne[1]. Seigneur

1. Voir p. 220.

de la diplomatie du Saint-Siège, ce Bordelais discret jouit d'une grande estime de Benoît XVI, mais est aussi jalousé par ses collègues.

Tous ces déplacements du pape et de ses collaborateurs proches sont analysés par les ambassadeurs près le Saint-Siège, car leurs destinations constituent un baromètre appréciable des priorités de l'Église.

Un pape plus moderne qu'il n'y paraît qui encourage les siens à utiliser les nouveaux moyens de communication. Son Premier ministre et ses proches collaborateurs ainsi que les quarante personnes (seulement) travaillant à la deuxième section de la secrétairerie d'État privilégient souvent, en tâchant de les coder, les échanges d'informations au travers des réseaux sociaux. De nos jours, les mails et autres tweets parviennent et partent du Vatican, *via* Internet, à la vitesse de l'éclair. Les incomparables réseaux catholiques diffusent son image dans le monde, à travers ses nonciatures et jusqu'en Chine ou en Corée du Nord[1]… comme le soulignent les mémos de Wikileaks. En fait, les « aimables observateurs et correspondants » des congrégations, des églises locales et des ONG qui ont, de tout temps, été ses yeux et ses oreilles sur Terre, échangent entre eux plus facilement. Le Vatican s'est aussi enrichi des circuits des anciens pays du bloc de l'Est… Cette information galopante a fait évoluer le rôle des diplomates qui communiquent et dialoguent autrement… Qu'il est loin, ce XVIIIe siècle où le cardinal François-Joachim de Bernis, ambassadeur à Venise, faisait de la Sérénissime un poste d'observation politique et un modèle du savoir-vivre

1. Où le Vatican n'a pas de représentation.

à la française, même si c'est toujours un Français, justement le cardinal Tauran[1], qui est regardé par les chancelleries comme le plus subtil des diplomates du Saint-Siège.

Si cette action se déployait auparavant sur le plan pastoral, avec la mondialisation et l'internationalisation des réseaux sociaux, le Vatican fait maintenant de la géopolitique, en s'autorisant parfois le silence. Ainsi a-t-il été fort discret lors de la crise en Côte-d'Ivoire et dans les premiers mois du « printemps arabe », afin de ne pas risquer de mettre en péril les communautés chrétiennes très menacées par de violentes représailles sur place, comme c'est le cas pour les chrétiens d'Orient en Syrie, mais également en Chine où ils représentent dix à douze millions de personnes…

D'autres axes plus ecclésiaux sont régulièrement privilégiés, comme celui de la nouvelle évangélisation, moins dangereuse, des pays occidentaux les plus déchristianisés, et le maintien de liens étroits avec la vieille Europe catholique, comme l'Italie – puisque le Vatican n'est pas l'Italie –, l'Espagne, la Pologne, l'Angleterre avec les frères protestants. Ainsi un grand personnage du Vatican doit-il aussi savoir jouer la *commedia dell'arte* à la perfection. On peut imaginer la rage contenue du cardinal Sodano qui, comme doyen du Sacré Collège, a été invité en juin dernier

1. Avant de rejoindre l'Académie pontificale ecclésiastique, Jean-Louis Tauran a fait ses études au lycée Montaigne de Bordeaux, au cours des mêmes années que Jean-René Fourtou, l'un des grands patrons du CAC40, ancien président de Rhône-Poulenc et actuel président du Conseil de surveillance de Vivendi.

avec bon nombre d'ambassadeurs près le Saint-Siège à un office anglican en l'honneur du jubilé de la reine Elizabeth dans le grand temple de la via del Babuino. Avec, à ses côtés, le Tout-Vatican, chorale, liturgie, tout semblait parfait si ce n'est que l'office était célébré par une femme pasteur portant des habits liturgiques flamboyants. Les évêques, le cardinal et les ambassadeurs étaient stupéfaits. Chacun guettait avec flegme la réaction de l'autre. On entendait quelques chuchotements et soupirs mais personne n'a bravé le protocole, tout le monde est resté, colère rentrée, dans la dignité et la solennité.

Le pape aimerait également s'affirmer là où son prédécesseur a échoué et se rapprocher du monde orthodoxe russe, d'abord à travers la liturgie. Benoît XVI a reçu Dmitri Medvedev, président de la Fédération de Russie, en visite officielle au Vatican, le 3 décembre 2009. Une rencontre prometteuse, dira-t-on ensuite au Vatican. Illustration absolue de leur vocabulaire hermétique, où les deux personnages ont, dit-on, évoqué la rencontre historique entre Jean-Paul II et Mikhaïl Gorbatchev exactement vingt années plus tôt, soit le 1er décembre 1989. Fructueuse visite puisque, depuis 1990, Moscou envoie un ambassadeur extraordinaire et plénipotentiaire près le Saint-Siège, et Rome un représentant à Moscou. Des relations pas toujours simples avec Kirill Ier [1] bien qu'ils se connaissent. En effet, l'actuel patriarche orthodoxe de Moscou et de toutes les Russies, qui présidait auparavant le Département des relations extérieures, était le ministre des Affaires étrangères russes de son prédécesseur Alexis II, et c'est

1. Cyrille Ier.

lui qui avait représenté le patriarche aux funérailles de Jean-Paul II.

Le Vatican défend également ses valeurs dans les cénacles onusiens, européens, et dans les grandes conférences internationales sur le désarmement, la démographie, le rôle des femmes, l'écologie et même l'économie. Ces sujets, toujours plus nombreux, signifient cibler avec pertinence les futurs déplacements du pasteur de l'Église universelle.

Alors comment ces choix s'opèrent-ils ? Tout d'abord, les seules invitations que retient l'évêque de Rome sont celles émanant des gouvernements. Lorsque le 265e successeur de Pierre se déplace, sa foi et son espérance sont au service de l'édification du « jardin de Dieu ». Il ne veut pas que les images de sa visite soient instrumentalisées par le pouvoir local. Il privilégie ce qui reste à ses yeux les grands principes, ceux de la liberté religieuse, des questions de bioéthique, de reproduction médicalement assistée, de lutte contre l'avortement, l'euthanasie, l'utilisation des cellules souches embryonnaires… Il martèle ses idées sur le mariage homosexuel, le sida. Sa force est avant tout morale et il choisit donc les pays où il peut avoir une certaine influence. C'est sa boussole interne. Ensuite, contrairement à Karol Wojtyła, le pape délègue l'organisation de son futur voyage au cardinal Bertone. Sont alors mobilisés le responsable de la section linguistique du pays de destination, les évêques et les principaux hauts prélats concernés, ainsi qu'Alberto Gasbarri, sans lequel rien de concret ne peut se faire et qui a succédé au charismatique jésuite *padre* Tucci, universitaire et journaliste érudit au physique à la Gianni Agnelli. Certains de ces responsables, et d'abord Gasbarri, partent alors en éclaireurs afin de rencontrer les personnalités civiles et religieuses, et de définir le programme à venir. C'est la mission dite « préparatoire » qui fait l'objet d'un rapport détaillé. Chaque étape de cet emploi du temps est sur place chronométrée pour déterminer les efforts physiques que ce pape âgé devra déployer, afin de lui réserver des plages de repos. Tout est inscrit et gardé à la secrétairerie d'État dans de précieux dossiers. Son premier voyage en Allemagne en août 2009 a duré trois jours, onze heures, quinze minutes ; le deuxième dans sa terre natale en septembre 2006 cinq jours et cinquante-cinq minutes ; le plus long a été celui en Australie, neuf jours et 13 heures en septembre 2007 ; et le plus court en Espagne, en août 2006, dura un jour et cinq heures exactement ; quant à son séjour en France, il fut chronométré en trois jours, six heures et quinze minutes.

De retour au Vatican, on ajuste, coordonne, finalise en accord avec l'autoritaire cardinal Bertone et son staff. Comme l'explique l'actuel ambassadeur de France près le Saint-Siège, Bruno Joubert, « cette diplomatie particulière n'est pas du tout construite sur les mêmes bases que la nôtre. Elle ne privilégie pas l'action mais se place dans le long terme, voire le très long terme. Ses délais ne sont pas les nôtres. Ici, on compte en pensant au Jubilé, à l'Année sainte… On réfléchit dans une perspective d'éternité. Les diplomates du Saint-Siège échappent par réflexe à l'écume des jours, aux mouvements superficiels et ne souhaitent pas "jouer au chat et à la souris" avec les États, si je peux m'exprimer ainsi. Bien qu'ils soient désormais contraints de se plier d'une certaine manière aux tchats, aux tweets… Les aiguilles de leur horloge ne tournent pas à la même vitesse ! On n'a pas de correspondants. Quand un diplomate arrive, il découvre que le dimanche est le jour où l'on est le plus occupé car l'engagement est aussi spirituel. Ainsi, l'ambassadeur d'Iran près le Saint-Siège et celui du Japon, respectivement musulman et shintoïste, se rendent, comme moi, à la fête de Saint-Pierre et Saint-Paul, une messe de deux heures et demie, le jour du Seigneur ! » Il n'y a que des dîners d'hommes car c'est un monde sans femmes et la haute hiérarchie de l'Église est masculine. Et enfin un diplomate de Dieu n'est pas un diplomate comme les autres, tout est à contre-pied, on n'a pas les référents habituels, et le nonce a dans la plupart des pays l'honneur d'être le doyen du corps diplomatique. Depuis le Congrès de Vienne de 1815, privilège confirmé lors de la conférence de Vienne sur les relations diplomatiques en 1961. D'ailleurs, pour réussir à faire respecter cette bienséance dans les pays très laïcs ou islamistes, le Vatican inventif a trouvé cette formule de *pro*nonce pour le nonce, qui modifie habilement le terme religieux. Ce qui fut en 1945 de bon augure pour le général de Gaulle qui, chef du gouvernement provisoire, s'était aperçu qu'après le départ de Mgr Valerio Valeri, le 23 décembre 1944, et le futur nonce Angelo Roncalli n'arrivant que le 15 janvier 1945, en l'absence du représentant du Saint-Siège, « doyen traditionnel et constitutionnel », ce serait l'ambassadeur d'URSS Alexander Bogomolov, marxiste et athée, qui le saluerait le premier. Le pieux de Gaulle insista alors auprès du cardinal Eugène Tisserant, dont il était proche, pour que Pie XII dépêchât de toute urgence le nouveau nonce. C'est ainsi qu'Angelo Roncalli, le futur Jean XXIII, arriva à Paris le 1er janvier 1945 à bord de l'avion personnel du Général, un DC4 Skymaster[1]. Secoué par la tempête, contrarié par la bourrasque, Roncalli gagna juste à temps Villacoublay, l'aéroport militaire à l'ouest de la capitale, et arriva à 11 heures précises à l'hôtel de Brienne, rue Saint-Dominique afin de présenter officiellement le premier les vœux du corps diplomatique à de Gaulle provisoirement installé au ministère de la Guerre.

L'art de la diplomatie vaticane réside dans son art du double langage, que le message du pape à François Hollande le 14 mai 2012, après son élection, illustre parfaitement : « Que Dieu vous assiste pour que, dans le respect de ses nobles traditions morales et spirituelles, votre pays poursuive avec courage ses efforts en vue de l'édification d'une société toujours plus juste et fraternelle ouverte sur le monde et solidaire des nations les plus pauvres [...]. Sur votre personne et sur tous les habitants de la France, j'invoque de grand cœur l'abondance des bénédictions divines. » Ces paroles papales témoignent du langage ambigu du Saint-Siège dont la stratégie, autant par habileté que par tradition, à la veille du vote de la loi sur le mariage homosexuel chez nous, est de ne se fâcher avec personne. Le clergé français interpelle la majorité à travers le président de sa Conférence épiscopale, le cardinal Vingt-Trois, et le cardinal Barbarin, primat des Gaules, alors qu'au Vatican on maintient des relations courtoises en faisant toutefois comprendre que le président Hollande, qui comme ses prédécesseurs est

1. Hommage du président Roosevelt à la fin de la guerre et qui était entretenu à Villacoublay par l'armée de l'air.

chanoine d'honneur de Saint-Jean-de-Latran[1], devrait laisser passer quelques mois avant de faire savoir qu'il serait heureux de se rendre en audience chez le pape. Comme on dit à Rome, « le Ciel peut attendre ». La grande question est de savoir vers quel type de cérémonie penchera le président socialiste. En attendant, c'est le ministre de l'Intérieur, chargé des cultes, qui est allé à Rome place Saint-Pierre à l'occasion de la canonisation du jésuite français Jacques Berthieu, martyrisé à Madagascar en 1896. Il s'était, la veille, le 21 octobre, entretenu avec Mgr Dominique Mamberti, chef de la diplomatie vaticane. Cette première visite d'un ministre socialiste français au Vatican fait partie des traditions et cela a été l'occasion de préparer le terrain pour une future visite de François Hollande avec le pape, que Manuel Valls rencontra brièvement ce jour-là. François Mitterrand s'était contenté d'une visite privée et n'avait donc pas officiellement reçu le titre, tout comme Georges Pompidou qui avait été reçu par le pape Paul VI en janvier 1969 mais n'était pas retourné au Vatican une fois élu, alors que Charles de Gaulle, Valéry Giscard d'Estaing et Jacques Chirac avaient pris possession de la Stalle qui confère théoriquement le droit d'entrer à cheval dans la basilique. Mais c'est la visite du Général à Jean XXIII, en juin 1959, qui est restée dans l'histoire du Vatican quand, dans la salle des Gardes nobles, la suite s'arrête et le président poursuit seul, avec le majordome, le maître de chambre et Mgr Nardone jusqu'à la salle du trône. Là, les trois dignitaires pontificaux s'arrêtent à leur tour. Sa Sainteté Jean XXIII en mozette rouge bordée

1. Titre dévolu à tout chef de l'État français.

d'hermine sur sa soutane blanche, souriant, reçoit le chef de l'État français qui met un genou à terre pour baiser son anneau. Le souverain pontife prend place sous un baldaquin rouge avec à sa droite Charles de Gaulle. Les portes se ferment. Commence l'entretien en tête à tête. De Gaulle avait tracé la route de l'Élysée au Saint-Siège. De quoi, pour un novice, y perdre son latin si l'on ne sait pas, comme le souligne le grand diplomate et cardinal Etchegaray, que « Dieu écrit droit à travers des lignes courbes ».

Enfin, surprise d'un autre ordre, le successeur du prince des apôtres, plus tourné vers l'introspection que vers l'admiration, est toutefois impressionné par un personnage, qui de plus est une femme, comme il l'a avoué à Londres, en septembre 2010 au duc de Norfolk, premier duc héréditaire et catholique de la Couronne[1] : la reine Elizabeth II, pour laquelle il éprouve une réelle admiration à cause de la longueur de son règne et parce que, comme lui, la souveraine britannique a la double charge d'être un souverain civil et religieux. Avec le chef de l'Église anglicane, Benoît XVI peut s'exprimer d'égal à égal et évoquer l'Histoire qui, pour eux deux, s'inscrit dans celle de l'Église.

---

1. Son ancêtre avait été en 1558 chargé du couronnement d'Elizabeth Ire.

10

Ces éminents messieurs du conclave

Afin de mieux comprendre ce qui se tramera au moment de la vacance du siège apostolique – c'est le terme consacré –, j'ai « confessé » quatorze éminents cardinaux de moins de 80 ans et de toutes tendances, sans parti pris ni arrière-pensée. Leurs commentaires les uns sur les autres éclaireront le lecteur sur les idées et le style de ces hauts prélats qui ont pour la plupart en commun d'être aujourd'hui polyglottes et surdiplômés, en théologie dogmatique, pastorale, christologie, philosophie, Écriture sainte, droit canonique… Ils sont souvent issus des académies pontificales romaines et, pour bon nombre d'entre eux, également membres de diverses congrégations et conseils pontificaux, leur lien régulier le plus étroit avec le Saint-Siège, en dehors d'être, chacun, titulaire d'une église romaine dont le fronton est orné de leurs armoiries. Bien sûr, les hauts prélats diserts qui m'ont informée m'ont fait promettre de ne pas les citer et je me suis pliée à leur souhait.

J'ai choisi de présenter les cent dix-neuf membres du collège cardinalice des votants, arrêtés au jour de la publication de cet ouvrage, par ordre d'âge en commençant par le benjamin, ce qui n'empêche pas de rappeler que le plus âgé et bien sûr non votant est le cardinal Ersilio Tonini, archevêque émérite de Ravenne, 98 ans, doyen d'âge né en juillet 1914 dont les interventions sur la morale de l'Église ont longtemps fait autorité.

Sa Béatitude Baselios Cleemis Thottunkal, né en juin 1959, est à 53 ans le benjamin du Sacré Collège et du futur conclave et l'archevêque majeur de Trivandrum des Syro-Malankars. Natif de l'État du Kerala, premier de l'histoire syriaque à être diplômé de l'Angelicum à Rome, ce nouveau cardinal d'ouverture, d'une grande vitalité, est à la tête d'une Église minoritaire de cinq cent mille fidèles de tradition syriaque, unie à Rome depuis 1930. Pape dans sa communauté, il est le « patron » de quatorze évêques et six cents prêtres.

Luis Antonio Tagle. À 55 ans, l'archevêque de Manille, né en juin 1957, créé cardinal lors du second consistoire de l'année, est le deuxième plus jeune membre du Sacré Collège. Celui qui a reçu la barrette le 24 novembre 2012 représente un pays qui compte soixante-quinze millions d'âmes, le plus important d'Asie. Il avait été remarqué par Benoît XVI, il y a plusieurs années, en tant que brillant intervenant de la Commission théologique dont il est membre. Évêque d'Imus, diocèse populaire de la grande banlieue de Manille, il défend les pauvres dans des îles où 80% de la population est catholique. C'est un cardinal très impliqué dans le social.

Rainer Maria WOELKI. Le cardinal-archevêque allemand de Berlin, né en août 1956, est un modéré habile. Président de la Caritas allemande, il a renoncé au confortable appartement de son prédécesseur pour s'installer dans le quartier populaire de Wedding. Ses collègues européens, surtout, observent le savoir-faire de ce jeune cardinal de 56 ans.

Reinhard MARX. Le cardinal-archevêque allemand de Munich et Freising, né en septembre 1953, occupe le siège prometteur qui fut celui de Joseph Ratzinger de 1977 à 1993. Ce modéré talentueux est, depuis mars 2012, le président de la Commission des épiscopats de la Communauté européenne (Comece), poste de lobbying puissant.

Willem Jacobus EIJK. Le seul cardinal des Pays-Bas et archevêque d'Utrecht. Né en juin 1953, ce conservateur, pourrait s'avérer très utile car il est le seul cardinal médecin. On ne sait jamais. De plus, diplômé en bioéthique médicale, il est également généticien, docteur en philosophie et licencié de théologie. Ce surdiplômé a une devise porteuse : « *Noli recusare laborem* », « Ne pas refuser le travail ».

Péter ERDŐ. Seul cardinal hongrois votant, l'archevêque d'Esztergom-Budapest et Primat de Hongrie, brillant intellectuel, né en juin 1952, modéré et connu en Europe, a l'estime de tous ses collègues européens. Il est à la tête de l'autre puissant organisme catholique d'Europe, la présidence du Conseil des conférences épiscopales européennes. Un organisme de poids. C'est un des hommes de très grand avenir de l'Église romaine. Pourquoi pas le prochain pape ?

Philippe BARBARIN. Primat des Gaules et archevêque de Lyon. Le plus dynamique des cardinaux de l'Hexagone qui a réuni vingt mille catholiques en octobre 2012, en Europe, à l'occasion d'une messe pour célébrer les 50 ans du Concile de Vatican II, symbolise une nouvelle génération de cardinaux français. Né en octobre 1950 à Rabat, fort respecté à Rome, ce haut prélat frondeur et parfois téméraire, comme on a pu le constater récemment lorsqu'il a ouvert le débat sur le mariage gay, est un fin politique. Il a séduit à Lyon le maire socialiste et franc-maçon Gérard Collomb, les grands patrons, le président du conseil général, bref, tous ceux qui comptent, pour arriver à construire une église près de Vaulx-en-Velin, installer l'université catholique dans les anciennes prisons de Lyon. Il a, de plus, d'excellents rapports avec les protestants, les musulmans, la communauté juive. Provocateur à ses heures, il est le chef de file des cardinaux français, non pas à cause de sa place historique, mais de sa personnalité. Même s'il n'a pas encore occupé la tête de la Conférence des évêques, pétri de catholicisme social, il se situe plutôt dans le camp des réformateurs.

Kurt Koch. Seul cardinal helvète, ce Suisse allemand, né en mars 1950, est un cardinal de Curie qui préside le Conseil pontifical pour la promotion de l'unité des chrétiens. Conservateur, il a été souvent insulté par son compatriote, le théologien Hans Küng.

Timothy Michael Dolan. L'archevêque de New York, né en février 1950, est le plus puissant des cardinaux américains – le pays en compte quinze, tous votants –, car il est également le président de la Conférence épiscopale des États-Unis, où vivent 23,9 % de catholiques. Brillant, progressiste, il est populaire au sein de la Curie romaine et est considéré comme le catholique le plus influent des États-Unis.

Kazimierz Nycz. L'archevêque de Varsovie, né en février 1950, est un Polonais conservateur.

Odilo Pedro Scherer. L'archevêque de São Paulo est à la tête du plus grand diocèse de l'hémisphère Sud et de la plus grande église d'Amérique qui peut accueillir vingt mille fidèles à l'intérieur et soixante-quinze mille sur le parvis. D'arrière-grands-parents allemands originaires de Sarre, dont il a conservé un physique germanique, ce cardinal, né en septembre 1949, est confronté à une population très pauvre, toujours plus attirée par les sectes. Progressiste, c'est l'une des figures du Brésil et de l'Amérique latine que certains voient comme le futur pape.

James Harvey. Le nouveau cardinal américain, né en octobre 1949 dans le Milwaukee, est le souriant haut prélat qui, depuis les dernières années du pontificat de Jean-Paul II, accueille tous les chefs d'État au Vatican. Seul cardinal de Curie parmi les six nouveaux cardinaux créés le 24 novembre 2012, c'est lui encore qui, lors du conclave de 2005, a refermé les mythiques portes de la chapelle Sixtine. Ce diplomate distingué et discret de 63 ans, qui coordonne l'activité publique du pape à Rome et gère les audiences officielles, a été récemment fort éprouvé par l'affaire Paolo Gabriele car c'est lui qui l'avait recruté… Cette nomination est donc une marque de reconnaissance réconfortante de Joseph Ratzinger envers ce modéré et fidèle collaborateur de deux papes qui devient également l'archiprêtre de la basilique Saint-Paul-hors-les-murs.

Daniel Nicholas DiNardo. L'archevêque de Galveston-Houston, né en mai 1949, n'est pas une personnalité marquante, mais un cardinal américain modéré.

Josip Bozanić. Le dynamique archevêque de Zagreb, et seul Croate, né en mars 1949, est un cardinal chaleureux et un agent électoral actif. Populaire, le verbe clair et direct, il se situe dans le clan des modérés.

Francisco Robles Ortega. L'archevêque mexicain de Guadalajara, né en mars 1949, est un cardinal affable et discret. Modéré, mais n'appartenant à aucun clan précis.

Peter Kodwo Appiah Turkson. Le jovial cardinal ghanéen est l'un des onze cardinaux du continent africain. Né en octobre 1948, comme ses collègues africains il est fier de pouvoir apposer ses armoiries très colorées sur le fronton de son église de San Liberia. Il était pendant le pontificat de Jean-Paul II l'un de ceux que l'on prédisait *papabile* sans toutefois trop y croire. Ce modéré souriant, qui a fait récemment sensation au synode des évêques à Rome en diffusant une vidéo choc sur l'expansion de l'islam en Europe, est président du Conseil pontifical Justice et Paix, un prestigieux dicastère rendu célèbre par le cardinal basque Roger Etchegaray.

Raymond Leo Burke. Cet Américain, né en juin 1948, préfet du Tribunal suprême de la signature apostolique, est un néo-conservateur proche de la doctrine des lefebvristes.

Albert Malcolm Ranjith Patabendige (Don). L'archevêque de Colombo au Sri Lanka, né en novembre 1947, lui aussi néo-conservateur et proche de la doctrine traditionnaliste en liturgie, a peu de poids à Rome.

João Braz de Aviz. Né en avril 1947, ce Brésilien, préfet de la Congrégation pour les instituts de vie consacrée et les sociétés de vie apostolique, est membre du puissant mouvement des Focolari. Prélat progressiste, anticonformiste, qui n'aime guère la Curie et la critique ouvertement, il est considéré *papabile*. Ses fonctions le mettent en contact avec ceux qui comptent au sein de l'Église, soit la base à ne pas négliger pour se faire élire… C'est un personnage à surveiller !

Giuseppe Betori. L'archevêque de Florence, né en février 1947, docteur en Écritures Saintes et ancien professeur d'exégèse et d'anthropologie biblique, est un intellectuel italien modéré qui n'a jusque-là jamais fait de vagues.

Thomas Christopher Collins. Le plus discret des cardinaux canadiens, né en janvier 1947, est l'archevêque de Toronto. Brillant et vif, ce modéré n'a cependant pas beaucoup de poids.

Fernando Filoni. Ce diplomate, né en avril 1946, a été créé cardinal en février 2012. En mission au Sri Lanka, en Iran, au Brésil, aux Philippines, après un passage à la secrétairerie d'État, il est maintenant préfet de la Congrégation pour l'évangélisation des peuples. Plutôt arrogant, peu fiable, osent dire ses pairs, ce bon connaisseur de la Chine profonde appartient au clan conservateur.

Antonio Cañizares Llovera. Né en octobre 1945, ce cardinal espagnol est un archi-conservateur. Préfet de la Congrégation pour le culte divin et la discipline des sacrements, il n'a pas vraiment d'influence.

Vinko Puljić. Le fort sympathique et seul cardinal de Bosnie-Herzégovine, né en septembre 1945 à Sarajevo, est un héros dans son pays. Il fut à 49 ans le plus jeune des cardinaux créés par Jean-Paul II en

1994. Homme de terrain, modéré, d'une grande franchise, l'archevêque de Sarajevo fait l'admiration de ses collègues européens qui le connaissent bien et savent combien il a sauvé de vies dans son pays pendant la guerre.

Stanisłas Rylko. Ce Polonais, cardinal de Curie né en juillet 1945, préside le Conseil pontifical pour les laïcs. Fidèle à la tradition de son pays, il est conservateur.

Robert Sarah. Toujours coiffé de sa casquette, ce jovial cardinal guinéen, né en juin 1945, est le mondain parmi les Africains. Ancien secrétaire de la Congrégation pour l'évangélisation des peuples et actuel président du Conseil pontifical *Cor Unum*, « Un seul cœur » (coordination mondiale de l'assistance humanitaire catholique), ce modéré, qui a la confiance du pape, pourrait jouer un rôle de grand électeur auprès de ses collègues africains lors du prochain conclave.

George Alencherry. Né en avril 1945, troisième archevêque majeur élu des Syro-Malabars d'Ernakulam-Angamaly, le cardinal du Kerala est un Indien progressiste qui s'efforce d'appliquer sa devise épiscopale : « Au service du dialogue, de la vérité et de l'amour » dans un pays violent envers les minorités religieuses.

Christoph Schönborn. Né en janvier 1945, le « cardinal comte », comme l'appellent respectueusement les Autrichiens, est dominicain, archevêque de Vienne et primat d'Autriche. C'est à la fois une grande figure de l'Église d'Autriche et une personnalité écoutée au Vatican et aux portes de l'Orient, historiquement le lien entre l'Église catholique romaine et le monde orthodoxe. Cet intellectuel parlant sept langues sans accent, et seul grand aristocrate de la Mitteleuropa, dont la famille a donné vingt hauts prélats à l'Église catholique, est aussi l'un des rares cardinaux à passer chaque été quelques jours de vacances à Castel Gandolfo avec Benoît XVI, dont il est un ancien élève. Humble et majestueux, d'une grande allure, le cardinal, qui continue de signer son courrier frère Christoph *o.p.* (ordre prêcheur), jouera un rôle certain lors du prochain conclave. Moderne plus que progressiste, il est de ceux qui veulent dépoussiérer l'Église dans de multiples domaines et est en faveur de la consécration d'hommes mariés.

Oswald Gracias. L'archevêque de Bombay, président de la Conférence des évêques d'Asie, qui rassemble des représentants des trois Églises catholiques de rite latin, syro-malabar et syro-malankar, est un Indien modéré. Né la veille de Noël 1944, ce cardinal s'est pour l'instant peu affirmé à Rome.

John Olorunfemi Onaiyekan. À 68 ans, l'archevêque métropolite d'Abuja au Nigeria, né en janvier 1944 à Kabba, est l'apôtre de la paix dans un pays régulièrement en proie aux attentats, classé champion du durcissement dans le rapport 2012 sur la liberté religieuse dans le monde. Le téméraire nouveau cardinal, qui a tenté de mettre en œuvre un dialogue entre tous les leaders politiques locaux afin de lutter contre l'islamisme envahissant, préside aussi le Conseil des leaders religieux pour la paix « Afrique Religion ». À ce titre, ce personnage conservateur comptera au prochain conclave car il est sur son continent un acteur actif et écouté du dialogue interreligieux.

Jean-Pierre Ricard. Né en septembre 1944, ce Marseillais chaleureux à l'accent prononcé du Midi est un prélat enthousiaste qui, comme ancien président de la Conférence des évêques de France, a une certaine influence sur les cardinaux de l'Hexagone. Modéré, il rêverait d'être cardinal de Curie et pourrait apporter quelques voix, mais il mène si bien son archevêché de Bordeaux, où il est notamment confronté aux lefebvristes dissidents, qu'il a, dit-on à Rome, plus de chances d'y rester que de rejoindre le Vatican où il est membre du conseil cardinalice pour les questions administratives et économiques du Saint-Siège en ce moment stratégiques et aussi de la Congrégation pour la doctrine de la foi.

Mauro Piacenza. Né en septembre 1944, italien, le préfet de la Congrégation pour le clergé, proche du cardinal secrétaire d'État Bertone, est conservateur, de tendance lefebvriste.

Polycarp Pengo. L'archevêque de Dar es Salam, en Tanzanie, né en août 1944, progressiste modéré, populaire et brillant, comptera sans doute au prochain conclave car il peut amener des voix.

Sean Patrick O'Malley. Ce capucin américain de l'ordre des Frères mineurs, à la grande barbe de Père Noël, né en juin 1944, est le plus aimé parmi les cardinaux des États-Unis. Très engagé auprès des sans-abri et malades du sida, il a été nommé il y a vingt ans évêque de Far River dans le Massachusetts pour remplacer un évêque accusé de pédophilie. Geste peu évident à l'époque, il a initié avec courage dans son diocèse une politique de tolérance zéro vis-à-vis des délits sexuels (cf. chapitre 2). Il suscite l'admiration du Saint-Siège pour la gestion de ces dossiers extrêmement délicats, et à Rome on prétend que si le prochain pape était américain, ce serait lui tant son aura est grande. Ceux qui souhaitent une « vaste réforme » dans la Curie romaine et la gestion du gouvernement central de l'Église, éclaboussé par tant de scandales, comptent sur ce « fils de saint François ». Sean Patrick O'Malley deviendrait le premier pape américain et le premier à porter une barbe depuis plus de… trois siècles – le dernier étant Innocent XII Pignatelli, mort en 1700. Il pourrait, pourquoi pas, choisir alors le nom de François, prénom qui ne figure pas encore dans la longue liste de chefs de l'Église catholique.

Marc Ouellet. Né en juin 1944, ce Québécois de 68 ans au physique imposant est important car il préside la Congrégation pour les évêques, poste de pouvoir qui le met en étroites relations permanentes avec les hauts prélats du monde entier. Modéré, proche dans le passé des idées lefebvristes et actuellement des Chevaliers de Colomb, l'ancien archevêque de Québec est toujours plus cité comme l'un des possibles successeurs de Benoît XVI, même si, aux yeux de certains, ce cardinal est davantage un homme de dossiers qu'un pasteur. Il a notamment fait partie de la Commission d'enquête sur la fuite des documents du Vatican.

John Njue. Cet Africain anglophone est l'archevêque de Nairobi. Né en 1944 au Kenya, ce cardinal ne fait pas parler de lui. Il est le seul, sans doute parce qu'il ne la connaît pas lui-même, dont on ignore à la Curie la date exacte de naissance !

Juan Luis Cipriani Thorne. Ce cardinal péruvien de l'Opus Dei, archevêque de Lima, né en décembre 1943, fort sévère envers la théologie de la Libération, est un conservateur sans grand poids, si l'on exclut le soutien de sa « prélature ».

Leonardo Sandri. Le préfet de la Congrégation pour les Églises orientales est un habile et affable diplomate qui a cependant quelques ennemis au sein du Sacré Collège. Cet Argentin modéré, né en novembre 1943, que certains verraient bien sur le trône de Pierre, pourrait jouer un rôle clé avec les Églises catholiques d'Orient de rite byzantin, si menacées de nos jours.

Angelo Comastri. Né en septembre 1943, cet Italien, qui exerce la fonction importante de vicaire général pour l'État de la cité du Vatican, président de la Fabrique de Saint-Pierre, passe pour un conservateur bon teint sans grande personnalité.

Giuseppe Versaldi. Ce cardinal conservateur et président de la Préfecture pour les affaires économiques du Saint-Siège contrôle des dossiers majeurs, parfois épineux, mais cela ne fait pas pour autant de cet « administrateur » italien, né en juillet 1943, un personnage clé…

Crescenzio Sepe. L'archevêque de Naples, né en juin 1943, plutôt conservateur, est lié à la communauté de Sant'Egidio et pourrait avoir quelques voix entre ses mains lors du conclave. En bon Napolitain, il sait, prétend-on au Vatican, manier les hommes et les affaires…

Dominik Duka. L'archevêque de Prague, né en avril 1943, est, avec le charismatique cardinal Christoph Schönborn, son voisin autrichien, l'un des deux seuls dominicains du Sacré Collège. Personnage admiré pour sa force de caractère, il commence par être ouvrier tourneur. Il ne peut continuer ses études dans son pays communiste et, tout en étant ouvrier, entre clandestinement après son service militaire à la faculté de théologie Cyrille et Méthode de Litoměřice. En 1968, également en secret, il rejoint l'ordre dominicain, en réalité interdit en Tchécoslovaquie. Il prend alors le prénom de Dominique et commence d'exercer son ministère jusqu'à ce que les autorités locales l'obligent à entrer chez Skoda. Il devient dessinateur automobile tout en continuant son activité pastorale. Il est alors jeté en prison et n'en sortira qu'en 1989, l'année de la Révolution de velours, et il retourne à la vie religieuse. Depuis lors, c'est une des grandes figures de l'Église tchèque, conservateur sur le plan théologique mais socialement très ouvert.

Jean-Louis Tauran. Ce Bordelais, né en avril 1943, qui réunit souvent à sa table quelques cardinaux influents auxquels il fait une très bonne cuisine, a été le tout-puissant ministre des Affaires étrangères de Jean-Paul II et reste, comme président du Conseil pontifical pour le dialogue interreligieux, un personnage de poids. Plutôt conservateur, il a lui aussi un certain nombre de voix entre les mains. Le seul reproche que lui font *sotto voce* ses collègues est d'avoir fait entrer au Vatican Mgr Mamberti, son successeur, Corse, arabisant et, contrairement à lui, fort peu aimable. Le cardinal Tauran est l'un des quatre cardinaux français votants et le seul Français parmi les membres de la Commission d'enquête sur la récente fuite des documents au Vatican.

Domenico Calcagno. Né en février 1943, président de l'Administration du patrimoine du siège apostolique (APSA), créé cardinal en février 2012, et proche du cardinal Bertone, il connaît parfaitement les paramètres compliqués de son incontournable administration, puisqu'elle gère les propriétés du Saint-Siège. Ainsi veille-t-il au bon fonctionnement matériel de la Curie… Cet ancien chasseur a eu la bonne idée et l'originalité d'oser s'installer dans son appartement du Vatican avec son chien de chasse qui, aussi fidèle soit-il, ne pourrait le suivre au conclave. « Du moins on l'espère ! » s'amusent Leurs Éminences !

Angelo Bagnasco. Il n'est pas exclu que ce Lombard, à la tête de l'archevêché de Gênes, né en janvier 1943, soit à la dernière minute candidat au poste suprême, sinon il sera, en tout cas, un électeur influent, car il est à la tête de la Conférence épiscopale italienne depuis 2007 et a été renommé par le pape en mars 2012. Qui sait ? Il y a déjà eu dans un passé récent un Génois, Giuseppe Siri, le cardinal qui l'ordonna prêtre en juin 1966, dont certains ont prétendu qu'il aurait pu être élu au troisième tour de scrutin du conclave de 1958 pour succéder à Pie XII…

Óscar Andrés Rodríguez Maradiaga. Progressiste archevêque de Tegucigalpa, né en décembre 1942, ce membre de l'ordre des Salésiens à la beauté insolente, musicien à ses heures perdues, qui aurait fait merveille comme acteur à Cinecittà, est fort populaire parmi les journalistes internationaux. Mais, pour l'heure, ce ne sont pas encore eux qui votent et, à Rome, on trouve ce cardinal ardent défenseur des droits de l'homme, issu d'un pays très pauvre, le Honduras, qui doit chez lui toujours être protégé par un garde du corps, trop à gauche pour hériter du siège de Pierre. Réélu en mai 2011 pour un second mandat de quatre ans à la présidence de Caritas Internationalis, cette tribune lui offre un rayonnement mondial.

André Vingt-Trois. Le cardinal-archevêque de Paris, né en novembre 1942, président de la Conférence épiscopale française. Successeur du charismatique et émouvant Jean-Marie Lustiger, il a hérité de son siège, mais n'a pas une personnalité qui retienne l'attention des membres du Sacré Collège. De plus, il ne parle pas italien. Il a aussi récemment publiquement critiqué le fonctionnement du Vatican, ce qui a été sur place fort mal perçu. Toutefois, il intervient régulièrement en France sur ces grandes questions religieuses et s'est courageusement opposé récemment à la légalisation de l'euthanasie et à l'institution du mariage homosexuel.

Gianfranco Ravasi. Né en octobre 1942, président du Conseil pontifical pour la culture, ministre de la Culture du pape, modéré et brillant, et auteur d'une cinquantaine d'ouvrages, l'ambitieux prélat tient une rubrique dominicale sur Canale 5 et intervient fréquemment dans les médias italiens. Communicant hors pair, ce cardinal moderne évoque la parole de Dieu avec un style qui lui est propre et a un réel sens de l'action. Il pourrait être l'un des *outsiders* italiens à rêver du poste suprême.

Giuseppe Bertello. Président du gouvernatorat de l'État de la cité du Vatican, ce modéré, né en octobre 1942, est aussi un diplomate accompli. Il avait été auparavant nonce apostolique en Italie, fonction nécessitant un réel savoir-faire, que ce poste charnière entre le gouvernement, le puissant épiscopat italien et la secrétairerie d'État où l'on suit toujours avec attention la politique italienne. Ce diplomate, auparavant en poste au Rwanda au moment du génocide, au Mexique, puis observateur permanent auprès des Nations unies et de l'Organisation mondiale du commerce (OMC), occupe un poste clé au Vatican.

Jorge Liberato Urosa Savino. Archevêque de Caracas, né en août 1942, cet ardent défenseur de l'égalité est l'homme fort du Venezuela, qui compte pas moins de vingt-cinq millions de catholiques, soit 90 % de la population.

Norberto Rivera Carrera. Brillant intellectuel, l'archevêque de Mexico, né en juin 1942, progressiste, créé cardinal à 56 ans par Jean-Paul II, jouit d'un certain prestige en Amérique latine et pourrait représenter quelques voix.

Rubén Salazar Gómez. Né en septembre 1942, le nouveau cardinal latino-américain de Bogota est, à 70 ans, la voix de l'Église colombienne dans une région minée par la guérilla des FARC. À la tête d'un important archevêché, le président de l'épiscopat colombien, qui vient de recevoir la pourpre, est le vingt et unième cardinal électeur sur le continent le plus catholique du monde. Il a une solide expérience de terrain tout en étant un intellectuel d'ouverture. Diplômé en théologie dogmatique de la Grégorienne, en Écritures Saintes de l'Institut pontifical de Rome, ce courageux et pacifiste pasteur est écouté dans la Ville éternelle.

Angelo Scola. Né en novembre 1941, l'archevêque de Milan, célébrissime cardinal, a été le seul, pour mon précédent livre[1], à accepter de poser devant la basilique Saint-Pierre. Il est cité par bon nombre de cardinaux, ses admirateurs, mais aussi les autres, comme le probable futur pape. De fait, deux fois en moins d'un an, Sa Sainteté Benoît XVI lui a donné l'onction suprême en se rendant d'abord en juin 2011 à Venise, dont il était le patriarche, puis en mai 2012 à Milan, où le pape l'avait récemment nommé archevêque. Un geste rare pour un souverain pontife qui, de plus, n'aime guère

1. *Les Robes rouges*, DDB/Plon, 2009.

se déplacer, même en Italie. Seul handicap cependant : ce prélat d'un grand charisme, qui a déjà l'allure d'un pape, est marqué par sa longue proximité avec le mouvement catholique Communion et Libération, aux cent mille adhérents, et très influent dans la droite politique lombarde et italienne. Beaucoup voient en « ce plus beau cerveau de l'Église italienne », mais aussi le plus ambitieux, aux dires de ses pairs, l'héritier choisi par Benoît XVI. Là encore… Qui sait !

George Pell. Né en juin 1941, l'archevêque de Sydney et primat d'Australie a été en mai 2012 membre de la récente Commission d'enquête sur la fuite des documents du Vatican. Seul cardinal australien, ce grand ami de la France, qui a fait plusieurs retraites à Paray-le-Monial, est le seul parmi les membres du Sacré Collège à être diplômé d'Oxford. Avec sa taille et sa carrure imposantes, l'éminent prélat conservateur d'origine irlandaise est un Anglo-Saxon populaire au sein du Sacré Collège.

Wilfrid Fox Napier. L'archevêque de Durban, né en mars 1941, est le premier prince de l'Église zoulou. Champion de cricket, cet anglophone, passionné de romans policiers, est aussi l'un des plus brillants cardinaux africains. Modéré européanisé ayant un réel ascendant sur les collègues de son continent, c'est l'un des Africains qui comptent !

Gabriel Zubeir Wako. Archevêque de Khartoum, le premier cardinal soudanais de l'histoire du Vatican, né en février 1941, a vite compris les codes et arcanes du Saint-Siège. Modéré, il passe pour talentueux au sein de cette austère assemblée.

Bechara Boutros Raï. Il est, à 72 ans, celui qui porte la voix des chrétiens d'Orient au sein du collège des cardinaux. Pour les maronites, le soixante dix-septième patriarche d'Antioche et de tout l'Orient est « leur » pape, aussi vénéré que l'évêque de Rome. Né en février 1940, le protecteur de sa communauté, plutôt conservateur, est heureux d'avoir été créé cardinal et ne s'en cache pas. Il passe protocolairement avant les « robes rouges », et rappelle avec tristesse qu'il y a un siècle, les pays musulmans comptaient 20% de chrétiens et qu'ils seraient aujourd'hui quatre fois moins nombreux. Ce Libanais, qui donne de la voix, proclame volontiers que démocratie et théocratie sont comme la neige et le feu.

Donald William WUERL. Homme de caractère né en novembre 1940, le cardinal-archevêque de Washington connaît non seulement parfaitement la Curie mais aussi le président Barack Obama. Il est l'un des trois seuls qui, comme simple prélat, secrétaire d'un cardinal souffrant, a assisté au conclave ayant élu Jean-Paul II. Ce personnage courageux qui, lorsqu'il était évêque de Pittsburgh, ferma plus de cent paroisses pour revitaliser son diocèse et arriver ainsi à deux cent quatorze paroisses, est influent et pourrait attirer quelques voix le grand jour.

Agostino VALLINI. Cardinal-vicaire de Rome et archiprêtre de la basilique Saint-Jean-de-Latran ; de jolis titres. Il administre ainsi le diocèse de Rome pour le compte de son évêque titulaire qui est, rappelons-le, le pape. Né en avril 1940, ce conservateur n'a pas de réel poids.

Telesphore Placidus TOPPO. L'archevêque de Ranchi, né en octobre 1939 dans la tribu Kurukh, au nord de l'Inde, est le premier cardinal aborigène du sous-continent. Indien, ce fils spirituel de Mère Teresa, qui parle sept langues – le sandali, l'hindi, le kurukh, le latin mais aussi l'italien, l'allemand et l'anglais –, est un perpétuel frondeur dans son pays, où les catholiques représentent moins de 1 %. Celui qui vit au pied de l'Himalaya jouit d'un grand prestige à Rome. Il est très écouté lorsqu'il vient au Vatican.

Zenon Grocholewski. Préfet de la Congrégation pour l'éducation catholique né en octobre 1939, ce conservateur polonais, plutôt à l'écart, qui était un ami de Jean-Paul II, est un canoniste réputé.

Laurent Monsengwo Pasinya. L'archevêque de Kinshasa, né en octobre 1939, cardinal conservateur d'une grande sérénité, qui a prêché récemment les exercices spirituels du pape[1], un grand honneur, est lui aussi l'un des Africains qui comptent et qui joueront un rôle lors du conclave.

Seán Baptist Brady. Cardinal, primat de l'Irlande, l'archevêque d'Armagh, né en août 1939, s'est publiquement battu pour maintenir dans son île le droit de l'Église à avoir des écoles catholiques ; il a par ailleurs été fortement critiqué pour n'avoir pas dénoncé le père Brendan Smith, dont il connaissait les agissements coupables de pédophilie, mais a refusé de démissionner en mai 2012.

John Tong Hon. Nouvel archevêque de Hong-Kong[2], né en juillet 1939, successeur de Mgr Joseph Zen Ze-kiun, est à la tête d'une Église compliquée car les relations entre l'Association patriotique des catho-

1. C'est-à-dire le Carême.

2. Le Sacré Collège compte aujourd'hui pour la première fois trois cardinaux chinois : Mgr John Tong Hon, Mgr Zen Ze-kiun, salésien, auquel il succède, et le jésuite Paul Shan Kuo-hsi.

liques chinois, proche du pouvoir, et l'Église catholique de Chine qui comprend douze à quinze millions d'âmes, soit environ 1 % de la population, à laquelle il appartient, sont tendues. Quelques jours avant sa nomination, l'ancien archevêque auxiliaire de Hong-Kong déclarait qu'il était important de défendre les droits de l'homme et la liberté religieuse sur le continent chinois, et de normaliser les rapports diplomatiques entre Pékin et le Saint-Siège. Le premier acteur des relations entre l'Église catholique, le régime et l'Italie est écouté à Rome car cette question, où ses prédécesseurs ont échoué, sera l'un des enjeux du successeur de Benoît XVI.

Stanisław Dziwisz. Le chaleureux et très subtil cardinal polonais, né en avril 1939, est l'homme le plus connu et le plus populaire de son pays. Il est le premier secrétaire particulier d'un pape à avoir été créé cardinal, juste après la mort de Jean-Paul II, en 2005. Plutôt conservateur, l'archevêque de Cracovie à plein temps et « gardien de la mémoire de Jean-Paul II vingt-quatre heures sur vingt-quatre », comme il se définit lui-même, fut l'éminence grise la plus courtisée de la Terre pendant près d'un quart de siècle pour avoir été l'homme de confiance de Karol Wojtyła. Il a conservé une influence plus personnelle que politique auprès des cardinaux de cette région d'Europe.

Edwin O'Brien. Grand maître de l'ordre équestre du Saint-Sépulcre, né en avril 1939, ce cardinal new-yorkais d'origine irlandaise au titre poétique préside l'Association internationale des fidèles, placée sous la protection du Saint-Siège, et vouée depuis Pie XI au soutien des œuvres du patriarcat latin de Jérusalem et, plus largement, à l'appui des chrétiens d'Orient.

Très direct, ne s'encombrant pas de périphrases, cet ancien soldat du Vietnam, d'abord aumônier militaire à la célèbre académie de West Point, puis évêque aux armées, a aussi dirigé à Rome le séminaire nord-américain. Ce qui lui vaut de bien connaître le Vatican et d'être un personnage qui compte, tout autant aux États-Unis qu'à Rome. Habile diplomate et organisateur hors pair, plutôt conservateur, c'est un personnage de poids au Vatican car c'est lui qui « gère » les relations compliquées avec la Terre sainte.

Angelo **AMATO**. Préfet de la Congrégation pour les causes des saints, né en juin 1938, avait été indigné par les révélations faites par le prélat polonais Mgr Sławomir Oder, chargé de rédiger le dossier en béatification de Jean-Paul II, qui auraient dû rester secrètes. Conservateur, ce salésien de l'ordre de Don Bosco, proche du cardinal Bertone, est un agent électoral efficace…

Carlo **CAFFARRA**. Archevêque de Bologne né en juin 1938, conservateur, issu du mouvement Communion et Libération, il « roule » pour le cardinal Scola, dont il est l'un des inconditionnels.

Francesco **COCOPALMERIO**. Ce prélat milanais, né en mars 1938, canoniste très écouté de l'épiscopat italien sur les questions de droit, d'œcuménisme et de dialogue interreligieux, président du prestigieux Conseil pontifical pour les textes législatifs, a été créé cardinal à 74 ans en février 2012. Ancien évêque auxiliaire de Milan et fils spirituel du jésuite Carlo Maria Martini, il a donc aussi eu en Lombardie une expérience pastorale. Plutôt progressiste, doté d'un incontestable esprit de dérision, il a enrichi ses armoiries de palmes et de noix de coco et a fait de son nom exotique un trait d'humour.

Manuel Monteiro de Castro. Né en mars 1938, ce cardinal portugais, très conventionnel, est le pénitencier majeur de l'Église catholique. Joli titre pour régner, dans son cas c'est le terme, sur le plus ancien ministère de la Curie romaine, qui trouve son origine au XIIe siècle. À la tête de la Pénitencerie apostolique, assisté de multiples prêtres, ce cardinal conservateur gère le champ d'action du tribunal portant sur les absolutions, les dispenses et les indulgences de tous les péchés privés.

Keith Michael Patrick O'Brien. Né en mars 1938, déterminé et progressiste, l'archevêque d'Édimbourg a reçu le pape aux côtés de la reine d'Angleterre en septembre 2010 dans son archevêché. Il a rappelé en avril 2012 au Premier Ministre, David Cameron, son obligation morale de venir en aide aux démunis et de tenir compte des nouvelles formes de pauvreté induites par la crise.

Paolo Romeo. Le cardinal-archevêque de Palerme, Sicilien né en février 1938, aussi sulfureux que conservateur, dont personne au sein de la Curie n'a compris exactement pourquoi il s'était rendu début 2012 en Chine avec des industriels italiens, est en réalité l'homme par lequel l'un des tout premiers scandales du Vatican est arrivé. C'est en effet lui qui a prétendu avoir appris lors de son voyage dans l'empire du Milieu que se tramait une tentative d'assassinat contre Benoît XVI avant la fin de cette année. Ce qui, on s'en doute, l'a éloigné de ses prudents collègues.

Antonio Maria Vegliò. Né en février 1938, modéré, vif et ayant beaucoup d'humour, il préside le Conseil pontifical pour la pastorale des migrants et des itinérants. Un poste de contact qui le rend populaire. Ce diplomate italien est considéré comme un agent électoral précieux. Dans le passé, nonce apostolique en Papouasie-Nouvelle-Guinée, au Sénégal et au Mali, il a représenté le Saint-Siège au Koweït puis au Liban. Jean-Paul II, qui appréciait son esprit imaginatif, en avait fait le secrétaire pour la Congrégation pour les Églises orientales. C'est Benoît XVI qui l'a placé à la tête de l'un de ses dicastères sensibles, où il se fait le porte-parole de millions d'immigrés et de réfugiés à travers le monde, selon la double position traditionnelle du Saint-Siège. En effet, s'ils se conforment aux législations locales, ceux-ci doivent pouvoir bénéficier, quelle que soit leur situation juridique, d'un accès aux droits élémentaires : l'éducation, la santé, le logement…

Lluis Martinez Sistach. L'archevêque de Barcelone, né en avril 1937, est un conservateur peu influent auquel le Vatican a reproché, comme à bon nombre de ses collègues espagnols, de ne pas s'être assez intelligemment battu pour éviter en Espagne le mariage homosexuel.

Attilio Nicora. Président de l'Autorité pour l'information financière, né en mars 1937, modéré, très observé par le monde des affaires, cet Italien a été choisi par le pape pour mettre la banque du Vatican en conformité avec la législation européenne sur l'anti-recyclage. Le cardinal Nicora a une longue expérience dans le domaine de l'économie. L'Église italienne lui doit les avantages obtenus lors de la réforme du Concordat en 1984, qu'il a négociée au nom du Saint-Siège avec Bettino Craxi, Premier ministre italien de l'époque.

Raymundo Damasceno Assis. Archevêque d'Aparecida, né en février 1937. Polyglotte brésilien, progressiste comme bon nombre de cardinaux d'Amérique latine confrontés à la pauvreté et aux sectes, il est néanmoins un proche de Benoît XVI. Cet ancien secrétaire de la Conférence des évêques d'Amérique latine (Celam) est, sur son vaste continent, un agent électoral de poids.

Audrys Juozas Bačkis. Né en février 1937, progressiste et polyglotte, cet archevêque et diplomate lituanien francophile d'un ancien pays de l'Est est un agent électoral subtil. Fils du dernier ambassadeur de Lituanie en France avant la Seconde Guerre mondiale, il a étudié dans notre pays jusqu'à son départ pour le séminaire lituanien de Rome en 1957. Il a longtemps travaillé à la secrétairerie d'État.

Francis George. Né en janvier 1937 dans un pays qui compte soixante-cinq millions de catholiques, le cardinal-archevêque de Chicago est de ce fait aux États-Unis un personnage incontournable. Progressiste, ce membre de la Congrégation des oblats de Marie-Immaculée s'était officiellement réjoui de la dimension historique de l'élection d'un président afro-américain dans un pays où a longtemps sévi l'esclavage. Il représente un lobby puissant au sein du collège cardinalice et aura un réel poids lors du prochain conclave.

Jorge Mario Bergoglio. Né en décembre 1936, ce fils d'émigrés italiens, l'un des deux seuls cardinaux jésuites votants avec son collègue Julius Riyadi Darmaatmadja, l'archevêque émérite de Jakarta, a recueilli lors du dernier conclave trente-cinq voix au deuxième tour de scrutin, et aurait pu donc devenir pape. Ce chiffre, en théorie secret, a fait l'objet de fuites car un cardinal anonyme a tenu son journal dans la chapelle Sixtine… Progressiste, il a préféré quitter son archevêché de Buenos Aires, qu'il a ouvert aux pauvres, pour un petit appartement d'un quartier populaire de la capitale argentine. Fort courageux physiquement, vivant avec un seul poumon depuis l'âge de 20 ans, proche des prêtres des bidonvilles, il fait l'admiration des Argentins modestes et engendre la méfiance d'un Sacré Collège qui le trouve trop engagé dans le social. Il a cependant un poids en Amérique du Sud et tiendra entre ses mains des voix de cardinaux « de gauche ».

Théodore-Adrien SARR. Archevêque de Dakar, né en novembre 1936, ce souriant cardinal sénégalais est un modéré chaleureux, mais sans grand poids politique. À Rome, le continent africain a d'ailleurs, aujourd'hui, moins d'importance qu'avec Jean-Paul II, qui aimait les gospels, alors que Benoît XVI trouve cet accompagnement liturgique trop moderne.

Ennio ANTONELLI. Le président émérite du Conseil pontifical pour la famille, né en novembre 1936, est un conventionnel modéré qui peut apporter quelques voix au candidat le plus modéré.

Nicolás de Jesús LÓPEZ RODRÍGUEZ. Né en octobre 1936, l'archevêque de Saint-Domingue, cardinal au prénom prédestiné, est un conservateur influent chez lui car il est président de la Conférence épiscopale dominicaine. Impliqué dans la doctrine sociale, cet homme au langage direct prend régulièrement la parole à Rome. Décoré par le roi d'Espagne Grand Croix d'Isabelle la Catholique, il aime porter ses décorations à Rome. C'est un haut prélat modéré mais d'ouverture.

Jaime Lucas ORTEGA Y ALAMINO. L'archevêque

de San Cristobal de La Havana, né en octobre 1936, a reçu la visite de deux papes, dont cette année celle de Benoît XVI. Il a joué un rôle important dans la libération des prisonniers politiques cubains. Comme son voisin, c'est un conservateur qui n'a pas beaucoup de poids.

Antonio María Rouco Varela. L'archevêque de Madrid, né en août 1936, proche de la famille royale d'Espagne pour laquelle il a célébré bon nombre de baptêmes, fréquente les grands d'Espagne, mais est néanmoins impopulaire à Rome, où, à l'instar de ses collègues ibériques, on ne lui pardonne guère son manque de résistance lors du vote en faveur du mariage des homosexuels.

Jean-Claude Turcotte. Archevêque émérite de Montréal, né en juin 1936, ce cardinal modéré apportera des voix à l'un des candidats de même sensibilité lors du conclave.

Anthony Olubunmi Okogie. L'archevêque émérite de Lagos, né en juin 1936, est l'un des deux cardinaux du Nigeria. Proche de la communauté de Sant'Egidio et grand médiateur parmi les cardinaux africains, c'est un progressiste sans histoire.

William Joseph Levada. Né en juin 1936, après avoir travaillé fort longtemps avec le cardinal Ratzinger, ce Californien d'ascendance portugaise et irlandaise, ancien archevêque de San Francisco, lui fit découvrir un été la Californie. C'est ainsi qu'il se lia d'amitié avec le futur Benoît XVI dont il hérita ensuite de la fonction comme préfet de la Congrégation pour la doctrine de la foi – mais il vient d'être remplacé. C'est un des seuls cardinaux qui, s'il n'était pas humble, pourrait se vanter d'avoir une réelle complicité avec le pape, auquel il peut parler presque sans rendez-vous, et qui a sa totale confiance depuis d'innombrables années.

Karl Lehmann. Né en mai 1936, l'archevêque de Mayence et ancien président de la Conférence épiscopale allemande, qui a reproché à l'islam « son manque de tolérance », est un progressiste qui doit aujourd'hui faire face à la déchristianisation et au conflit de générations qui s'est fait jour en Allemagne.

Ivan Dias. Préfet émérite de la Congrégation pour l'évangélisation des peuples, né en avril 1936, l'archevêque de Mumbay, encore jeune lors du dernier conclave, avait toutes les qualités d'un non-Européen pour devenir pape. Nonce en Afrique, puis dans l'Albanie postcommuniste, il a réussi à redonner vie à l'Église catholique dans un pays où la foi avait été éradiquée par la dictature. Ce cardinal conservateur entretient aussi de bons rapports avec les orthodoxes et joue un rôle en Inde où 1 % de la population catholique est régulièrement agressée par les nationalistes. De santé fragile, surnommé le « Gandhi des catholiques indiens », il est populaire à Rome.

Julio Terrazas Sandoval. Archevêque de Santa Cruz de la Sierra, né en mars 1936, ce cardinal bolivien discret, plutôt progressiste, appartient à la Congrégation du Très-Saint-Rédempteur. Comme Óscar Andrés Rodríguez Maradiaga, ce rédemptioniste francophile, qui a étudié la pastorale sociale en France, est membre de l'Académie alphonsienne de théologie morale.

Roger Michael Mahony. Né en février 1936, l'archevêque émérite de Los Angeles est le seul cardinal né à Hollywood. Il a longtemps été considéré comme l’un des cardinaux « phares » des États-Unis. Progressiste, il reste aujourd’hui une personnalité appréciée du clergé américain.

José da Cruz Policarpo. Comme patriarche de Lisbonne, il est l’un des quatre patriarches latins de l’Église catholique, avec celui de Jérusalem, de Venise et d’Antioche, titres historiques hérités du passé. Modéré, ce cardinal portugais chaleureux, né en février 1936, qui n’a pas réussi à éviter les mariages homosexuels dans son pays, est par ailleurs ouvert à l’ordination des femmes puisque, pour lui, il n’existe pas « d’obstacle théologique fondamental à leur ordination ». Il passe par ailleurs pour un gaffeur sympathique !

Santos Abril y Castelló. Né en septembre 1935, ce conservateur bon teint est, en tant que vice-camerlingue de l’Église, sans doute le plus influent des cardinaux espagnols. Dernier nonce en Yougoslavie, il joua un rôle important lors de la guerre du Kosovo lorsque tous les ambassadeurs le choisirent comme leur représentant. Fort estimé de ses collègues diplomates, il pourrait porter des voix lors du prochain conclave. Il détient un autre titre qui fait rêver les cardinaux espagnols, celui d’archiprêtre de la basilique papale Sainte-Marie-Majeure, c’est ainsi qu’il est chargé d’accueillir le roi d’Espagne qui en est le proto-chanoine[1].

---

1. C’est-à-dire le chanoine qui a préséance sur tous les autres chanoines. En France, la Constitution de 1958 dispose que le chef de l’État jouisse des pouvoirs et prérogatives de ses prédécesseurs. François Hollande est donc, *de facto*, premier chanoine de l’archibasilique de Saint-Jean-de-Latran, proto-chanoine de la cathédrale d’Embrun et de Notre-Dame de Cléry, et chanoine honoraire de huit autres églises.

Velasio DE PAOLIS. Président émérite de la préfecture pour les Affaires économiques du Saint-Siège, né en septembre 1935, ce cardinal salésien, italien comme Tarcisio Bertone, par ailleurs délégué pontifical pour les Légionnaires du Christ, connaît tous les rouages financiers du Vatican. Bien sûr, fidèle à son ordre, selon la règle d'or héritée de son fondateur, Don Bosco, il sait tout, mais ne dit rien !

Justin Francis RIGALI. L'archevêque émérite de Philadelphie, né en avril 1935, n'est pas particulièrement populaire parmi ses pairs ni au sein du clergé américain. C'est un conservateur avéré.

Antonios NAGUIB. Né en mars 1935, ce patriarche barbu de l'Église orientale, tout de noir vêtu à Rome mais qui porte toujours des croix flamboyantes, joue un rôle important au sein de la communauté catholique copte d'Alexandrie. Pape au sein de son Église, il passe ainsi sur le plan protocolaire devant les cardinaux latins. Créé cardinal il y a seulement deux ans, il a encore peu de repères dans ce Vatican compliqué et, de ce fait, peu d'influence.

Giovanni LAJOLO. Comme ancien gouverneur de la cité du Vatican, ce cardinal conservateur, né en janvier 1935, issu de la petite noblesse de Novara, entretient des rapports cordiaux avec la plupart de ses collègues.

Julius RIYADI DARMAATMADJA. L'archevêque jésuite émérite de Jakarta, né en décembre 1934, est le représentant le plus emblématique du monde catholique en Indonésie, pays qui compte 87 % de musulmans et seulement 3 % de catholiques.

Tarcisio BERTONE. Né en décembre 1934, le cardinal secrétaire d'État, à la fois Premier ministre et ministre des Affaires étrangères, mais aussi camerlingue, est celui qui organisera le préconclave et le conclave. Les médias du monde entier le montreront sans cesse. À ce titre, il aura une réelle influence et du poids sur le choix du prochain pape. Ce salésien qui a réussi à se mettre une grande partie du Sacré Collège à dos, même parmi les cardinaux italiens, est, on s'en doute, conservateur, et serait, au sein de la société civile, considéré comme réactionnaire.

Franc Rodé. Préfet émérite de la Congrégation pour les instituts de vie consacrée et les sociétés de vie apostolique, ce Slovène lazariste conservateur, de l'ordre de Saint-Vincent, né en septembre 1934, dont la famille issue de Ljubljana s'est exilée en Argentine en 1948, est de tendance lefebvriste.

Paul Josef Cordes. Le président émérite du Conseil pontifical *Cor Unum*, né en septembre 1934, est un cardinal allemand modéré qui ne s'implique plus tellement dans la vie du Sacré Collège et, à ce titre, n'y joue plus un grand rôle.

Paolo Sardi. Cardinal italien conservateur né en septembre 1934, patron de l'ordre souverain militaire de Malte, il côtoie à ce titre la fine fleur de l'aristocratie italienne et dispose d'un bureau dans le palais de l'ordre de Malte, situé en face du célèbre bijoutier Bulgari, via Condotti. S'il a aujourd'hui un poste plus honorifique qu'actif, cette plume de talent a longtemps écrit des discours pour le pape Jean-Paul II, puis pour Benoît XVI.

Carlos Amigo Vallejo. Archevêque émérite de Séville, né en août 1934, il est le seul cardinal espagnol progressiste, franciscain de l'ordre des Frères mineurs. À ce titre, le cardinal aura entre ses mains quelques voix de cardinaux de même tendance.

Claudio Hummes. Né en août 1934, ce cardinal brésilien, préfet émérite de la Congrégation pour le clergé, connaît tout le monde à Rome en raison de ses responsabilités antérieures, mais s'implique désormais peu dans la vie de la Curie.

Francesco Monterisi. Né en mai 1934, premier nonce apostolique en Bosnie-Herzégovine à l'époque de son indépendance, archiprêtre de la basilique Saint-Paul-hors-les-Murs entre 2009 et fin 2012, ce brillant Italien, ancien diplomate plutôt conservateur, assura le secrétariat du conclave de 2005 qui élut Joseph Ratzinger. Une fonction historique !

Jean-Baptiste Pham Minh Mân. L'archevêque de Hô-Chi-Minh-Ville, né en mars 1934, créé cardinal par Jean-Paul II en 2003, se bat dans son pays pour la renaissance de l'Église catholique au Vietnam et la lutte contre la pauvreté.

Dionigi Tettamanzi. Ce professeur de théologie morale et archevêque émérite de Milan, né en mars 1934, était fort apprécié du pape Jean-Paul II. Son ascension a été rapide au sein de la Conférence épiscopale des évêques italiens dont il sera longtemps le secrétaire général. Il succède en 2002 à Milan, dans le plus puissant diocèse du monde, au prestigieux cardinal Martini. Habile gestionnaire, réformiste modéré, cet italianissime cardinal aux yeux pétillants d'intelligence, qui ne parle aucune langue étrangère, a malgré ce handicap longtemps été considéré comme un *papabile*. Il a souffert, et ne s'en cache pas, de voir l'intellectuel et autre Lombard, Angelo Scola, lui succéder. Il aura un certain nombre de voix entre les mains.

Giovanni Battista Re. Né en janvier 1934, cet Italien du Nord, préfet émérite de la Congrégation pour les évêques et du Conseil pontifical pour l'Amérique latine connaît tous les cardinaux car c'est lui qui, des années durant, a nommé les évêques. À ce titre, il a bien sûr de multiples cartes entre les mains.

Raúl Eduardo Vela Chiriboga. Cet archevêque émérite de Quito, né en janvier 1934, a été créé cardinal trois ans avant sa retraite ! Le pape a voulu récompenser cet Équatorien d'une vie consacrée aux jeunes, aux prêtres et aux déshérités sans jamais chercher la gloire. Ancien président de différentes commissions au sein de la Conférence des évêques d'Amérique latine (Celam), il peut orienter des votes de cardinaux sud-américains.

Joachim Meisner. Archevêque de Cologne, le plus grand diocèse d'Allemagne, né en décembre 1933, cette personnalité d'un indéniable charisme célèbre la messe le dimanche dans l'une des plus belles cathédrales du monde, reconstruite après la guerre. Ce cardinal conservateur, évêque de Berlin avant la chute du Mur, très écouté en Allemagne, est respecté aussi du monde politique. C'est une figure importante du pays où il prend souvent la parole pour défendre la doctrine sociale de l'Église. Il aura un poids électoral important.

Geraldo Majella Agnelo. Archevêque émérite de São Salvador da Bahia, né en octobre 1933, il incarne l'ancienne génération des cardinaux d'Amérique latine. Les héritiers de la théologie de la Libération sur une terre de huit millions et demi de kilomètres carrés, presque aussi vaste qu'un continent où il faut faire face aux mouvements évangéliques qui tissent leur toile dans un pays d'abord confronté à une terrible misère. Difficile dans ces conditions de ne pas être progressiste !

Raffaele Farina. Né en septembre 1933, ce salésien de Don Bosco a démissionné le 9 juin dernier de son convoité poste de directeur de la Bibliothèque vaticane et des Archives du Vatican deux ans après sa nomination. À défaut de régner sur ses collègues, ce cardinal modéré régnait en maître sur des milliers d'ouvrages précieux.

Francisco Javier Errázuriz Ossa. Archevêque émérite de Santagio du Chili, né en septembre 1933, ce conservateur, issu de l'ordre des Pères de Schönstatt, dont est issue l'une des deux plus proches collaboratrices du pape Benoît XVI, Birgit Wansung, ne joue pas de rôle au Vatican.

Godfried Danneels. Archevêque émérite de Malines-Bruxelles, né en juin 1933, ce progressiste flamand jouit d'un grand prestige dans son pays et a su mener son Église avec comme voisin une Hollande aux mœurs débridées. Considéré comme l'un des derniers cardinaux « libéraux », il n'est guère apprécié des proches de Joseph Ratzinger qui ne lui ont pas pardonné ses réserves formulées lors du dernier conclave.

Juan Sandoval Íñiguez. L'archevêque mexicain émérite de Guadalajara, né en mars 1933, est un conservateur bon teint, qui ne joue pas de rôle particulier au sein du collège des cardinaux.

Severino Poletto. L'archevêque émérite de Turin, né en mars 1933, d'abord connu des Piémontais pour avoir célébré l'enterrement de l'« Avvocato » Gianni Agnelli, avait aussi accompagné ce dernier lorsque le président de Fiat offrit une automobile blindée au pape Jean-Paul II. Ce fils d'ouvrier, étonnamment conservateur vu ses origines prolétaires, compte peu d'amis parmi les cardinaux élitistes. Il est resté très piémontais.

Walter Kasper. Président émérite du Conseil pontifical pour la promotion de l'unité des chrétiens, né en mars 1933, ce cardinal énergique de caractère, ancien professeur de théologie est un progressiste qui jouera un rôle indéniable lors du prochain conclave. Son ancien titre lui a fait rencontrer presque tous les cardinaux.

Lubomyr Husar. Né en février 1933 en Ukraine, le primat de l'Église gréco-catholique ukrainienne de Lviv a émigré en 1944 aux États-Unis avec sa famille. Puis il a abandonné sa nationalité américaine et est revenu dans son Ukraine natale. Docteur en théologie d'une université pontificale romaine, il est ensuite entré au monastère des Studites dont il a été nommé archimandrite en 1978. Primat de son Église, archevêque majeur de Kiev et de toute la Galicie, c'est un conservateur.

Javier Lozano Barragán. Président émérite du Conseil pontifical pour la santé, né en janvier 1933, ce cardinal mexicain très conservateur s'est battu pour la reconnaissance juridique de l'Église du Mexique. Là est le mérite qu'on lui reconnaît à Rome, où son passage serait passé pratiquement inaperçu… sans une série de gaffes avec la presse !

Comment savoir après cette galerie de portraits sans complaisance qui montera sur le siège de saint Pierre ? Canadien ? Latino-américain ? Hongrois ? Italien ? Si seul l'Esprit-Saint inspire en théorie ces dignes robes rouges, où qu'il soit on reconnaît toujours un cardinal italien. Il n'a pas besoin pour cela de s'exprimer dans sa langue maternelle, puisqu'il boit du vin à chaque repas, mange une cuisine à l'huile d'olive et parle avec les mains. Ainsi, à Rome, Borgo Pio, quartier aux portes du Vatican, chacun peut entrevoir, s'il est italien, quel sera le profil du 266e successeur de Pierre !

Après avoir dressé les portraits croisés des cardinaux, il faut donner le sens exact de cette fonction en 2012. Comme me l'explique Son Éminence Roberto Tucci[1], aussi lumineux que philosophe : « Le cardinal est un prêtre, un curé, le plus souvent un évêque choisi par le souverain pontife lors d'un consistoire pour faire partie de son cabinet au sens large du terme. Une sorte de Conseil de la couronne, pas toujours secret, avec lequel le pape décide, par exemple, quel sera le jour où l'on fêtera une canonisation… On votait naguère en soulevant son chapeau à large bord et galons rouge et or. Le consistoire, cérémonie très formelle, est plus rarement convoqué par le Saint-Père, lorsqu'il veut connaître l'avis du collège cardinalice avant de prendre une décision sur les sujets importants ou lors des nouvelles créations cardinalices. En sept ans, Benoît XVI a organisé cinq consistoires : en novembre 2006, novembre 2007, novembre 2010, février 2012 et enfin en novembre 2012, et créé quatre-vingt-dix cardinaux. Ce système se justifie dans la mesure où le pape choisit surtout des hommes de confiance qui lui doivent une grande loyauté. Mais le moment le plus intense et émouvant pour un car-

1. Ce cardinal jésuite, intellectuel anglo-italien qui dirigea *La Civiltà cattolica*, l'influent bimensuel des jésuites italiens, présida ensuite Radio Vatican et finit sa carrière comme directeur des voyages du pape Jean-Paul II pendant dix-neuf ans. Aujourd'hui à la retraite, ce chaleureux érudit est un observateur hors pair du Vatican.

dinal, s'il a moins de 80 ans, reste celui où il entre en conclave dans la chapelle Sixtine et vote pour le successeur de Pierre. En dehors de cette parenthèse historique, le cardinal est de nos jours une personne presque comme les autres, même si la garde suisse lui présente les honneurs quand elle le croise. Mais ne croyez pas pour autant que, lorsqu'ils se rencontrent, les cardinaux se racontent des histoires de cardinaux. Lorsqu'un archevêque d'un grand diocèse devient cardinal, cela ne signifie pas nécessairement qu'il aura plus de pouvoirs qu'auparavant. En revanche, quand un préfet d'une congrégation romaine accède à cette haute dignité, cela lui confère sûrement davantage d'autorité, de respect, de considération, puisqu'il est censé avoir des relations plus étroites qu'auparavant avec le Saint-Père et être membre de son "état-major". Prenez le cas original de Jean-Marie Lustiger. Il n'avait pas besoin d'être créé cardinal pour être reconnu, mais le simple fait que Jean-Paul II l'ait nommé archevêque, puis l'ait ensuite fait rapidement cardinal, marquait un signe supplémentaire de l'estime qu'il lui portait. Cette dignité, pour la majorité d'entre nous, symbolise surtout l'estime du Saint-Père pour la qualité de notre travail dans les institutions de l'Église. Une reconnaissance qui nous vaut considération, honneurs… et nous rend sans doute vaniteux… Mais comment pourrait-on objectivement y échapper ? »

Des cardinaux, dont bon nombre étaient autrefois issus de l'aristocratie et de la haute bourgeoisie, appartiennent maintenant à la moyenne bourgeoisie voire parfois à des milieux modestes. Exception faite du cardinal autrichien Christoph Schönborn, né dans une illustre famille du Gotha, et de l'aristocratique Andrea Cordero Lanza di Montezemolo, dont on dit ici : « *Che il suo nome non finisce mai !* » Traduisez : « Dont le nom ne finit jamais ! »

« Un jeune prêtre ambitieux qui n'est pas encore entré dans le saint des saints a-t-il des chances de devenir cardinal ? » ai-je demandé à l'un des principaux collaborateurs de Benoît XVI, lui-même arriviste, qui a accepté de répondre sous couvert d'anonymat. « Ce serait trop simple ! Même si certains tentent opportunément et avec audace de tracer leur voie, la route est longue et souvent semée d'embûches… » Il sait de quoi il parle ! « Les sévères membres du Sacré Collège repèrent immédiatement les carriéristes et les intrigants. Notre univers est particulier, silencieux, sévère, à certains égards impitoyable. Il faut parfois avoir le talent de se faire remarquer tout en sachant rester discret, modeste, ne pas faire de bruit… Un savant dosage qui requiert beaucoup de finesse, de subtilité, de diplomatie et d'entregent. Comme ailleurs, certains hauts prélats sont très personnels, parfois sournois, c'est humain. Mais on rencontre surtout des gens prudents, dévoués, qui s'impliquent énormément et avec peu de moyens. Un dicastère, ce sont vingt personnes autour de leur chef, et quand on demande au cardinal à sa tête combien de personnes travaillent au Vatican, il répond toujours de façon évasive et un ange passe… Je crois aussi qu'à ces niveaux-là l'expérience l'emporte largement sur les ambitions… » Comme l'explique le cardinal Barbarin : « Si, pour ma part, j'ai su dès l'âge de 15 ans que je voulais devenir prêtre, je n'ai jamais imaginé que je siégerais un jour dans la chapelle Sixtine ! Et plus tard, quand cela m'est tombé dessus et que j'ai été nommé archevêque de Lyon, je me suis dit : "Je serai au prochain conclave !"... »

Quant à celui qui est déjà cardinal, il peut rêver de devenir le prochain pape, pourquoi pas, et espérer échapper à toute la vigilance qui entoure l'élection dans la chapelle Sixtine en raison de la technologie toujours plus pointue... Alors comment traquer des cardinaux passés maîtres dans l'art d'utiliser leur portable ? Pour le savoir j'ai demandé une étude spécifique à Polyconseil, un cabinet international d'ingénieurs, spécialisé dans les médias et les télécommunications. Le polytechnicien Marc Taïeb, par ailleurs directeur général de Bolloré Telecom, qui pilote des projets numériques d'envergure pour de grandes sociétés, a dépêché spécialement un collaborateur à Rome afin d'étudier les diverses ruses. Selon les conclusions de Polyconseil, « l'utilisation d'un brouilleur est une option sérieuse pour éviter les fuites du téléphone portable. Un brouilleur ne peut pas couvrir toutes les fréquences de transmission. La très grande majorité des brouilleurs se focalisent sur les fréquences utilisées par les opérateurs mobiles. Un pirate astucieux utiliserait une fréquence interdite et peu utilisée. Il ne serait plus perturbé par le brouilleur mais éventuellement par un autre pirate. Il s'agit d'un outil de la taille d'une grande main utilisé dans les salles de spectacle et les cinémas, qui interdit la connexion entre chaque portable et le réseau national. Les conversations, mails, tweets et SMS sont alors bloqués. Le brouilleur est simple à manier, léger et aisément déplaçable. Il a une autonomie d'une heure. Il coûte quelques centaines d'euros en fonction de sa complexité. Son usage est réglementé. Enfin, sa puissance varie et empêche les conversations sur un rayon de cinq à cent mètres. Ce type d'appareil est en mesure de neutraliser la totalité de la chapelle Sixtine, mais débordera aussi sur les salles voisines. En choisissant un brouilleur de faible portée (vingt mètres), toute personne dans cette zone sera isolée du monde. Car, même au Vatican, la culture du secret est menacée par de telles innovations. Tout d'abord, cette technologie permet maintenant de retransmettre la voix avec un simple téléphone sans fil. La seule condition est d'être couvert par un opérateur. Les téléphones, dont certains mesurent trois centimètres sur cinq, pour être opérationnels doivent être manipulés par des mains expertes en mesure de télécharger des logiciels spéciaux pour l'espionnage. Ils peuvent être allumés par une personne sur place, mais également être déclenchés à distance par un simple appel ou un programmateur. Pour intercepter des appels, les opérateurs reçoivent des demandes de la justice et ils peuvent transmettre à un juge les enregistrements. Il arrive que le procédé soit détourné à d'autres fins (écoutes sauvages, par exemple). En fait, soit vous interceptez les conversations en captant le signal sur place (dans la chapelle), soit vous demandez à l'opérateur qui transporte les conversations de les intercepter dans ses locaux, ce qui nécessite ou bien une autorisation légale ou bien une complicité obscure. En ce qui concerne les mots clés, la reconnaissance vocale a fait beaucoup de progrès. Un mot prononcé lors d'une conversation peut tout à fait être détecté et déclencher un enregistrement de l'échange. Ce téléphone, mis en mode "écoute", ne sonnera pas et ne fera aucun bruit. Il est ensuite possible d'enregistrer avec un téléphone en appuyant sur la touche "Dictaphone" ou, avec l'iPhone, grâce à la fonction "Mémo voix" et suivre les conversations pour pouvoir les diffuser ensuite. Cette méthode plus ancienne est efficace, mais ne permet pas d'en bénéficier en temps réel. Ces téléphones mobiles ont du mal à capter un signal derrière les très gros murs et il existe des zones sans couverture où le téléphone classique ne fonctionne plus. Les cardinaux les plus avisés devront donc chercher à s'isoler en discutant dans une zone dite "blanche", telle la chapelle Sixtine, sans couverture du réseau téléphonique, afin d'être sûrs de n'être pas écoutés. Une nouvelle parade au "conclave sans réseau" consiste à déposer un répéteur, de la taille d'une savonnette, qui va prolonger le réseau téléphonique sur une trentaine de mètres. Cet objet sophistiqué, appelé MIFI, qu'on peut acheter dans des boutiques spécialisées pour 200 euros sur Internet, permet de créer une zone Internet où la voix mais aussi l'image peuvent être diffusées. Un réel bouleversement ! La vague Twitter touche également le Vatican mais moins qu'ailleurs. Twitter est probablement la manière la plus rapide pour diffuser une information, mais elle laisse une trace, elle est signée. Il serait donc compliqué qu'un scoop puisse provenir d'un compte Twitter interne au Vatican. »

« Enfin, pour les plus motivés, conclut-il, il reste l'écoute téléphonique. Avec un matériel ultra-perfectionné ou une connivence auprès des opérateurs, on peut désormais intercepter tous les appels et les SMS sur un rayon de quelques dizaines de mètres. Ces appareils peuvent filtrer une conversation avec un mot clé qui serait prononcé et reconnu. »

Avis aux amateurs téméraires !

Comme le disait le cardinal Lustiger, « la religion n'est ni une logique ni une morale mais une dynamique généralement irrationnelle ». Aujourd'hui plus que jamais !

11

Quand le pape tweete !

10 h 45, le 8 janvier 1996. Je suis prévenue par téléphone que Sa Sainteté le pape Jean-Paul II me recevra à midi précis. Me voici donc, le cœur battant, une heure plus tard, vêtue de sombre devant l'imposante porte de bronze qui donne accès aux bâtiments pontificaux. Un garde suisse, superbe dans sa tenue bigarrée de hallebardier, me guide jusqu'à l'imposant ascenseur privé d'acajou verni à clé qui mène directement aux appartements du Saint-Père. Cabine décorée d'un médaillon de saint Christophe en argent et frappé de ses armoiries. Là, un huissier en habit aubergine, col dur, gants blancs et lourde chaîne croisée, m'introduit dans son bureau particulier. Le pape m'attend. J'ai rêvé de ce moment depuis tellement d'années que je ne peux croire que le pape est tout à coup devant moi. Il contemple de sa fenêtre la Ville éternelle dont il est aussi l'évêque. Il se tourne et je me prosterne avec respect devant lui, baise l'anneau papal. Après

m'avoir dit de façon chaleureuse que « puisque j'étais une ancienne élève des dominicaines de Rome, je devais être une journaliste sérieuse », Sa Sainteté me fait signe de m'asseoir, ces quelques paroles m'ont donné un peu plus confiance en moi. Je commence à prendre fébrilement des notes, osant à peine poser *mezza voce* quelques questions et le regarder, tant je suis éblouie par le rayonnement qui émane de toute sa personne et par la sérénité que dégage son énergique regard bleu. Don Stanisław Dziwisz, son secrétaire polonais, à quelques mètres de nous, cligne des yeux pour m'indiquer que tout va bien. Le pape me sourit et m'interroge à son tour sur le tirage de *Paris Match* et sur son impact en Afrique francophone, et me demande si le journal est également vendu en Pologne. J'hésite et lui répond : « Oui, Très Saint-Père. »

Les minutes ont filé, après une petite demi-heure, c'est malheureusement le moment d'interrompre cet inoubliable face-à-face avec le patriarche de l'Occident. Le pape emprisonne alors mes mains dans les siennes… m'assure qu'il priera pour mes filles… Bien sûr, avant de me recevoir, il avait lu la petite fiche qu'on avait rédigée sur moi, mais, à la différence des hommes politiques, il n'avait nul besoin de l'avoir sous la main : Jean-Paul II savait tout ! J'étais bouleversée et cela réveillait des souvenirs familiaux : je me suis soudain rappelé ce que ma chère mère, qui hélas n'est plus de ce monde depuis longtemps, me répétait : « L'important dans la vie n'est pas d'être invitée, mais d'être réinvitée. » Comme elle avait raison !

C'est pourquoi, miraculeusement entrée chez le souverain pontife par la grande porte, mon défi était désormais d'occuper le terrain face à mes confrères.

Toutefois, ce n'est pas simple car, au Vatican, les journalistes ne sont rien de moins qu'impopulaires ! Le challenge était donc de taille et demandait beaucoup de savoir-faire et de maîtrise de soi, car Jean-Paul II provoquait une vive décharge émotionnelle tout autant que l'ivresse du reportage. Dès que je le voyais, je retenais mes larmes, car personne n'avait cet art de vous parler en vous regardant droit dans les yeux, comme si le monde s'arrêtait de tourner, pour vous. C'était à la fois grisant et impressionnant. Il fallait réussir à garder son sang-froid, respecter les codes et contourner habilement le protocole afin de trouver un angle original qui l'emporte sur la solennité. Cela exigeait une réelle imagination dans cet univers suranné et si surveillé.

Heureusement, le Saint-Père aimait les médias et plus encore *Paris Match* qui, dans sa Pologne, pendant les années de l'Église du Silence, symbolisait à ses yeux la liberté. Jean-Paul II m'avait lui-même raconté que l'ambassadeur de France à Rome près le Saint-Siège, René Brouillet, lui faisait, dans les années 1970, clandestinement passer notre journal à Cracovie par la valise diplomatique… « Je connais bien votre magazine, me confia-t-il un jour. Savez-vous que pendant l'occupation communiste, il entrait en Pologne sous le manteau et cela représentait pour nous, à travers l'image de la France, un véritable message d'espoir ? » Comment ne pas être rassurée et transportée par de telles paroles ? La Providence était donc avec moi et cela m'a beaucoup et longtemps avantagée, provoquant souvent la furie, voire des paroles peu amènes de mes confrères, comme Henri Tincq du *Monde*… ou Robert Serrou au sein de mon propre journal ! Notamment lorsque, à plusieurs reprises, je m'envolais pour Rome, encouragée par notre directeur,

Roger Thérond, pour remettre à Jean-Paul II en main propre le dernier numéro de *Paris Match* où plusieurs pages lui étaient consacrées et où parfois la quatrième de couverture était une aguichante publicité féminine.

C'est ce médiatique pape qui a fait évoluer la manière d'appréhender la presse, en faisant d'abord assouplir un protocole rigide pour établir un vrai dialogue avec les journalistes, et lorsqu'il avait décidé de nous consacrer du temps il s'efforçait d'être complètement disponible, il nous entraînait à avoir des échanges respectueusement informels avec lui. Jusque-là, les reportages sur ses prédécesseurs gardaient une certaine raideur, car la communication du Saint-Siège restait d'un autre âge. En permettant d'entrer d'une certaine façon dans son intimité, Karol Wojtyła a démontré que le successeur du prince des apôtres n'était pas un être désincarné, mais un être de chair que les fidèles pouvaient approcher sans barrière. D'une grande force physique, ce charismatique sportif, athlète de Dieu au sourire conquérant, skiait dans la vallée d'Aoste et nageait dans la piscine que les catholiques canadiens lui avaient offerte à Castel Gandolfo. Avec son allure flamboyante, de longues années durant, les effets de scène de l'ancien acteur de théâtre qu'il avait été dans sa jeunesse, son viscéral besoin de séduire, de rassembler et de galvaniser les foules, mais aussi la presse et la télévision, ont changé la donne.

J'avais pour ma part la chance inespérée, j'ose l'écrire, de faire rire le pape, qu'amusait en particulier ma respectueuse ténacité… Ce qui m'a aidée à enfreindre les règles. « Nous ferons une exception pour la journaliste française ! » insistait-il de sa grosse voix. Joachim Navarro-Valls, alors responsable de la salle de presse, s'y pliait, sans enthousiasme, car lui ne s'intéressait qu'aux confrères anglo-saxons. Pendant son quart de siècle de pontificat, ce pape venu du froid fit pour nous de Rome un lieu stratégique. Comment s'en plaindre, car la Ville éternelle reste celle de la dolce vita ! Cette frustration de ne pouvoir communiquer lorsqu'il était à l'Est l'avait incité à ne pas avoir peur de nous, à ouvrir en grand ses portes à la presse. L'une de ses forces, car il était slave, différent, mais aussi parce qu'il n'appartenait pas au monde clos de la curie, a été de faire que quasiment tous les médias internationaux se captivent dès son élection en octobre 1978, pour le plus petit État du monde ! Jusque-là, seuls les médias italiens avaient une chronique quotidienne sur le Vatican, à l'instar des journaux japonais, qui en ont une sur la porcelaine, et des tabloïds britanniques sur la famille royale d'Angleterre. Jean-Paul II modifia ces habitudes et *Le Monde* comme *Libération* en France, sans oublier la presse catholique, bien sûr, se mirent à écrire presque chaque semaine sur le Vatican… Cela ne facilita pas notre tâche ! La technique de Navarro-Valls, manipulateur hors pair, était d'abreuver les journalistes d'un flot de documents. Déclarations quotidiennes, catéchèses du Saint-Père en de multiples langues, dont bien sûr le polonais, notes de synthèse, textes, télégrammes diplomatiques, liste des audiences, des nominations pontificales, sans compter le décryptage des événements internationaux concernant notamment les régions les plus méconnues de la planète, mais aussi de bulletins de santé, d'une précision presque trop clinique lorsqu'il souffrait de problèmes intestinaux. Le brillant porte-parole espagnol avait aussi assez de talent pour « balancer » de fausses confidences lors des conférences de presse… Bref, c'était un tapis roulant d'informations !

Alors que jusque-là, avisés, nous tentions d'avoir une double lecture de *L'Osservatore Romano*, submergés par les informations, il a fallu apprendre à interpréter les silences pour y trouver des pépites… Soit s'inspirer justement de la technique des pays de l'Est !

Les ambassadeurs près le Saint-Siège, souvent de grands diplomates envoyés là pour couronner une belle carrière, étaient eux aussi tenus d'avoir des réflexes nuancés, d'être imaginatifs. Ainsi fallait-il hier, et plus encore aujourd'hui avec Benoît XVI, savoir tirer les fils et tricoter à l'envers. Trouver des acteurs avec lesquels l'on puisse tisser une respectueuse complicité. Si je ne puis confesser qui sont mes fidèles sentinelles, j'ose aujourd'hui révéler que, des années durant, presque chaque fois que j'allais travailler à Rome, je ne manquais pas de présenter mes respects au cardinal Andrzej Maria Deskur, plus proche ami du pape depuis le séminaire. Ma chance fut que Jean-Paul II aimait s'entourer, le jour du Seigneur, de visages familiers dont celui du cardinal Deskur. Grand bourgeois polonais issu d'un milieu naguère très nanti, né au château de Kielce, élevé par des gouvernantes anglaises et françaises, ayant beaucoup d'aisance sur le plan mondain, Deskur avait été victime d'une attaque cérébrale pendant le conclave qui vit élire Karol Wojtyła. Paralysé depuis lors, le théologien et président émérite du Conseil pontifical pour les communications sociales était condamné à la chaise roulante, mais sa tête fonctionnait toujours. Ainsi tout le monde venait rendre visite par sympathie à cet intellectuel à l'humour ravageur, mais aussi dans le but détourné de faire passer des messages au pape. Or, il était gourmand. Il avait la meilleure table du Vatican bien qu'il ait prêté sœur Germana, « sa » cuisinière qu'il retrouvait chaque dimanche, au pape. Par chance, il s'était pris de sympathie pour moi et j'allais donc régulièrement prendre le thé chez lui, près de Domus Sanctae Marthae. Selon les usages qui dictent de ne jamais arriver chez un cardinal les mains vides, je lui offrais toujours un vin de Bordeaux de qualité, en souvenir de ses lointaines origines françaises, ou du chocolat. La simple vue de ces bouteilles le mettait de si bonne humeur qu'il me racontait alors tout ce qui se passait dans l'entourage du pape, tandis qu'une sœur polonaise nous apportait d'exquises pâtisseries. C'est d'ailleurs avec lui que m'est arrivé une de mes aventures les plus cocasses à Rome… Une année, je lui envoyai juste avant Noël mon ouvrage *Le Pape en privé*, dans lequel il était abondamment cité. Voyant mon nom sur le paquet, la sœur pensa qu'il s'agissait là d'une boîte de chocolats et le mit consciencieusement au réfrigérateur pour ne le sortir qu'après les fêtes et découvrir que les pseudo chocolats étaient en fait un livre sur Sa Sainteté ! Ainsi, le dimanche suivant, Mgr Deskur raconta à Jean-Paul II qu'il avait passé un mois au frais… Cette histoire les fit beaucoup rire ! Son Éminence était une source d'informations intarissable grâce à sa « polonitude », sa force, et l'un de mes meilleurs atouts, car cet intellectuel distingué, qui s'est éteint le 3 septembre 2011 à l'âge de 87 ans, comptait beaucoup de relations au Vatican. Il leur offrait, quand ils venaient lui rendre visite, de bons cigares, de gros Roméo et Juliette ou des San Cristobal que lui donnait le cardinal Jaime Lucas Ortega y Alamino, l'archevêque de Saint-Christophe de La Havane, et que sa religieuse gardait dans le bac à salade de son réfrigérateur. Si pour ma part je ne fumais pas le cigare, je repartais toujours de là enthousiaste, avec des révélations et de multiples détails sur l'existence quotidienne du Saint-Père… De vraies histoires non un cours de théologie, et la grisante sensation d'avoir percé quelques secrets et d'en savoir sûrement davantage que ma vingtaine de collègues tristement installés en permanence dans la salle de presse sous la surveillance de la terrible sœur Giovanna. Le dragon qui nous remettait nos badges temporaires[1] ! Cette religieuse de l'ordre des Paolines, petite rondouillarde, un brin moustachue, était si désagréable, surtout avec les femmes, qu'on l'avait ironiquement rebaptisée « sœur Sourire », les moins insolents l'ayant juste surnommée « sœur Tisane » ! D'ailleurs, un jour, pour me venger, je lui avais demandé si elle pensait que Marie, mère de Jésus, était toujours vierge[2]… Cela la mit dans une telle fureur qu'elle se posta devant les toilettes pour m'en interdire l'accès ! Sœur Giovanna a, par chance, pris enfin sa retraite en 2011, au grand soulagement des vaticanistes permanents qui, eux, devaient composer avec elle…

Dans les années 1920, les premiers correspondants au Vatican étaient au nombre de quatre : un ancien prélat de la secrétairerie d'État, Mgr Enrico Pucci, par la suite accusé d'espionnage en faveur du régime fasciste, et trois confrères italiens, Pietro Pasotti, Mario Seraiter et Giulio Bartoloni, père du vaticaniste Bruno Bartoloni[3]… Ils partageaient avec les pompiers un local sombre dans la cour Saint-Damase, jusqu'à ce que, en

1. Quelque trois cent quatre-vingt-deux confrères sont accrédités à la salle de presse.

2. Ce que j'osai lui demander car je savais qu'elle allait, quelques jours plus tard, prendre sa retraite !

3. Comme quoi l'on peut être vaticaniste de père en fils !

1963, notre corporation s'installe à l'angle stratégique de la place Saint-Pierre, dans un immeuble de style mussolinien aux murs de travertin grège. Une salle de presse spartiate avec, à côté, un distributeur automatique de boissons chaudes et froides, de biscuits et de croissants secs sous Cellophane. Seul détail cocasse : dans l'imposant hall survit une triste plante verte, rarement arrosée, dont le cache-pot a été creusé dans un tronc d'arbre, mais avec quand même, là encore, les armoiries du Vatican ! C'est, avec quelques posters pieux, l'unique élément de décoration qu'ont sous le nez, jour après jour, mes collègues. Chacun d'eux est confiné dans une guérite de la taille d'une cabine téléphonique dotée d'une télévision sans âge, reliée au système interne du Vatican. Ce qui permet néanmoins de suivre en direct toutes les cérémonies officielles. Mais autant le savoir puisque personne ne vous l'avouera en arrivant : là-bas, il n'y a qu'une vedette, à laquelle il ne faut jamais faire d'ombre : le pape ! Certains *monsignori* l'ont appris à leurs dépens… Pour cette raison, les cardinaux n'accordent que rarement des interviews, sauf lorsqu'ils publient un livre aux Éditions du Vatican car, pour eux, dire c'est trahir… Bridés, crispés, ces hommes de foi souvent érudits viennent alors dans la salle attenante à celle des journalistes donner de mornes conférences de presse, sous le contrôle implacable de *padre* Lombardi et du fort déplaisant Flamand Vik Van Brantegem, son âme damnée, encore plus acariâtre que sœur Sourire… Quel décalage, en effet, lorsqu'on rencontre ces brillants hauts prélats en tête à tête, où ils se révèlent alors passionnants, et quand ils s'expriment dans la Ville éternelle devant la presse spécialisée ! À cet égard, je me suis toujours demandé pourquoi, sous prétexte que nous abordons avec eux des sujets profonds, ces éminences nous réservent sur place un accueil souvent aussi peu spontané qu'inintéressant… Attitude en parfaite contradiction avec la technique qu'employait Jean-Paul II.

Autre style avec Benoît XVI… Mais il ne faut guère s'y tromper : ce n'est pas parce que le Saint-Père désormais tweete que le suivre est pain bénit. En effet, sa timidité et son austérité bénédictines rendent souvent notre tâche compliquée. Ainsi, comme me l'avait demandé Alain Genestar, notre directeur à l'époque où Joseph Ratzinger fut élu, je me plaçai sur-le-champ et demandai de faire dès le premier été un grand reportage sur Sa Sainteté. J'envoyai même une liste de questions car j'espérais qu'un journaliste français pourrait bénéficier d'une interview puisqu'on m'avait expliqué que le pape aimait beaucoup la France… Grave erreur psychologique ! Non seulement mes questions furent récupérées par un journal allemand[1] auquel le Vatican les remit, mais de plus il n'était pas question de s'indigner, cela aurait été préjudiciable pour l'avenir. Je dus donc attendre deux longues années avant d'être invitée avec un photographe à suivre Benoît XVI en privé ! J'avais en effet juste oublié au fil des ans, à cause des « méthodes de Karol Wojtyła », que le Saint-Siège reste le lieu le plus inaccessible de la planète. L'État souverain était redevenu aussi fermé qu'une forteresse médiévale ! Le pape ne boudait pas notre corporation, son dialogue étroit avec Dieu lui dictait juste de ne pas rencontrer les chroniqueurs d'éternité. Après tout, il

1. Par chance, mon directeur de *Paris Match*, ayant vu auparavant le questionnaire, pouvait en témoigner.

n'est écrit nulle part dans la Bible que le dernier intermédiaire connu entre la Terre et le Ciel doive rencontrer notre corporation ! Un cardinal allemand de ses amis, habile diplomate, m'avait conseillé : « Allez d'abord à Moscou pour suivre le patriarche orthodoxe de toutes les Russies. Vous reviendrez ensuite vers Rome. La route ne vous en sera que mieux tracée… » Sans essayer de comprendre son raisonnement aussi sophistiqué que sibyllin, j'ai obéi. Puisque c'était son ami, j'ai imaginé que sa psychologie était la bonne. Gagné ! Deux années plus tard, en décembre 2007, l'imposante porte de bronze s'est enfin ouverte ! Une semaine durant, j'ai pu alors, avec notre photographe, Jean-Claude Deutsch, suivre le Saint-Père. Sept jours particulièrement chargés et en contradiction avec son image publique. Il est en fait affable, méthodique, réservé, peu bavard… sans réel décalage avec son discours du 20 mai 2012, lors de la Journée mondiale de la communication, où il déclarait : « Le silence fait partie intégrante de la communication. Sans lui, aucune parole riche de sens ne peut exister. » Pas de quoi rendre optimiste un journaliste ! J'ai ensuite, en 2010, été réinvitée chez le pape. Alors que je lui avais quelques jours auparavant fait porter mon dernier livre, *Rosso Cardinale* (*Les Robes rouges*), édité en italien chez San Paolo, maison qui l'avait souvent publié, il évoquait avec moi chaleureusement mon livre en me disant : « Puisque nous avons le même éditeur, cela prouve que vous êtes un écrivain rigoureux. » J'osai alors lui avouer *mezza voce* qu'il m'entraînait à faire un péché d'orgueil. « Mais non », me répondit-il en français en prenant mes mains. Je poursuivis : « Si Votre Sainteté m'y autorise, je raconterai cette petite séquence dans mon journal. » Il me regarda alors en souriant avant d'ajouter : « Cela n'est pas urgent... » Je quittai son appartement à la fois contente et perplexe.

Difficile, en ces termes, d'analyser sa stratégie médiatique. Car, simultanément, s'est opérée au Vatican une révolution numérique qu'il a encouragée. Depuis le 2 juillet 2011, un site Internet rassemble sur un même portail la totalité des informations émises par le Saint-Siège. En consultant www.news.va, les internautes peuvent accéder aux dépêches de l'agence Fides (qui dépend de la Congrégation pour l'évangélisation des peuples), écouter des émissions de Radio Vatican, lire les dernières éditions de *L'Osservatore Romano*, dont certaines colonnes traitent notamment du langage des gestes et des signes dans l'iconographie paléochrétienne... Qui dit mieux ? Ou encore suivre des vidéos de l'Angélus, des audiences, des messes de Benoît XVI mises en ligne par le Centre de télévision du Vatican. Et les nouvelles diffusées par le service d'informations du Vatican sont regroupées sur son site Internet. Un autre site, www.141012.fr, propose un programme diocésain. Par ailleurs, la Libreria Editrice Vaticana vient de signer un accord avec Apple pour la commercialisation de livres publiés en version numérique. Plusieurs conférences du pape sont maintenant disponibles sur iTunes. « Toute nouvelle technologie de communication devient importante pour la mission évangélique de l'Église », a expliqué *padre* Giuseppe Costa, directeur de la maison d'édition. Pour la plus grande joie des chercheurs, la bibliothèque apostolique, riche de plus d'un million et demi de pages de manuscrits et d'incunables du XVe siècle est maintenant, elle aussi, consultable gratuitement en ligne.

Enfin, le pape a annoncé le thème de la prochaine Journée mondiale des communications sociales, le 12 mai 2013 : « Réseaux sociaux, porte de vérité et de foi, nouveaux espaces pour l'évangélisation. »

Enfin, dans le but de mieux contrôler la communication après les multiples scandales qui ont terni l'image du Vatican et de Benoît XVI, le cardinal Bertone à l'été dernier a décidé d'engager un consultant médias : Greg Burke, 45 ans, correspondant à Rome de Fox News dont les mauvaises langues n'ont pas manqué de dire qu'il était un neveu de l'archevêque Raymond Burke qui préside la Cour de cassation, toutefois personne n'en a la preuve ! *Padre* Lombardi continue d'assurer son rôle de porte-parole et l'ancien journaliste américain est chargé de rassurer la presse, de faire en réalité de l'intox, en s'inspirant des méthodes du directeur de communication de la Maison Blanche. Une stratégie qui est en fait un moyen d'aider le cardinal Bertone, dont le profil est largement écorné depuis le fâcheux épisode baptisé Vatileaks. Il s'agit d'expliquer avec amabilité les récentes affaires du *professore* Gotti Tedeschi, limogé violemment de l'IOR, d'essayer de redessiner une nouvelle image du Saint-Siège et d'essayer d'arriver à une forme de transparence après des années de flou dans ce domaine… Une méthode à laquelle les journalistes n'étaient plus habitués depuis la mort de Jean-Paul II. Sans doute faut-il aussi remarquer que, comme Joaquín Navarro-Valls, Burke est membre de l'Opus Dei, où militent des maîtres dans l'art de l'influence et du lobbying. Heureusement, l'homme a pour l'instant bonne réputation auprès des vaticanistes, trois cent quatre-vingt-trois correspondants à ce jour, auprès desquels il passe pour un professionnel sérieux et honnête connaisseur du système. Ils le côtoient de longue date car il a représenté à Rome *Time Magazine* et a couvert le Vatican ainsi que les événements majeurs du Moyen-Orient. En réalité, avec *padre* Lombardi, plus fuyant que coopératif, nombre de collègues de la salle de presse restaient sur leur faim ou étaient nourris de miettes. Greg Burke, journaliste lui-même, devrait en théorie connaître nos attentes et, à la secrétairerie d'État, on a sans doute mesuré que le temps était venu qu'un collaborateur laïc serve désormais d'interface entre le Vatican et la presse. Avec son air jovial et son habileté gagnée à l'Opus Dei, ce dernier peut tenter de nous passer des messages et surtout recueillir de précieuses informations sur ce qui se trame parmi l es journalistes pour en avertir la secrétairerie d'État ; telle est la stratégie du Vatican.

Cette présence virtuelle du pape est devenue celle de l'Église dans le monde. Ce nouveau portail fort onéreux permet de partager les informations sur les réseaux sociaux actuels, Facebook, Twitter ou YouTube, de même qu'il facilite la communication entre les sages cardinaux, qui s'en servent davantage pour joindre leurs ouailles que pour communiquer entre eux ou échanger sur des sujets techniques… Quelques « clics » suffisent maintenant pour suivre la dernière homélie du pape ou son voyage… L'Église n'est-elle pas, comme Sa Sainteté l'a elle-même exprimé, « le premier réseau social mondial » ? Et avec vingt siècles d'avance ! Progrès dont profite l'Hexagone, puisque Radio Vatican et le Centre de télévision du Vatican enrichissent leur offre sur YouTube d'une version française accessible pour permettre de suivre l'actualité de Benoît XVI et du Saint-Siège[1].

Au début de l'été, Mgr Claudio Maria Celli, président du Conseil pontifical pour les communications sociales, avait demandé audience au pape avant qu'il ne parte pour Castel Gandolfo. Il voulait, expliquait la petite note, « remettre à Benoît XVI un iPad ». Celui-ci soupira, mais se plia néanmoins de bonne grâce à ce rendez-vous fixé au 28 juin. Ce matin-là, Celli et deux de ses collaborateurs firent au pape une démonstration de l'iPad. À la surprise de son entourage, Benoît XVI, un brin inquiet, mais aussi curieux qu'amusé et qui savait que le sévère cardinal Martini l'utilisait beaucoup, tapota avec application sur la tablette numérique… et se fendit de son premier « saint tweet » : « Chers amis. Je viens de lancer le site www.news.va. Que soit loué Notre-Seigneur Jésus-Christ ! Avec mes prières et mes bénédictions. » Signé *Benedictus XVI*. Un tweet unique qui fit immédiatement le tour de la Terre ! Et le compte Twitter de Sa Sainteté en huit langues (pour la France : @pontifex) a depuis quelque 2,5 millions de suiveurs. Un réel potentiel pastoral[2] et une publicité inespérée pour le smartphone ! Le pasteur de l'Église universelle a entraîné un réflexe grégaire… On peut maintenant avoir en application sur son smartphone les sites iBible, MessesInfo, Prions en l'Église, Evangelizo… et suivre en direct les conférences de Carême et autres célébra-

1. En vidéo sur www.youtube.com/vatican.fr. Cette version complète ainsi celle existant déjà en italien, anglais, espagnol.

2. En majorité anglophones et hispanophones comme l'explique le Saint-Siège : entre le 12 décembre et le 31 janvier 2012, Sa Sainteté a lancé 23 tweets.

tions avec, en prime, une retraite virtuelle, à l'initiative des dominicains de Lille. Ces nouveaux outils célestes de propagation de la foi ont contre toute attente séduit le pape qui, d'ailleurs, est resté médusé de voir qu'au dernier synode sur la nouvelle évangélisation, qui s'est terminé le 28 octobre, ses cardinaux et évêques passaient leur temps à tweeter ! Comme le confie Mgr Celli, « Sa Sainteté a compris qu'aujourd'hui une manière différente d'apprendre et de penser permet d'établir de nouvelles relations et de communier autrement. Le monde numérique rassemble une population libre et l'Église se doit d'être parmi elle pour lui offrir les valeurs proclamées par l'Évangile et utiliser tout ce qui est à sa disposition en créant un véritable dialogue avec ce milieu qu'offre la culture numérique. Nous mesurons parfaitement cette évolution car plus personne ne vit sans smartphone, Internet, ni SMS… Une culture qui va nous faire réfléchir à la façon de dialoguer avec des jeunes n'ayant connu que cela ». « Quel enjeu ! » admet-il, mis en compétition avec le « jésuitissime » *padre* Lombardi… Des jésuites ayant acquis leurs lettres de noblesse il y a des lustres et précurseurs en matière de communication, à la suite de saint Marc, surnommé depuis des siècles l'« évangéliste reporter » pour avoir présenté dans ses récits Jésus et ses disciples.

Un autre jésuite est cependant à mentionner : le père Frank Browne, téméraire photographe de génie, qui échappa au naufrage du *Titanic* et dont les clichés purent être publiés dans les journaux du monde entier. Ce religieux irlandais, embarqué sur le paquebot le 10 avril 1912, soit cinq jours avant la catastrophe, avait fait pendant la traversée un extraordinaire reportage sur les passagers, mais également sur les membres de l'équipage qui trouvèrent ensuite la mort. Il avait suivi, avec des réflexes de journaliste, la vie sur le transatlantique, du ponton à la salle de radiotélégraphie, des marins et employés aux luxueux salons de réception. Ces trésors inspireront de multiples films dont celui récent de James Cameron, car le jésuite sauva aussi son appareil et l'irremplaçable boîte en métal dans laquelle se trouvaient ces documents extraordinaires. Lorsqu'on rappelle cela au *padre* Lombardi, il soupire. Le passé lui importe moins que l'avenir, lui qui n'a pas vraiment les moyens avec sa petite équipe d'une quinzaine de personnes de contrôler les déclarations désordonnées des proches du pape, quand ceux-ci prennent en toute discrétion directement contact avec quelques journalistes. Du caviar comparé aux mornes informations distillées depuis l'avènement de Benoît XVI par *padre* Lombardi ou son entourage. À la Sala Stampa du 54, via della Conciliazione, c'est « chacun pour soi, Dieu pour tous ! » avec peu de scoops pour qui reste là ! Ce que les plus brillants chroniqueurs, Luigi Accattoli, Bruno Bartoloni et Marco Politi savent. C'est pourquoi on les y voit peu. Quant à moi, femme dans cet univers quasi exclusivement peuplé d'hommes, j'étais obligée de ruser, d'être inventive. C'est ainsi que je me liai d'amitié notamment avec un important personnage qui habitait à San Callisto, l'une des enclaves vaticanes hors les murs. Derrière ce palais ancien donnant sur la piazza Santa Maria in Trastevere, de grands bâtiments ocre protègent une cour. Là, au troisième étage, d'où l'on a une vue imprenable sur la coupole de Saint-Pierre, sont logés quelques membres du Saint-Siège à la tête de plusieurs dicastères. Un lieu calme, sans gardes suisses. Une chance, car les cardinaux se sentent moins épiés, même si chaque personne allant les voir est inscrite à l'entrée sur le registre de la conciergerie. Mon « indic' », qui avait la main verte, entretenait avec beaucoup de soin les plantes de ses collègues vivant au même étage. Une bénédiction pour moi, car cela me permit, grâce à sa connivence, de mettre au point un système d'une redoutable efficacité : je l'appelais pour lui poser des questions précises, auxquelles pouvaient répondre ses éminents voisins... Le soir, tout en arrosant généreusement leur jardin d'hiver, mine de rien, il interviewait ses cibles. Cet exercice donnait du piment à son quotidien car il occupait des fonctions protocolaires... Les cardinaux, fort reconnaissants de son travail, répondaient sans arrière-pensée et livraient même leurs « jardins secrets ». Le lendemain, je lui téléphonais et notais chacune de ses phrases ! Pour le remercier, dès que j'arrivais dans la Ville éternelle, je me précipitais à San Callisto pour lui offrir des chocolats et, à lui aussi, du vin de Bordeaux qu'il acceptait... même pendant le Carême, car, contrairement à ce que l'on peut imaginer, ces personnages ne sont pas gâtés. C'était une époque de grâce ! Autre technique d'approche : lors des voyages dans l'avion papal, pour faire connaissance avec de nouveaux cardinaux et étoffer mon réseau, j'avais compris qu'en me postant devant les toilettes, la mine souffreteuse afin d'attendrir les hôtesses et qu'elles ne me renvoient pas à mon siège, j'aurais des chances de pouvoir leur parler... À leur âge, dès que nous avions décollé, c'était un défilé. Avant de rejoindre leur siège, les pieux hommes étaient souvent enchantés de deviser un petit moment avec moi. Après quelques minutes, de peur que je ne puisse ensuite plus les atteindre, je leur demandais leur numéro de portable et, quand ils hésitaient, je leur expliquais que leurs collègues m'avaient déjà donné le leur. En un trajet, j'avais mon papier en poche et toujours plus de relations au Vatican. Quant à mes confrères, ils n'avaient rien vu !

Ce journalisme de terrain peut paraître démodé à certains, face au flux d'informations déversées sur Internet, qui parfois ne pardonnent pas. C'est ainsi que les Anonymous, par exemple, ont piraté plusieurs sites du Vatican et de divers dicastères, affirmant « vouloir punir l'Église apostolique et romaine corrompue et toutes ses émanations ». Par ailleurs, comme le raconte un précédent chapitre, des lettres personnelles de Sa Sainteté ont été publiées dans le livre de Gianluigi Nuzzi, incitant *L'Osservatore Romano* à imprimer en une : « Les papiers volés du pape ». Une première ! Le substitut de la secrétairerie d'État[1], l'archevêque Angelo Becciu, a expliqué « combien le pape avait été blessé, moralement affecté par la gravité des faits, utilisant même les termes de venin, violation, violence… » Trois « v » rarement employés quand il s'agit de l'intimité de Sa Sainteté. Surtout dans ce quotidien mythique qui a fêté en juillet 2011 ses 150 ans et se définit comme un journal universel et catholique, au sens le plus littéral du terme. Sa vocation est, d'après Giovanni Maria Vian, son actuel directeur[2], « que les informations internationales reflètent, sans que ce soit officiel, le point de vue

1. Ce qui, dans le civil, correspond au secrétaire général du gouvernement.

2. Depuis 2007.

du Saint-Père ». Il ne résiste pas, toutefois, à révéler ce qu'avait naguère écrit Paul VI, fils de journaliste : « Il fallait savoir que *L'Osservatore Romano* était un journal fort difficile à composer, parce qu'il devait conjuguer les exigences particulières du Vatican avec les moyens limités à sa disposition. » Une sorte d'autoconfession. Malgré la vétusté de son système de distribution et sa petite équipe de vingt-cinq rédacteurs, ce journal, né le 1er juillet 1861, reste l'un des plus connus au monde. Ses huit pages, maintenant en couleurs, et son tirage limité à cent mille exemplaires, toutes éditions confondues[1], ne l'ont guère empêché d'avoir une influence internationale. Singularité supplémentaire : c'est le seul « canard » qu'on ne peut trouver dans le pays où il est édité, puisqu'il n'y a pas de kiosques à l'intérieur du Vatican ! Imprimé en fin de matinée, il est surtout vendu par abonnements, mais on peut aussi l'acheter à partir de 15 heures à Rome. Dernière surprise, dans le cahier des charges qu'il remit au nouveau directeur il y a cinq ans, Benoît XVI lui demandait de féminiser sa rédaction. On est encore loin de la parité mais il y a quand même, régulièrement, un supplément destiné aux lectrices et rédigé par des femmes issues des milieux catholiques. Nouveauté appréciée de son directeur, en quatrième de couverture, ô surprise, on a pu lire par exemple un sujet d'une page entière sur Tintin[2], avec

1. Française, anglaise, espagnole, portugaise, allemande, polonaise – lancée par Jean-Paul II –, et plus récemment en malayalam, diffusée en Inde méridionale au Kerala. Quotidien pour l'Italie et hebdomadaire pour les éditions étrangères.

2. Un sujet titré « Un héros catholique » et sous-titré : « Tintin, chevalier sans tache, exalté par le goût du mystère et l'impératif de protéger les plus faibles »…

un portrait du célèbre reporter à la houppette suivi de Milou, seul chien virtuel du Vatican, car le journal a aussi sa version Internet.

Dernier puissant organe de presse de la Sainte Église, l'incontournable Radio Vatican, fondée il y a quatre-vingts ans par Pie XI qui voulait avoir sa propre radio, aux ondes les plus puissantes possibles afin de transmettre des informations, des messages religieux et l'Évangile sur chaque continent. Il s'exprima solennellement la première fois le 12 février 1931 dans le micro de Guglielmo Marconi. Ce n'est que trente-neuf années plus tard, en 1970, que Radio Vatican s'installa hors les murs, au Palazzo Pio, sans s'émanciper pour autant. Entre les mains des Jésuites, toujours eux, et dirigée là encore par *padre* Lombardi, l'homme-orchestre de la salle de presse, qui contrôle presque toute l'information, depuis peu avec Greg Burke, la radio dispose d'un site Internet : www.radiovaticana.va. Elle fonctionne avec des voix de jeunes journalistes qui, après le mélodieux indicatif *Laudetur Jesus Christus*, à 8 h 15 et 18 heures, donnent des nouvelles internationales, avec pour seule consigne : avoir un regard chrétien sur l'humanité, en insistant sur les crises oubliées, les questions sociales, morales, de pauvreté, celles des catholiques en proie à des difficultés. Le réseau des soixante-dix correspondants internationaux professionnels complète les zélés bénévoles que sont les relais ecclésiaux, jusque dans les régions les plus reculées du globe. La diffusion par Internet facilite son écoute par les catholiques de Chine – 1 % de cette population, certes… mais qui représente quand même de douze à quinze millions d'individus ! –, jusque-là inatteignables en raison des ondes courtes et moyennes de leur pays. Et à Rome, deux cents journalistes, de cinquante-neuf nationalités, hommes et femmes pour la plupart laïcs, diffusent la voix du pape, rendent quotidiennement compte des activités du Saint-Siège et font connaître le point de vue de l'Église sur les grandes questions d'actualité. *Padre* Lombardi, qui règne au deuxième étage, a souvent une mine si sombre que, lorsqu'il arrive, prévenu par radio-couloir, chacun s'enferme dans son bureau… Il reste toutefois omniprésent et on comprend mieux pourquoi certains confrères tiennent à entretenir d'agréables relations avec l'homme au costume gris anthracite à col romain. Car il est également le directeur général de CTV. Petite chaîne créée par Jean-Paul II, en 1983, dans le but premier d'offrir des retransmissions en direct des manifestations papales et les proposer gratuitement[1] à ceux souhaitant s'en faire l'écho. Ce fut une idée lumineuse de Joaquín Navarro-Valls de rendre accessibles les innombrables images de ses activités, non seulement celles se déroulant au Vatican, tels l'Angélus, les audiences générales du mercredi et autres cérémonies, mais encore les visites pastorales du Saint-Père en Italie et dans le monde. Depuis lors, ce système retransmet les événements marquants de la vie du pape mais la plus grande richesse de cette télévision est constituée par sa vidéothèque et ses dix mille cassettes, abritées dans des locaux à hygrométrie contrôlée, soit environ quatre mille heures d'enregistrements. Un

1. Pour faire, de la sorte, profiter aussi les diffuseurs des pays pauvres de l'assistance quotidienne aux médias et diffuseurs.

trésor accessible aux chaînes internationales et aux producteurs de documentaires du monde entier, voire aux particuliers. Au cours des dix dernières années, CTV a également réalisé de nombreux longs métrages sur le Vatican, sur les basiliques majeures romaines et, en tout premier lieu, sur Sa Sainteté Benoît XVI.

Toutefois, qui n'est pas italien a du mal à comprendre cette relation viscérale entre l'Église et l'État. Comme l'explique Mgr Terrancle, vicaire général des Alpes-Maritimes, longtemps numéro deux de l'ambassade de France près le Saint-Siège[1], « il reste quelque chose de Don Camillo et Peppone dans ce face-à-face, où depuis les accords du Latran chacun s'accommode de l'autre. C'est en réalité un mariage de raison, beaucoup plus solide que ne le serait probablement un mariage de passion ! Par ailleurs, les Italiens sont tombés dans l'Église lorsqu'ils étaient petits puisqu'ils ont confisqué le pape des siècles durant et que les hommes politiques d'un côté, ceux d'Église de l'autre, font les efforts nécessaires car ils sont indissociables. Quant à notre clergé, il peut bénir la bienheureuse séparation de l'Église et de l'État ! Grâce à cela, en France, les fidèles ne sont tenus d'entretenir ni les églises ni les cathédrales[2] puisque les premières sont à la charge des communes, les secondes de l'État[3]. Or, l'Église restant en Italie la colonne vertébrale du pays, elle gère, notamment, d'innombrables œuvres

---

1. Comme conseiller ecclésiastique de l'ambassade de 1990 à 2002.

2. À titre d'exemple, le bourdon et les huit nouvelles cloches de Notre-Dame de Paris coûtent deux millions d'euros.

3. La conservation des édifices religieux, que fréquentent de moins en moins de fidèles, est un problème dans l'Europe entière, où des milliers de bâtiments sont menacés. Toutes les Églises chré-

sociales et communautés qui autrement incomberaient à l'État. Ils mènent leur affaire main dans la main, en souplesse, et il ne se passe de mois sans que le pape et le président de la République, Giorgio Napolitano[1], ou le Premier ministre, ne se rencontrent. On trouve opportunément des occasions de se rapprocher comme l'anniversaire du pontificat de Benoît XVI ou lorsque Sa Sainteté invite le chef de l'État italien à un concert… »

Ce fut le cas pour fêter ses 85 ans au Vatican, salle Nervi, sous la baguette de Riccardo Muti[2]. Autre exemple, deux semaines plus tard, le Saint-Père s'est rendu à la Scala de Milan, reçu par le maire et avocat de gauche, Giuliano Pisapia[3], pour écouter du Beethoven dirigé par Daniel Barenboim. Chef d'orchestre qu'il a retrouvé le 11 juillet avec le West-Eastern Divan[4], à Castel Gandolfo, où, là encore, ils ont joué du Beethoven[5] en faveur de la paix dans le monde.

Mais il ne faut pas croire pour autant qu'à l'ombre de Dieu la vie soit toujours une douce mélodie !

---

tiennes sont conscientes d'avoir à y faire face prochainement de façon urgente, nonobstant la bonne volonté des politiques.

1. De la même génération que le pape, Giorgio Napolitano a 87 ans.

2. Pour exécuter des œuvres de Vivaldi et Verdi avec l'orchestre et le chœur de l'Opéra de Rome.

3. Élu en 2011.

4. Qui regroupe des musiciens israéliens, palestiniens et de divers pays arabes.

5. La *Symphonie n° 5* et la *n° 6*, dite « Pastorale ».

12

Habemus Papam La foi dans la joie

Samedi 16 mars 2013, trois jours seulement après son élection, pour la première fois, le pape François apparaît devant les médias. Rayonnant et chaleureux lorsqu'il arrive sur la scène de la salle Paul VI, Jorge Mario Bergoglio est immédiatement très applaudi. Un geste rare de la part des journalistes, émus de sa spontanéité. L'Argentin a un peu la démarche de l'homme de la pampa et dégage une énergie communicative. Il règne une atmosphère de joie, un vent qui nous vient du Sud. L'ambiance est plus fébrile que solennelle, le 265e successeur de Pierre s'assied sur son imposant fauteuil et, après nous avoir bénis, parle comme s'il s'adressait à chacun de nous, droit dans les yeux. En moins d'une semaine il a gagné son pari, séduire le peuple de Dieu dans l'attente d'un Pasteur accessible au cœur des hommes mais aussi des journalistes. Une tâche néanmoins difficile, surtout pour un ancien cardinal qui, se méfiant de la presse, ne donnait presque jamais d'interviews. Le pape François, dont l'audimat mondial a grimpé au fil des jours, est devenu malgré lui, ce mercredi 13 mars 2013 soit à peine trente et un jours après le renoncement de Benoît XVI, une star des médias. Par ailleurs, les numérologistes étudient ces chiffres qui retiennent leur attention à cause de l'accumulation de 13 dont un 31 à l'envers !

Comment les cardinaux ont-ils élu l'évêque de Rome ? Tel que me l'a révélé l'un des 115 votants du conclave en brisant le secret, « Claudio Hummes, l'archevêque émérite de São Paulo, a été cette fois-ci le "faiseur de roi" ». En effet, grâce à sa longue expérience de la Curie en tant que préfet de la Congrégation pour le clergé de 2006 à 2010, le haut prélat brésilien connaît les archevêques du monde entier. C'est donc cet influent cardinal qui a fait basculer les voix en faveur de Bergoglio. Revenons au pré-conclave où l'image d'un pape non-européen s'était au fil des jours profilée quand chacun avait déjà un ou deux noms en tête et voulait cette fois-ci qu'il soit aussi un chef de gouvernement, où, à la pause-café, avec un léger sourire, Bergoglio répétait : « Nous revoilà à huit années de distance… » On avançait également l'idée d'un successeur asiatique et jeune, le Philippin Luis Antonio Tagle, 55 ans, ce qui entraîna cette réflexion en français d'un *monsignore* agacé : « Tagle ? Ta gueule… ! » et jeta un léger froid au sein de la pieuse assistance… Dès l'après-midi du premier jour dans la chapelle Sixtine les deux favoris, l'archevêque de Milan le Lombard Angelo Scola, et celui de São Paulo d'origine allemande, Odilo Scherer le candidat du Nouveau Monde, firent le plein de leurs voix, avec un avantage pour Scola, laissant quelques bulletins aux deux autres *papabili*, le Québécois Marc Ouellet et le Nord-Américain de Boston Sean Patrick O'Malley. Tout était bloqué, d'abord pour Scola, car bon nombre de cardinaux, notamment italiens, lui reprochaient d'avoir fait campagne à travers les médias de la Péninsule ; quant à son concurrent Scherer, d'aucuns rappelaient qu'au-delà de n'avoir jamais été choisi à la tête de la Conférence épiscopale brésilienne, Benoît XVI l'avait reconduit le 16 janvier dernier pour un mandat de cinq ans au conseil de surveillance de la banque du Vatican, l'IOR. Un sujet ultrasensible et un cadeau empoisonné, même pour un candidat issu d'un pays lointain ! Au sein de cette assemblée d'hommes d'expérience, on sait que « *Il Papa nella giornata si fa e si disfa* » : « Qu'en un jour on fait un pape et le défait. » C'est là que la fidélité et le talent du franciscain brésilien Hummes furent déterminants. Avec Óscar Andrés Rodríguez Maradiaga, le subtil et souriant cardinal du Honduras qui partage sa même approche de l'évangélisation, Hummes recueillit en faveur de Bergoglio, piémontais d'origine, les voix des divers clans. Des racines italiennes providentielles car le compromis séduisit à la fois plusieurs cardinaux italiens, dont Scola résigné qui pouvait difficilement voter pour son « adversaire », les Américains tous unis derrière l'archevêque de Washington Donald Wuerl, et quelques non-Européens. Hummes entretient par ailleurs des relations tendues avec Odilo Scherer son voisin à l'archevêché. Proche des déshérités, le franciscain accepte mal que son successeur gère son diocèse davantage en manager qu'en apôtre des pauvres. Enfin, d'habiles stratèges rappelèrent que le Brésil allait accueillir en juillet 2013 les JMJ, en 2014 la coupe du monde de football et en 2016 les jeux Olympiques… Une manne d'événements suffisants ! Côté Europe, Stanisław Dziwisz ramena quelques voix des cardinaux créés par Karol Wojtyła, avec la promesse que les JMJ de 2015, coïncidant avec le 1 050e anniversaire de la Pologne, seraient organisées chez lui et que Jean Paul II serait canonisé. Ces arrangements avec le Ciel firent de Jorge Mario Bergoglio, au cinquième tour de scrutin, grâce à l'alliance latino-américaine d'abord, le 266e pape et premier souverain pontife jésuite en vingt siècles. Et là, il marqua déjà sa différence puisque, à peine élu, au lieu de s'asseoir dans la chapelle Sixtine sur le fauteuil papal, il descendit parmi les cardinaux.

On comprend maintenant pourquoi le Serviteur François rendit devant les médias internationaux un vibrant hommage au cardinal Hummes. Avec, de surcroît, un certain humour, puisque le troisième jour de son pontificat, Sa Sainteté nous remercia pour notre travail et sans doute de l'avoir opportunément oublié, non pas dans nos prières mais dans nos articles ! Aucun de nous n'aurait osé faire figurer parmi les favoris du « conclave des journalistes » un saint homme de 76 ans qui, ayant détenu trente-cinq voix en 2005, les avait fait alors reporter sur Joseph Ratzinger.

Mais qui est ce nouvel héritier de deux mille ans d'Histoire dont les Romains clament « élection pluvieuse, élection heureuse » ? Encore un inconnu, donc – sauf pour les cardinaux, les jésuites et les Argentins –, que près de cent mille croyants ont découvert ce mémorable mercredi place Saint-Pierre, à 20 h 20 précises, et que des centaines de millions de téléspectateurs fébriles ont suivi en direct sur leurs écrans.

Arrivé à Rome par un vol de classe économique,

vêtu d'un costume de clergyman gris anthracite col romain et sans secrétaire particulier, le *padre* Bergoglio, tel qu'on l'appelait quelques jours auparavant, a immédiatement imposé son style. Après avoir célébré sa première messe dominicale non pas à Saint-Pierre sous le baldaquin grandiose du Bernin mais à Sant'Anna petite église du Vatican, tel un curé de paroisse il est allé saluer spontanément les fidèles, au lieu de filer dès la cérémonie terminée. Affolement, ce matin-là, de Domenico Giani le chef de la gendarmerie, auquel il avait déjà décrété refuser d'être conduit dans les grosses limousines papales noires blindées et voulait qu'on place moins de membres de la sécurité à ses côtés afin de pouvoir approcher les chrétiens. Pour lui, la proximité est souveraine et là où il célèbrera la messe, les portes de l'église devront rester ouvertes car la demeure du Seigneur doit accueillir tout le monde. La pourpre vaticane lui a immédiatement pesé. De fait, à peine élu, a-t-il refusé, pour apparaître à la loggia de Saint-Pierre d'endosser la mozette rouge bordée d'hermine, les mocassins de même ton – bien qu'on ne les voyait pas – décidant de chausser de confortables souliers noirs. Il a également décliné la lourde croix en or, préférant garder la sienne en argent reçue lors de son ordination épiscopale à Buenos Aires, le 20 mai 1992. Certains cardinaux irrités y virent un magistral et séduisant savoir-faire jésuite, la première note donnant souvent le ton de la chanson. En réalité, d'après l'autre cardinal du même ordre, Roberto Tucci, cela contrariait sa nature. « D'une réelle simplicité, cet intellectuel éclairé au verbe délié, libre, aussi intelligent qu'érudit, empreint d'une profonde spiritualité, oscillant entre humilité et fermeté, ne veut pas se couper des croyants "À la plus grande gloire de Dieu" selon notre devise. » L'Ordre est omniprésent dans la Ville éternelle, siège du général des Jésuites et où ils détiennent aussi de prestigieux établissements : les Universités de la Grégorienne et la Sapienza, les collèges San Roberto Bellarmino, Massimo, Pio latino, Brasiliano et Germanico-Ungherese, *La Civiltà Cattolica*, leur revue bimensuelle de référence, Radio Vatican… Au fil des siècles, cette élite puissante est devenue un État dans l'État et, en plus de prononcer les trois vœux traditionnels de pauvreté, d'obéissance et de chasteté à leur supérieur, les membres de la Compagnie de Jésus font celui, spécial, d'allégeance absolue au pape. C'est ainsi, par exemple, que *padre* Tucci, qui dirigeait Radio Vatican, s'est retrouvé du jour au lendemain en 1982 et pour vingt années l'organisateur des voyages de Jean-Paul II. Cette singularité passionne aujourd'hui les observateurs du Vatican… François sera-t-il plus jésuite que souverain pontife ? Comment répondre tant la nature de ce chimiste et docteur en théologie, qui a gardé jusqu'ici sa part de mystère, semble riche et complexe ? Si les cardinaux ont apprécié que François soit monté avec eux dans le bus qui les ramenait après son élection de la chapelle Sixtine à Sanctae Marthae, l'hôtel des cardinaux et prêtres de passage situé dans l'enceinte du Vatican, et ait partagé leur premier repas, ils ont trouvé superflu qu'il aille lui-même le lendemain en centre-ville régler sa note d'hôtel. D'autant que la résidence pour les prêtres Domus Internationalis Paulus VI, située *Via della Scrofa* entre une galerie de tableaux et une luxueuse parfumerie, appartient au Saint-Siège… Dans son implacable logique, ce pape, extrêmement rigoureux sur le plan doctrinal comme il l'a annoncé mais progressiste socialement qui, parmi d'autres gestes forts, choisit de célébrer la messe du Jeudi saint dans un centre de détention pour mineurs, de laver cet après-midi-là les pieds de douze jeunes détenus de toutes confessions, dont deux femmes – et rédigera sans doute bientôt une encyclique sur sa doctrine sociale de l'Église –, portait lors de sa première messe dominicale des parements liturgiques dépouillés. Trop courts, laissant dépasser ses pantalons. Pas de mitre ni de chasuble rebrodée de fils précieux pour glorifier le Seigneur, transmettre la foi. Le pape était aussi soulagé que Jean-Paul Ier ait supprimé en 1978, en à peine trente-trois jours de pontificat, la « *sedia gestatoria* », trône d'une autre époque, porté sur l'épaule par quatre gentilshommes de cour à la démarche chaloupée qui, au-delà de son aspect compassé, donnait mal au cœur au pauvre souverain pontife juché sur ce somptueux fauteuil en bois doré. Bergoglio est influencé par le testament moral de son maître et ami, le cardinal jésuite Martini, décédé en août 2013, qui soulignait entre autres : « Nos rites et nos habits sont trop pompeux. » Une vision de l'Église peu complaisante à laquelle il souscrit car il veut être accessible aux âmes de bonne volonté. Aussi, pour ne pas s'inscrire dans la continuité d'un Jean-Paul II marqué par l'espérance et d'un Benoît XVI d'abord tourné vers le dogme, a-t-il choisi le nom de François. En référence à la charité et d'abord à saint François d'Assise, saint patron de l'Italie, qui opéra au sein de l'Église médiévale une révolution en replaçant l'ascétisme à la base du message évangélique. Ce pape profondément humain, tactile, au tempérament de missionnaire et à la fougue latino-américaine qui a le sens de la rhétorique, joint volontiers le geste à la parole. Enthousiaste et conquérant, il donne des accolades, étreint les gens, apostrophe les enfants, se laisse embrasser par des religieuses et des fidèles bouleversés de l'approcher ainsi. Il aime, ce n'est pas feint, le contact avec les foules et leur a dès le premier soir demandé de prier pour lui. Un geste symbolique qui a autant marqué que le « N'ayez pas peur ! » de Jean-Paul II. Point de catéchèse obscure, juste des paroles claires qui incitent au recueillement, à l'intériorité. Créé cardinal en 2001, il avait dans son pays refusé tous les attributs du pouvoir : l'imposant archevêché, les serviteurs dévoués, l'automobile avec chauffeur… et comme pape, il a immédiatement bousculé les usages mesurant combien de flatteurs réflexes séculaires sont difficiles à combattre. Quand le préfet de la Maison pontificale lui précisa qu'il allait disposer d'un personnel pléthorique attaché à sa personne, cela le mit de mauvaise humeur, surtout en apprenant qu'un médecin serait en permanence à ses côtés. Il a eu du mal à accepter les honneurs de chaque instant ; c'est ainsi qu'en arrivant le 14 mars devant l'ascenseur de Sanctae Marthae, où quelques cardinaux laissaient, bien sûr, la priorité au pape, surpris par cette marque de respect excessive et ce soudain silence, il leur lança spontanément : « Venez avec moi, il y a de la place ! » Personne n'osa bouger… !

Si Jorge Mario Bergoglio a eu de graves problèmes respiratoires dans sa jeunesse, dont une pneumonie aiguë, qu'il vit depuis les années 50 avec un poumon et demi, sa résistance physique a toujours forcé l'admiration de son entourage qui prétend que cette épreuve et l'effort d'intégration d'un fils d'émigrés à la première génération ont forgé son caractère. Il n'aime guère tous ces privilèges de successeur du prince des apôtres, cet imposant protocole, qui le mettent mal à l'aise et lui donnent l'impression d'être un gaucho dans un flamboyant palais romain. Lui, qui exalte la charité, professe la miséricorde et mesure aussi qu'un pape on l'aime d'abord parce qu'il est le pape, veut une Église christo-centrée, en phase avec l'Évangile à son image « pauvre, pour les pauvres », tel qu'il le martèle depuis son élection. D'ailleurs vient-il de refuser l'appartement aussi vaste que magnifique du troisième étage du palais pontifical qu'ont occupé avant lui tous les évêques de Rome depuis 1870… Il réside donc à Domus Sanctae Marthae et habite une suite de 100 m^2 au décor fonctionnel, avec une chambre plutôt claire, un bureau, trois petits salons, deux salles de bains, une cuisine où il fait lui-même le matin son café, une vieille habitude à laquelle il ne déroge pas, importante pour son équilibre et pour garder une sensation de liberté. Une véritable révolution ! Comme me l'a avoué un cardinal proche de lui, « ce pape n'a pas un caractère très souple. » S'il n'a pas toujours fait l'unanimité parmi ses pairs, il était en revanche aimé et fort apprécié de ses étudiants d'après le témoignage de Javier Botana, naguère élève de première au Colegio del Salvador à Buenos Aires. « Nous étions en 1966. J'avais 17 ans. Je suis resté marqué par le charisme du jeune *padre* Bergoglio. Supérieur des études, il nous enseignait la psychologie. Clair, brillant, pédagogue, notre maître avait sur nous un réel ascendant et je n'ai jamais oublié sa bonté.

Quand mon père est mort, il est venu à la maison pour bénir son corps et soutenir avec beaucoup de compassion ma famille. »

Changement radical de décor et d'univers ! Depuis quelques jours, on raconte dans la Ville éternelle cette fable moderne : « *Via della Conciliazione*, la large avenue qui mène au Vatican, un jésuite interpelle un passant. "Dites-moi, Monsieur, je cherche la place Saint-Pierre, quelle direction dois-je prendre ?" "Vous allez avoir du mal à la trouver, mon père..." "Mais pourquoi ?" "Parce que c'est tout droit, juste en face de vous !"... » Il n'est pas aisé, en effet, de décrypter la psychologie jésuite, fut-il pape... ! Dans la ville aux neuf cents églises et autant de pizzerias, Sa Sainteté règne à présent sur la secrétairerie d'État, neuf Congrégations, douze Conseils pontificaux, deux tribunaux, la Préfecture des Affaires économiques, le patrimoine du Saint-Siège, le gouvernatorat de la cité du Vatican... 335 paroisses romaines, mais d'abord sur le collège cardinalice. Une épreuve pour un réformateur, enraciné dans d'autres valeurs, ayant pour but de resserrer le gouvernement de l'Église – qu'il souhaite décentraliser et simplifier, avec des réunions régulières et en coordination avec les présidents des Conférences épiscopales plus souvent présents. Il veut aussi s'entourer d'hommes nouveaux aux postes clés et a analysé qu'il faudrait simplifier les structures, la liturgie, communiquer autrement... bref, rendre le catholicisme plus attrayant, moins triste et austère, jouer une autre partition pour le milliard deux cent mille croyants, dont il est le saint patron. Enfin, le plus pénible, tenter d'assainir les finances de l'IOR, thèmes récurrents qui ont sûrement contribué à le faire élire. Son autre défi ? Arriver à dialoguer avec les différentes religions. Des décisions sans doute moins compliquées à prendre lorsque l'on vient « presque du bout du monde », selon sa propre expression. N'avoir jamais occupé de responsabilités à la Curie lui donne davantage de souplesse. D'autant qu'en débarquant ce solitaire amoureux du silence avait peu de relations dans la capitale italienne, juste quelques amis argentins et italiens parmi lesquels Santos Abril y Castelló, l'archiprêtre de *Santa Maria Maggiore*, les cardinaux Mejía et Tucci, auxquels il alla rendre visite peu de temps après son arrivée. Ce charismatique personnage plutôt sévère a toujours fui les manifestations officielles, les mondanités et le gratin romain. Pragmatique, à la fois homme d'action et de terrain, il va faire en sorte de privilégier l'essentiel, d'employer un autre ton, efficace, direct, comme lors de son premier discours *Urbi et Orbi* pour Pâques. Tutoyant deux cent cinquante mille personnes serrées avec ferveur de la place Saint-Pierre au Tibre, depuis ce célèbre balcon qui a vu s'exprimer tant de Pasteurs de l'Église universelle, il a fustigé les conflits mondiaux et a lancé un appel solennel pour la paix. Bientôt il va parcourir la Terre, d'abord le Brésil en juillet à l'occasion des Journées Mondiales de la Jeunesse.

Serait-il nostalgique en pensant à sa terre natale ?... En 2005, au hasard d'une confidence, l'austère religieux avait laissé échapper ces paroles angoissantes : « Je vous en prie, ne m'enfermez pas dans la Curie... Je pourrais en mourir... » Sa Sainteté François, obéissant aux vœux de son ordre, avait jusqu'à son élection au poste suprême vécu très sobrement loin du centre spirituel du catholicisme. Il doit depuis le 13 mars se plier à une nouvelle forme d'existence. Mais réussira-t-il à supporter l'éblouissant et étouffant décor du Vatican avec ses ors, sa pompe, son faste, son cérémonial ?

Là réside son premier pari avec lui-même, un secret qu'il garde « *in pectore* ». Et une fois qu'il l'aura vaincu, son ambition ne sera pas d'être un pape de transition mais de transformation. Un souverain pontife dont les Argentins clament à présent avec fierté « *Papa Bergoglio, nostro orgoglio !* » : pape Bergoglio, notre orgueil !

Des mots pour dire le Vatican

Abbé. Supérieur d'une abbaye. C'est par respect uniquement que l'on donne du « monsieur l'abbé » à tous les ecclésiastiques.

Académies pontificales. Aux vingt-quatre universités, collèges ou instituts pontificaux installés à Rome, il faut ajouter plusieurs académies, la plupart autonomes : l'Académie pontificale de théologie, l'Académie pontificale mariale internationale, l'Académie pontificale des sciences, l'Académie pontificale des sciences sociales ou encore l'Académie pontificale pour la vie. Quant à l'Académie pontificale ecclésiastique, la plus importante, elle forme depuis trois siècles les diplomates éclairés et prudents du Saint-Siège. C'est l'ENA de l'Église diplomatique, l'école des nonces. Le Vatican entretient de nos jours des relations diplomatiques avec cent soixante-dix-neuf pays. En sont exclus notamment la Chine et l'Arabie Saoudite.

Ad Interim (AI). Cette expression latine indique le temps pendant lequel une fonction est remplie par un autre : pour le pape, en cas de vacance du siège apostolique, c'est le cardinal camerlingue qui assure cet intérim.

Aggiornamento. Ce mot italien désormais courant a été utilisé par Jean XXIII pour la première fois publiquement le 25 janvier 1959 dans la basilique romaine de Saint-Paul-hors-les-Murs lorsqu'il annonça aux dix-huit cardinaux présents qu'il allait convoquer un nouveau concile. Cet *aggiornamento* signifiait retrouver les sources de la tradition de l'Église, notamment la Bible, et s'adapter aux « signes de temps » dans une société rebutée par une pastorale sévère énonçant de nombreux interdits.

Angélus. C'est une prière populaire qui se récite trois fois par jour et les cloches des églises sonnent pour la rappeler à 7 heures, midi et 19 heures. Elle se décline en trois phases et débute par *Angelus Domini nuntiavit Mariae*, soit « L'Ange du Seigneur porta l'annonce à Marie », c'est-à-dire une dévotion spéciale à l'Annonciation, quand Marie apprend qu'elle va mettre Jésus au monde. Le pape la célèbre de son balcon à midi avec les fidèles rassemblés place Saint-Pierre chaque dimanche et les mercredis. C'est là deux fois par semaine son contact avec le peuple de Dieu.

Anneau cardinalice. Lors d'un consistoire, dont le cérémonial a été allégé, Sa Sainteté remet aux nouveaux « élus » un large anneau. Une bague avec une croix ciselée dans de l'or 22 carats, réalisée, selon la tradition, par les orfèvres Savi, installés depuis des lustres au Borgo Pio.

Annona. Supermarché détaxé à l'intérieur du Vatican, dont le nom est hérité des services du ravitaillement dans la Rome antique. Il est à l'usage exclusif des employés et citoyens du Vatican détenant une carte spéciale.

Apôtres. Du grec *apostolos*, « envoyé ». Ce sont les douze disciples choisis par Jésus pour devenir les témoins de sa résurrection et répandre son message. Il s'agit de Pierre, André, Jacques le Mineur, Jacques le Majeur, Jean, Philippe, Barthélemy, Matthieu, Thomas, Simon, Jude (ou Thaddée) et Judas, remplacé par Matthias après sa trahison. Paul est généralement considéré comme le treizième apôtre, l'« apôtre des gentils ». C'est à cause de Judas qu'aux yeux des superstitieux le chiffre 13 porterait malheur. L'apôtre Pierre premier pape ayant fondé la communauté chrétienne de Rome, on la qualifia dès lors d'apostolique. Il en est ainsi du siège du pape qui succède à celui que l'on appelle le prince des apôtres.

Archevêché. Province regroupant plusieurs évêchés. Le territoire français en compte vingt. L'archevêché est la résidence d'un archevêque. Ce dernier est l'évêque d'un siège métropolitain ou archidiocèse, à la tête d'une province ecclésiastique. Il lui revient, dans les diocèses suffragants, de veiller notamment « à ce que la foi et la discipline ecclésiastiques soient soigneusement observées » (canon 436). Il existe, à titre honorifique, des sièges archiépiscopaux non métropolitains, donc sans suffragant. Depuis la réforme intervenue le 16 décembre 2002, le nombre des provinces en France est de 15.

Archiâtre pontifical. Du grec *arkhiatros*. Sous la monarchie, c'était le médecin du roi et de sa famille. À Rome, c'est le titre qu'on donnait au premier médecin du pape, mais cet honneur a été supprimé après que le médecin de Pie XII, le Dr Riccardo Galeazzi Lisi, a vendu à *Paris Match* des photos du souverain pontife sur son lit de mort, ce qui, à l'époque, fut l'objet d'un véritable scandale.

Aristocratie ou « noblesse noire ». *Aristocrazia nera* en italien, cette expression désigne une fonction de la noblesse italienne toujours idéologiquement proche de l'Église. C'est celle qui en 1870 se rangea aux côtés du pape Pie IX lorsque les troupes du roi Victor-Emmanuel II s'emparèrent de Rome et mirent un terme à l'indépendance des États pontificaux. Cette aristocratie exerçait auprès du souverain pontife des charges honorifiques qui ont été abolies par Paul VI. Pie XII, notamment, était issu d'une famille appartenant à la noblesse noire, les Pacelli.

Association des travailleurs laïcs. Créé en 1979, ce syndicat défend en théorie les intérêts des employés laïcs du Vatican. Il compte sur le papier 25 % d'affiliés, mais il n'y a pas de droit de grève officiel au Vatican.

Assomption. Dogme qui, en 1950, a défini la foi de l'Église dans l'élévation de Marie dans la gloire de la résurrection. La fête catholique célébrant l'Assomption de Marie a lieu le 15 août.

Audience générale publique du mercredi. Elle commence vers 10h30 et pour y participer il faut se munir d'un billet gratuit délivré par le bureau de la préfecture de la Maison pontificale. Les pèlerins sont tenus d'arriver à l'avance car ils doivent franchir une barrière équipée de détecteur de métaux. Saine protection depuis l'attentat de 1978 contre Jean-Paul II. Ces grandes audiences ont été instaurées à l'époque de Pie XII mais étaient alors informelles. C'est Jean XXIII qui, le premier, comprit le lien que cela pouvait créer avec des fidèles et instaura alors un rendez-vous officiel hebdomadaire avec ces derniers qu'il bénissait dans la basilique Saint-Pierre. Paul VI, son successeur, fit bâtir une immense salle dans le Vatican où recevoir les pieuses foules. C'est aussi lui qui encouragea les jeunes mariés à venir dans leur tenue de cérémonie pour les bénir individuellement et ensuite leur remettre un livret matrimonial. Tradition toujours en vigueur. Depuis Karol Wojtyła, l'audience générale est l'événement en ville le mercredi pour les catholiques qui ne voient cependant plus le pape juché sur une *sedia gestatoria*. Après sa catéchèse, l'évêque de Rome prononce une petite homélie et donne sa bénédiction dans une dizaine de langues. Des milliers de prêtres, de religieuses, de pèlerins, de touristes, d'étudiants, de militaires, de troupes de cirque… des gens de toutes corporations réunis devant Saint-Pierre, dans la basilique ou salle Paul-VI selon le temps et le nombre, sont heureux d'avoir côtoyé le pape en direct. Un souverain pontife arrivé en papamobile quand cela a lieu place Saint-Pierre, sinon en Mercedes noire. Cette cérémonie enthousiasmante pour le peuple de Dieu dure une bonne heure, voire plus.

Avignon. L'actuel chef-lieu du département du Vaucluse fut le siège des souverains pontifes de 1309 à 1417, de Clément V à Grégoire XII.

Barrette. La barrette est un couvre-chef en forme de toque quadrangulaire de couleur pourpre portée par les cardinaux. Durant le consistoire, le pape la remet solennellement à ceux qu'il vient de créer princes de l'Église, manifestant ainsi publiquement leur entrée au sein du Sacré Collège des cardinaux. Il prononce alors la formule consacrée : « Recevez cette barrette pourpre en signe de la dignité du cardinalat. Elle signifie que vous êtes prêts à l'accomplir avec force au point de donner votre sang pour le développement de la foi chrétienne, pour la paix et l'harmonie au sein du peuple de Dieu et pour la liberté et l'extension de la Sainte Église catholique romaine. »

Basilique. Nom donné à une église d'une importance reconnue, comme par exemple celle d'un lieu de pèlerinage.

Basilique Saint-Pierre. Située à Rome, ou plus exactement au Vatican, érigée sur l'ancienne basilique de Constantin, sa construction débuta en 1506 et s'acheva en 1626. Elle peut accueillir soixante mille fidèles et la tombe de Pierre se trouve sous l'autel principal. Ses architectes les plus connus sont Michel-Ange, Bramante et le Bernin. Elle mesure 193 mètres de long sur 120 de haut, pour une superficie de 2,3 hectares. Sa coupole fait 131 mètres de diamètre. La basilique comprend 31 autels, 27 chapelles, 135 mosaïques et 390 statues sur quinze mille mètres carrés de carreaux de marbre. Elle est la plus grande église au monde – Notre-Dame de Paris y serait contenue tout entière.

Béatification. Acte par lequel le pape, en déclarant « bienheureux » un défunt dont la vie est un modèle pour les chrétiens, autorise le culte public de cette personne exemplaire. La béatification est souvent la première étape vers la sainteté. Quatre-vingt-six papes, soit près d'un tiers, ont connu les honneurs des autels : 79 comme saints et 8 en tant que bienheureux, dont le dernier en date Jean-Paul II, le 1er mai 2011.

Bénédictins. Fondé par saint Benoît de Nursie vers 530, l'ordre des Bénédictins, auquel le souverain pontife est si attaché qu'il a choisi le nom de *Benedictus*, a hérité de saint Benoît la règle qui porte son nom. Rédigée au VIe siècle, elle est devenue au Moyen Âge le principal modèle de règle monastique. Si son maître mot « Prie et travaille » a été largement réinterprété au fil des siècles, la recherche spirituelle garde une place centrale dans la règle bénédictine et s'inscrit dans la vie communautaire. L'abbaye bénédictine la plus connue en France est celle des moines de Solesmes, dans la Sarthe. On compte quelque 8 700 moines bénédictins dans le monde, répartis en 21 congrégations, et 16 000 moniales bénédictines présentes dans 61 congrégations, en majorité en Europe.

Bénédiction. Par la parole (une prière) ou par un geste (le signe de croix), elle est accomplie par le prêtre pour demander le transfert de la grâce divine envers les fidèles. La bénédiction papale *urbi et orbi* signifie « à la ville et au monde ». Elle est accordée par le pape en certaines grandes circonstances telles que Noël, Pâques…

Bible. Du grec *biblon* (« cœur de papyrus »), elle désigne le recueil des Saintes Écritures divisé en deux parties : l'Ancien Testament, c'est-à-dire tout ce qui est antérieur à la vie de Jésus, et le Nouveau Testament, tout ce qui relate la vie de Jésus, dont les Évangiles.

Bibliothèque vaticane. La Bibliothèque apostolique vaticane, l'une des plus riches du monde, doit sa création au pape Nicolas V (1447-1455). Elle possède environ 75 000 volumes manuscrits, 100 000 autographes, 1 million d'imprimés, 100 000 gravures et cartes géographiques.

Bulle. Acte pontifical écrit et solennel qui doit son nom à la boule de plomb, or ou argent, *bolla* en italien, jadis attachée au sceau. La plus ancienne remonte au pape Adéodat Ier qui régna de 615 à 618. Les futurs évêques reçoivent du pape une bulle de nomination.

Camerlingue. Ce terme hérité de l'italien *camerlengo,* « chambellan », désigne le cardinal placé à la tête de la Chambre apostolique, service de la curie romaine chargé des biens temporels du Saint-Siège pendant la vacance du pouvoir pontifical et lors de l'élection du pontife romain. C'est lui notamment qui constate la mort du pape et établit son acte officiel de décès. Au moment de la disparition de Jean-Paul II, le cardinal Martinez Somalo exerçait cette digne fonction. L'actuel camerlingue est le cardinal Tarcisio Bertone.

Canonisation. Après un long examen, c'est-à-dire son procès en canonisation, soit l'acte par lequel le pape déclare « saint » un bienheureux ; son culte devient alors universel. Pour être canonisé, il faut d'abord avoir été béatifié. C'est la première étape vers la sainteté. En France, on oublie souvent qu'au Moyen Âge un de nos rois aussi a été canonisé : Louis IX, au XIIIe siècle, devenu saint Louis.

Cardinal. Le mot cardinal vient du latin *cardo* (« pivot » ou « gond ») ou de l'expression latine *ad cornua altaris* (« au coin de l'autel »). Princes de l'Église, les cardinaux sont, après le Saint-Père qui les désigne, les plus hauts dignitaires de l'Église catholique. C'est son Sénat en quelque sorte. Ils forment le Sacré Collège chargé d'élire un nouveau pape après chaque décès. Le nombre de votants ne peut dépasser cent vingt et seuls les cardinaux âgés de moins de 80 ans se prononcent.

Cardinaux. Ils sont répartis en trois titres établissant autrefois une hiérarchie qui n'est plus aujourd'hui que protocolaire :

— les cardinaux-évêques, qui se voient attribuer l'un des sept diocèses suburbicaires situés autour de celui de Rome : Albano, Frascati, Palestrina, Porto-Santa Rufina, Sabina-Poggio Mirteto, Velletri-Segni et Ostie ;

— les cardinaux-prêtres, titulaires d'une paroisse romaine ;

— les cardinaux-diacres, titulaires d'une diaconie romaine.

Caritas Internationalis. Cette appellation latine de « Charité internationale » traduit une confédération internationale d'organismes humanitaires catholiques présente dans cent soixante-quatre pays. Réseau mondial très actif s'appuyant sur une logistique rodée et des équipes expérimentées, elle vient en aide aux victimes des guerres et des catastrophes naturelles, et contribue aussi à faire reculer la pauvreté au quotidien. Son président est depuis 2007 Óscar Andrés Rodríguez Maradiaga, le charismatique cardinal du Honduras.

Cathédrale. Église où se trouve le siège épiscopal d'un diocèse. En France, depuis la loi de la séparation des Églises et de l'État de 1905, elles sont entretenues par la République.

Catholiques. Selon les dernières statistiques officielles du Vatican, l'Église catholique représente 17,46 % de la population mondiale, et le nombre des catholiques progresse sur tous les continents. Leur nombre s'élevait à 1 195 671 000 au 31 décembre 2010, soit une augmentation de quinze millions de personnes par rapport à l'année précédente.

Chanoine. Ecclésiastique siégeant au chapitre de la cathédrale ou de la collégiale, ou doté de ce titre à des fins honorifiques.

Chapelain de Sa Sainteté. Distinction honorifique attribuée par le pape et réservée aux ecclésiastiques. Ce signe ecclésial de reconnaissance et de confiance les aide et les légitime parfois lorsqu'ils accomplissent des missions délicates.

Chapelle Sixtine. Elle doit son nom au pape Sixte IV qui la fit bâtir au XVe siècle à l'angle sud-ouest du palais pontifical. Cette éblouissante salle rectangulaire de 40 mètres de long, 13 mètres de large et 21 mètres de haut accueille les conclaves. Elle doit surtout sa célébrité aux fresques de Michel-Ange et au fait que c'est dans ce lieu mythique que le pape est élu.

Chasuble. Du latin *casula*, « manteau à capuchon ». Vêtement à deux pans et sans manche avec une ouverture pour la tête que revêt le prêtre au-dessus de l'aube et de l'étole pour célébrer la messe. Sa couleur dépend du temps liturgique.

Citoyenneté. En ce moment, quelque quatre cent quarante-quatre personnes seulement possèdent la citoyenneté vaticane. Ce statut s'obtient dans le cadre d'une fonction exercée pour l'État du Vatican ou la Curie romaine. Il n'est pas héréditaire (pour les laïcs) et se perd à la fin de la mission pontificale. C'est d'ailleurs le gouvernatorat de l'État du Vatican qui administre cette citoyenneté inscrite dans les accords du Latran de 1929. Bien sûr, les catholiques de par le monde ne peuvent en aucun cas prétendre à la nationalité vaticane puisqu'ils ne dépendent du Saint-Père que spirituellement.

Clerc. Dans l'Église, les clercs sont ceux chargés d'une mission particulière, d'un service ou « ministère ». Ce sont essentiellement les diacres, les prêtres et les évêques. À la différence des laïcs juste baptisés, les clercs sont ordonnés par un évêque lors d'une cérémonie solennelle. Dans la France de la

IIIe République surtout, on a vivement critiqué le « cléricalisme » ou l'emprise excessive du clergé sur la société : « Le cléricalisme, voilà l'ennemi ! » s'insurgeait Gambetta à la fin du XIXe siècle.

Clergé séculier, clergé régulier. Au fil des siècles, on a peu à peu distingué deux types de clercs : les séculiers, c'est-à-dire ceux qui exercent leur mission « dans le siècle » comme les prêtres en paroisse, les diacres, les évêques ; et les réguliers, à savoir ceux qui « suivent la règle » d'un ordre religieux ou monastique ; eux seuls prononcent des vœux de pauvreté, d'obéissance et de chasteté. Une nuance de poids et souvent ignorée : au sein d'un ordre religieux, seuls sont prêtres ceux qui ont été ordonnés.

Commission des épiscopats de la communauté européenne (Comece). C'est un instrument de liaison entre les Conférences épiscopales et les institutions européennes. Financé par les Conférences épiscopales de l'Union européenne, son secrétariat permanent à Bruxelles (Belgique) compte onze conseillers – des évêques délégués par les Conférences épiscopales des États membres.

Communauté de Sant'Egidio. Cette communauté de laïcs porte le nom d'une belle église de Rome, située dans le quartier du Trastevere, et dont la mission est de concilier la spiritualité et l'engagement dans le monde. Née en 1968 dans le sillage du concile de Vatican II, reconnue comme association internationale de laïcs par l'Église catholique en 1986, elle est très active tant dans le domaine social et caritatif qu'au plan diplomatique. Elle a, par exemple, mené des médiations de conciliation en Algérie. L'historien Andrea Riccardi, son fondateur, qui jouit d'un rayonnement international, a été cité plusieurs fois pour le prix Nobel de la paix.

Compagnie de Jésus. Parce qu'elle a été fondée en 1537 par l'Espagnol Ignace de Loyola, on croit toujours que la Compagnie de Jésus est née en Espagne alors qu'elle a vu le jour à Paris sur la colline de Montmartre. En 1540, le pape Paul III approuva l'ordre et lui donna la grande église du « Gesù » à Rome, chef-d'œuvre de l'art baroque. Célèbres pour leur spiritualité, leur érudition, leurs collèges, leurs missions, les Jésuites ont souvent souffert d'une mauvaise réputation mais leur image est meilleure aujourd'hui : on les appelait au XIXe siècle les « petits hommes noirs » et le mot « jésuite » prit alors un sens péjoratif. Le général des Jésuites élu le 21 janvier 2008 est le *padre* Adolfo Nicola, un Espagnol. Comme ses prédécesseurs, il est qualifié de « pape noir » parce que les Jésuites ont fait acte d'allégeance au pape. S'ils sont actuellement 18 500 de par le monde, la province de France en compte 500, répartis dans 39 communautés avec, en moyenne, 4 postulants par an. La Compagnie de Jésus possède quelque 1 000 établissements scolaires dont 14 en France avec 20 000 élèves.

Concile. Depuis les premiers temps de l'Église, le pape réunit tous les évêques sur les questions de doctrine ou de discipline. Un concile, événement exceptionnel, peut statuer sur la doctrine, c'est-à-dire sur ce en quoi croient les catholiques, mais aussi sur la manière dont l'Église exerce sa mission. Le dernier concile en date, Vatican II (1962-1965), et dont on a fêté le mois dernier les cinquante ans, eut, sous l'impulsion de Jean XXIII, un énorme retentissement en favorisant l'*aggiornamento*, c'est-à-dire l'ouverture de l'Église au monde.

Conclave. Du latin *cum clave*, « fermé à clé », le conclave est l'assemblée des cardinaux de moins de 80 ans, regroupés et enfermés dans la chapelle Sixtine à Rome pour élire le pape. Celui qui a élu Jean-Paul II, le 16 avril 1978, a duré deux jours. Benoît XVI a été choisi le 19 avril 2005 en une journée au quatrième tour de scrutin, quatorze jours après la mort de son prédécesseur. Depuis le XXe siècle, lors de cet événement de portée mondiale, la Terre entière, les médias des cinq continents et la foule rassemblée sur la place Saint-Pierre guettent fébrilement la couleur de la fumée qui s'échappe de la cheminée : noire, elle indique qu'un vote supplémentaire est nécessaire ; blanche, elle annonce que le nouveau successeur de Pierre et évêque de Rome est élu.

Concordat. Convention écrite entre le Saint-Siège et un État particulier pour organiser leurs rapports et codifier le statut de l'Église catholique sur le territoire concerné. Héritage d'une histoire mouvementée, il existe par exemple un concordat en France pour l'Alsace et la Moselle. En vertu de celui-ci, les membres des diverses confessions dont le clergé sont salariés par l'État et ont le statut de fonctionnaires.

Congrégation pour la doctrine de la foi. Destinée à la défense de la doctrine de l'Église, cette congrégation était naguère appelée le Saint-Office. Elle avait à ce titre une réputation sévère car elle défendait la rectitude de la foi et condamnait les théologiens jugés progressistes ou déviants. Rebaptisée le 25 novembre 1981 par Jean-Paul II, toujours très rigoureuse, la Congrégation eut à sa tête Joseph Ratzinger, du 25 novembre 1981 au 19 avril 2005, jour de son élection au poste suprême.

Congrégation religieuse. Ensemble de religieux ou de religieux soumis à une règle commune.

Congrégation romaine. À la manière du gouvernement d'un État, celui de l'Église compte des ministères, qu'on appelle dicastères ou congrégations. Chacune d'elles est chargée d'un domaine particulier. On compte neuf congrégations dirigées chacune par un cardinal appelé préfet : celles de la doctrine de la foi, des Églises orientales, du culte divin et de la discipline des sacrements, de la cause des saints, des évêques, de l'évangélisation des peuples, du clergé, des instituts de vie consacrée et des sociétés de vie apostolique, de l'éducation catholique.

Conseil des conférences épiscopales d'Europe. Le CCEE réunit les présidents ou vice-présidents des trente-trois conférences épiscopales présentes en Europe, ainsi que les archevêques du Luxembourg, de la principauté de Monaco, de Chypre, des maronites et les évêques de Chisinau, en Moldavie, et de Mukachevo des Ruthènes, en Ukraine. Le siège du secrétariat général se trouve à Saint-Gall, en Suisse.

Conseil pontifical. Les onze conseils pontificaux sont dédiés à des domaines particuliers et présidés par des cardinaux. Il existe ainsi un conseil pontifical pour les laïcs, présidé par Mgr Stanisłas Rylko, un pour la famille, avec Mgr Ennio Antonelli à sa tête. C'est un Français, le cardinal basque Roger Etchegaray, personnage fort apprécié du pape Jean-Paul II, qui a longtemps présidé le Conseil pontifical Justice et Paix. Le cardinal Peter Kodwo Appiah Turkson occupe cette charge depuis octobre 2009.

Consistoire. Réunion des cardinaux sur convocation du pape pour traiter d'une question ou de décisions particulières importantes, ou créer de nouveaux cardinaux. Le pape Benoît XVI en a convoqué cinq : le 24 mars 2006, le 24 novembre 2007, le 20 novembre 2010, les 18 février et 24 novembre 2012.

Constitution apostolique. Document pontifical promulgué par le Saint-Père.

Couvent. Communauté religieuse ou maison religieuse généralement en ville.

Centro Televisivo Vaticano (CTV). Fondé par Jean-Paul II en 1983, le CTV est la chaîne de télévision du Vatican qui couvre toutes les activités officielles du pape et retransmet en direct quelque deux cents événements religieux par an. Sa richesse réside aussi dans ses archives, gracieusement à la disposition des médias. Elle produit également de nombreux documentaires.

Culte. Hommage rendu à Dieu (culte de latrie), à la Vierge Marie (culte marial) ou aux saints (culte de dulie).

Curé. Du latin *curare*, « prendre soin ». Le curé est chargé par son évêque du soin spirituel des habitants d'une paroisse. Pasteur de cette communauté locale, il a charge d'âmes.

Curie. Issu du mot latin *curia*, qui renvoie au bâtiment où siégeait le Sénat dans la Rome antique ainsi qu'à des subdivisions civiques de l'époque. De nos jours ce terme désigne les organismes gouvernementaux ou les dicastères du Saint-Siège, destinés à l'administration de l'Église catholique. La curie romaine est dirigée par un secrétaire général dont le titre est secrétaire d'État, responsabilité actuellement assurée par le cardinal Bertone. La secrétairerie d'État au sein de la curie est divisée en deux sections : une traitant des affaires générales, du courrier, des relations internes et du personnel, et l'autre suivant les rapports avec les États, les conventions, les concordats, les consultations politiques au plus haut niveau et la représentation du Saint-Siège à l'étranger.

Décret. Décision d'une congrégation romaine approuvée par le pape pour un décret conciliaire ou un décret épiscopal.

Délégué apostolique. Représentant du Saint-Siège dans un État avec lequel il n'entretient pas de relations diplomatiques. Il est l'envoyé spécial ou permanent du pape auprès d'une Église locale, ou, selon le canon 363§2, d'organismes internationaux, ou bien auprès de conférences et d'assemblées.

Denier de saint Pierre. Le 29 juin en Italie, le premier dimanche de mai en France, c'est la Journée mondiale de la charité du pape. Ce don qu'on sollicite dans chaque pays est destiné à aider financièrement le souverain pontife dans ses missions apostoliques et caritatives. Ils ont atteint 69,7 millions de dollars en 2011.

Denier du culte. Participation financière facultative des fidèles à l'entretien du clergé local. Dans certains pays, comme l'Allemagne ou l'Italie, il est directement perçu par le biais des services fiscaux.

Diaconie. Chapelle ou église de Rome dont un cardinal est titulaire.

Diacre. Ministre du culte laïc ayant reçu un sacrement hiérarchiquement inférieur à la prêtrise. Il peut baptiser, conserver et distribuer l'eucharistie, bénir un mariage au nom de l'Église, donner l'extrême-onction, accomplir les rites des funérailles et de la sépulture au cimetière. Les célibataires de 25 ans au moins et les hommes mariés de plus de 35 ans peuvent accéder au diaconat.

Dicastère. Du mot grec *dikasterion* (« tribunal »), c'est une subdivision de la curie dont les membres sont nommés par le pape pour une durée de cinq ans. Dans le civil, cela correspond à un ministère.

Diocèse. Circonscription sur laquelle s'exerce la juridiction d'un évêque, qui en est le pasteur.

Diplomatie du Vatican. À l'instar des grands États, l'État souverain de la cité du Vatican déploie une activité diplomatique intense. Les diplomates sont issus principalement de l'Académie pontificale ecclésiastique à deux pas du Panthéon. Ils travaillent généralement à la secrétairerie d'État du Vatican et ont à leur tête le cardinal-secrétaire d'État. La diplomatie dans le monde est assurée par les nonces, les ambassadeurs du Saint-Siège dont le nombre s'élève maintenant à cent soixante-quatorze. Les papes Pie XII, Jean XXIII ou Paul VI furent aussi de grands diplomates. (*Voir Nonce, Nonciature.*)

Docteur de l'Église. Titre donné à un écrivain religieux de grande autorité. Saint Augustin ou saint François de Sales sont docteurs de l'Église. Paul VI a également donné ce titre à trois femmes en 1970 : sainte Thérèse d'Ávila et sainte Catherine de Sienne, également sainte Thérèse de l'Enfant-Jésus et bientôt sainte Faustine Kowalska, vénérée par Jean-Paul II.

Dogme. Vérité révélée par Dieu dont l'origine divine interdit toute interrogation ou remise en question.

Dominicains. Ils sont reconnaissables à leur grand habit blanc qui a inspiré la soutane papale depuis

Pie V, issu de l'ordre Dominicain, qui régna de 1566 à 1572. On dit parfois que leur dénomination vient de l'expression latine *Domini canes*, « chiens du Seigneur ». Fondé au XIIIe siècle par l'Espagnol Dominique de Guzmán, cet ordre des frères prêcheurs se consacre à la prédication sous toutes ses formes : sermons durant les messes, études de théologie, enseignement, mais aussi annonce de la parole de Dieu dans les médias audiovisuels... Les dominicains français ont donné à l'Église de grands théologiens comme le cardinal Congar créé cardinal par Jean-Paul II, quelques mois avant sa mort, le 26 novembre 1994, et qui s'éteignit le 22 juin 1995. Ils animent toujours la maison d'édition du Cerf et sont chargés, en France, depuis l'origine, de l'émission télévisée du dimanche matin sur France 2, « Le Jour du Seigneur ». Par ailleurs, le théologien personnel du pape est traditionnellement un dominicain, actuellement le père Wojciech Giertych, 62 ans, polonais comme on peut le deviner à son nom. Au nombre de quatre cents environ en France, ils sont quelque six mille frères dans le monde.

Doyen. Président du Sacré Collège, ce n'est pas une doyenneté d'âge, il n'en est donc pas forcément le membre le plus vieux. Depuis 1965, il est élu par les cardinaux-évêques avec l'accord du pape. Pendant la vacance du siège apostolique, c'est le doyen qui dirige les réunions préparatoires à l'élection du futur pape et convoque le conclave. L'actuel doyen est le cardinal Angelo Sodano qui a succédé à Joseph Ratzinger.

Drapeau. Le célèbre drapeau du Vatican se compose de deux champs verticaux, l'un jaune vers la hampe, l'autre blanc qui porte les clés de saint Pierre surmontées de la tiare papale.

Droit canon. Ensemble des dispositions qui règlent l'organisation de l'Église catholique. La dernière rédaction de droit canonique a été dirigée par le pape Jean-Paul II en 1983 et comprend sept volumes : les normes générales, le peuple de Dieu, la fonction d'enseignement de l'Église, la fonction de sanctification, ses biens temporels, les sanctions dans l'Église et les procès et contentieux.

Élection du doyen du Sacré Collège. C'est Paul VI qui donna en 1965 aux six cardinaux-évêques le pouvoir d'élire leur doyen. Vote qui doit être confirmé par le pape et évêque de Rome. Les cardinaux suburbicaires, c'est-à-dire situés autour de Rome, Albano, Frascati, Palestrina, Porto Santa Rufina, Sabina-Poggio Mirteto et Vellettri-Segni, disent qu'il est « *primus inter pares* », « le premier d'entre eux ». S'il n'y a pas de limite d'âge, il n'a toutefois pas de pouvoir sur les autres cardinaux. Le doyen devient alors également l'évêque d'Ostie.

Élévation. Instant sacré de la messe qui précède la communion.

Éminence. Titre honorifique donné à un cardinal. On peut aussi l'appeler « Monsieur le cardinal ».

Encyclique. Lettre solennelle du pape adressée à l'ensemble de l'Église catholique, traitant d'un sujet touchant à la foi, la morale ou la société. Fortement relayé par les évêques, mais aussi désormais par les médias internationaux, notamment Internet, ce texte a généralement un grand retentissement. En 1968, l'encyclique de Paul VI *Humanae Vitae*, prohibant l'usage des moyens de contraception artificiels, avait suscité une violente réaction de rejet. La première encyclique de Benoît XVI, *Deus Caritas Est*, « Dieu est amour » (décembre 2005), a reçu, pour sa part, un accueil positif. Elle a été suivie de *Spe Salvi*, « Sauvés par l'Espérance » (novembre 2007), et de *Caritas in Veritate*, « La Charité dans la Vérité » (juin 2009). Le Saint-Père met actuellement la dernière main à sa 4e encyclique.

Étole. Du latin *stola*, « robe longue », l'étole est une écharpe portée par ceux qui ont reçu le sacrement de l'ordre, c'est-à-dire qui ont été ordonnés. Ils la portent en bandoulière sur l'épaule gauche pour les diacres et à droite sur la poitrine pour les prêtres et les évêques. Elle est faite dans le même tissu que la chasuble.

Eucharistie. Célébration du sacrifice du corps et du sang du Christ sous la forme d'une hostie.

Évangiles. Du grec ancien *evanggelion*, « bonne nouvelle », ce sont des écrits du Ier siècle qui rapportent la vie, la parole et l'enseignement de Jésus. Ils sont contenus dans le Nouveau Testament. L'Église reconnaît comme canoniques, autrement dit « authentifiés », les Évangiles selon Matthieu, Luc, Marc et Jean.

Évêché. C'est le siège épiscopal, la résidence de l'évêque et siège de la cathédrale d'un diocèse.

Évêque. Placé à la tête d'un évêché ou d'un diocèse, avec l'approbation du pape, l'évêque est dans sa circonscription ecclésiastique chargé d'assurer la liturgie, l'enseignement de la foi catholique et le service aux plus démunis. Il est assisté dans sa tâche par des prêtres, des diacres et même des laïcs. Il marque l'unité de l'Église locale.

Évêque aux armées. L'Évêché aux armées avec à sa tête un évêque a été fondé par le pape Jean-Paul II qui souhaitait donner un sens pastoral à cette mission. Depuis le Moyen Âge et jusqu'à 1986, il n'y avait que des chapelains puis des aumôniers militaires. Cet évêque est choisi conjointement par le pape et le ministre de la Défense du pays concerné. L'ange gardien des soldats a, en France, deux cent vingt-huit aumôniers militaires dont 29 diacres, 150 prêtres et 59 laïcs sous ses ordres dont la moyenne d'âge est cinquante ans. Quatrième depuis la création de cette fonction, Mgr Luc Ravel, 55 ans, polytechnicien, prêtre et religieux nommé en 2009, a les mêmes droits que les autres évêques et vient, dans le cadre des « visites *ad limina* », de rencontrer le 16 novembre 2012 le pape. Quand il ne revêt pas la soutane l'évêque itinérant, sans lieu de culte ni domicile fixe, il va sur les terrains d'opération remonter le moral des troupes et célébrer la messe chez eux. Il porte l'uniforme militaire interarmes bleu marine et est assimilé au grade de commandant avec la même solde. C'est un diocèse personnel mais la grande Église des soldtas est les Invalides. Cette charge existe dans une quarantaine d'États dont l'Italie, l'Espagne, l'Angleterre, les États-Unis, la Corée du Sud, les Philippines…

Ex-cathedra. Signifie en latin « du haut de la chaire ». Se dit des actes solennels du pape, évêque de Rome, s'exprimant depuis la chaire de Pierre pour définir une vérité de la foi.

Excellence. Titre honorifique et protocolaire réservé aux évêques, archevêques, ambassadeurs. Il est recommandé de dire « Son Excellence » ou « Votre Excellence » selon qu'on parle de lui ou qu'on lui adresse la parole.

Excommunication. Du latin ecclésiastique *excommunicare*, « mettre hors de la communauté ». Sanction qui exclut un chrétien de la communion des fidèles. Elle ôte la possibilité de recevoir les sacrements et l'exercice de certains actes ecclésiastiques. Celle-ci frappe notamment les schismatiques et les hérétiques qui profanent l'hostie consacrée ou commettent un geste de violence envers le pape ou qui appartiennent à une loge maçonnique. L'Église ne se prononce pas sur le « salut éternel » d'une personne mais l'excommunié est remis entre les mains de Dieu.

Fabrique de Saint-Pierre. Institution créée par Jules II en 1506 qui veille à l'entretien de la célèbre basilique et à la conservation des lieux.

Famille pontificale. À ne pas confondre, bien sûr, avec des membres de la famille du sang du pape. Elle désigne l'ensemble des clercs surtout et moins nombreux laïcs membres de son entourage, chargés du service personnel du souverain pontife. Il y a par ailleurs la famille officielle qui l'entoure, soit : le substitut de la secrétairerie d'État, le secrétaire pour les rapports avec les États, l'aumônier de Sa Sainteté, le président de l'Académie pontificale ecclésiastique, le théologien de la Maison pontificale, le collège des protonotaires apostoliques, les cérémoniaires pontificaux, les prélats d'honneur de Sa Sainteté, le prédicateur de la Maison pontificale, les princes laïcs assistants au trône, le délégué laïc spécial de la Commission pontificale, le conseiller laïc général, le commandant de la garde suisse, les consulteurs laïcs, le président de l'Académie pontificale des sciences, les gentilshommes de Sa Sainteté, les procureurs des palais apostoliques, les attachés d'antichambre, soit une famille très nombreuse.

Financement de l'Église. Qui finance le Vatican ? Essentiellement les dons des catholiques. En tant que chef spirituel de l'Église universelle et de l'État du Vatican, le pape a notamment autorité sur l'Administration du patrimoine du siège apostolique (APSA) qui gère les importants biens immobiliers du Saint-Siège en Italie et à l'étranger, dont les musées, et reçoit les dons des fidèles, dits Denier de saint Pierre. Cette source financière permet aux services de la curie de fonctionner. Par ailleurs, dans chaque pays, l'Église est financée par les diocèses, placés chacun sous la responsabilité d'un évêque. Le diocèse est lui-même sous-divisé en paroisses. L'évêque nomme un économe diocésain en charge du budget. En France, le diocèse est autonome et ses comptes sont certifiés tous les ans par un commissaire aux comptes en vertu de la loi de 2003 sur le mécénat pour toute association recevant plus de 150 000 euros de dons par an. Si une irrégularité est constatée, il doit la signaler au procureur de la République. Quant aux congrégations, tels les Petites Sœurs des Pauvres, les Sœurs de Saint-Vincent-de-Paul, les Jésuites, les Dominicains, les Franciscains, les Chartreux, les Salésiens… qui, à l'instar de toutes les congrégations, sont indépendantes, elles sont historiquement et toujours propriétaires de couvents ou de terrains jadis apportés en dot ou dont elles ont hérité. Pour vendre leurs biens lorsqu'ils sont supérieurs à 2,5 millions d'euros, elles doivent demander l'autorisation à l'un de leurs représentants tutélaires au Vatican.

Floreria apostolica. Inépuisable garde-meubles et grenier du Vatican, riche de véritables trésors.

Franciscains. À cause de son sens de la pauvreté, de la paix et son amour de la nature, François d'Assise est de nos jours l'un des saints les plus populaires, tant en Italie que dans le reste du monde. Fondé par ce dernier au tout début du XIIIe siècle, et approuvé par le pape Innocent III en 1209, l'ordre Franciscain a fêté en 2009 son 800e anniversaire. Maintenant divisés en quatre familles, les Franciscains sont reconnaissables à leur robe de bure marron. Il y a les frères mineurs qui portent la robe brun foncé, le capuchon rond, la ceinture de corde et les sandales, les frères mineurs capucins barbus, les frères mineurs conventuels avec la bure noire et la cordelette blanche et les Franciscains de l'Immaculée, robe bleu marine, capuchon, ceinture de corde et porteurs de la médaille miraculeuse. Ils sont dix-huit mille à travers le monde et suivent toujours ces règles strictes de leur saint patron : ne rien posséder en propre, mendier en cas de besoin, se consacrer à la prédication en tendant vers toujours plus de paix et de joie. C'est à Assise en 1986, cela a fait date, que Jean-Paul II a invité les grandes religions du monde à un mémorable rassemblement de prière pour la paix. Et, en plus de ce lieu symbolique, les Franciscains sont gardiens de sanctuaires en Terre sainte, comme l'église de la Nativité à Bethléem, ou de lieux de pèlerinage comme San Damiano en Italie.

Garde suisse. Force militaire chargée de la sécurité du pape. Plus vieille et plus petite armée du monde, son premier contingent est arrivé à Rome en 1505, elle se compose de cent dix hommes, tous citoyens suisses qui, durant leur séjour de deux ans minimum dans la Ville éternelle, obtiennent à titre provisoire la citoyenneté du Vatican.

Gendarmerie de l'État de la cité du Vatican. Corps de cent trente militaires, sous-officiers et officiers de nationalité italienne, veillant à la sécurité du Saint-Père et du Vatican.

Gouvernatorat. Siège des différents services de l'État de la cité du Vatican, avec à sa tête un gouverneur qui exerce au nom du pape le pouvoir exécutif dans la cité du Vatican et gère, entre autres, la direction des finances de l'État.

Gouvernement. Chef de l'État, Benoît XVI. Président de la Commission pontificale pour l'État de la cité du Vatican et président du gouvernatorat, le cardinal-archevêque Giuseppe Bertello. Secrétaire général, Mgr Giuseppe Sciacca. Vicaire de la cité du Vatican et archiprêtre de la basilique vaticane, le cardinal-diacre Angelo Comastri.

Grand électeur. Les grands électeurs sont les cardinaux de moins de 80 ans qui élisent le pape. Mais, à Rome, on dit souvent cela des « faiseurs » de pape, soit les cardinaux influents ayant entre leurs mains un certain nombre de voix.

Grand pénitencier de la Sainte Église romaine. Prélat qui se consacre à l'étude de cas juridiques et moraux particulièrement difficiles pour lesquels le pape est sollicité.

Hymne. C'est la marche pontificale, composée en 1869 et jouée la première fois pour Pie IX par le Français Charles Gounod (1818-1893), dont les paroles ont été écrites, non pas en latin, mais en italien, par Antonio Allegra quatre-vingts années plus tard. Elle est devenue l'hymne officiel en 1950, à l'occasion de l'année sainte sous le règne de Pie XII.

Indulgence. Rémission par l'Église de la peine temporelle due en réparation des péchés. On raconte qu'au XVe siècle l'Église dut vendre des indulgences pour financer la construction de la basilique Saint-Pierre.

Infaillibilité. Dogme proclamé par le concile de Vatican I, le 10 juillet 1870, à Rome, qui appartient au pape seul. Cela signifie que, dans l'exercice de son ministère, le souverain pontife ne peut, en matière de foi ou de mœurs, se tromper lorsqu'il engage son autorité de chef de l'Église.

Institut des œuvres de religion (IOR). Banque privée du Vatican fondée en 1942, l'IOR est la principale institution financière du Saint-Siège.

Internet. Le Vatican dispose de son propre suffixe de nom de domaine (.va). On distingue le site du Saint-Siège : wwww.vatican.va, de celui du Vatican : www.vaticanstate.va

Jésuites. La Compagnie de Jésus (*voir cette entrée*), fondée par saint Ignace de Loyola (1491-1556), naît dans un contexte très particulier. Humanisme, Réforme, Contre-Réforme, découverte du Nouveau Monde… L'homme croit que la formation intellectuelle est nécessaire pour convertir l'Europe protestante. Les Jésuites sont élitistes. Dans le cadre de leur enseignement gratuit, ils repèrent les élèves aptes à intégrer la Compagnie. Des gens capables de partir en mission, de s'adapter au milieu dans lequel ils vont évangéliser. D'ailleurs, précisent-ils, « le mot "élitiste" n'est pas péjoratif chez nous. Il a même un sens très positif d'élévation. En s'élevant vers Dieu, le religieux élève à lui toute la société ».

Journées mondiales de la jeunesse (JMJ). L'une des plus belles réussites de Jean-Paul II. Organisées depuis 1984 par l'Église sous son impulsion, les JMJ rassemblent les jeunes catholiques du monde entier. Le record d'affluence reste les JMJ de Manille aux Philippines qui, du 10 au 15 janvier 1995, avaient réuni quatre millions de jeunes. À Paris, du 19 au 24 août 1997, elles ont rassemblé un million deux cent mille personnes. Lors des JMJ de l'an 2000 à Rome, avec trois millions de croyants, à la fin de son homélie, Jean-Paul II citant sainte Catherine de Sienne avait lancé : « Si vous êtes ce que vous devez être, vous mettrez le feu au monde entier ! » Celles de 2013 à Rio de Janeiro, au Brésil, auront lieu du 23 au 28 juillet.

Küng, Hans. Le théologien suisse et universitaire né à Lucerne a été l'une des vedettes du concile à l'âge de 30 ans. C'est lui qui a entraîné Joseph Ratzinger à aller enseigner à Tübingen dans le Bade-Wurtemberg, mais leur amitié ne survivra pas à la contestation de 1968 où le professeur s'oppose à Rome sur la doctrine de l'Église et sur les rapports du catholicisme avec l'œcuménisme et la pensée moderne. Violent sur le plan intellectuel, il sera démis de sa chaire à l'université. Après des années d'isolement, Benoît XVI renoue avec lui en le recevant longuement à Castel Gandolfo, en septembre 2005. Le dialogue est cordial mais ne leur permet pas de partager la même vision de l'avenir de l'Église.

Langues officielles. L'italien et le latin sont les langues officielles de l'Église catholique et la langue juridique du Vatican. Le français est la langue diplomatique et l'allemand la langue de l'armée du Vatican, c'est-à-dire celle de la garde suisse.

Légat. *Legat a latere* ou simplement *Legat*, c'est un cardinal envoyé par le pape hors de Rome auprès d'un gouvernement, avec une mission spéciale et des pouvoirs extraordinaires pour régler une affaire précise. Il peut aussi être envoyé auprès d'une église particulière.

Légionnaires du Christ et **Regnum Christi**. Fondée en 1941 au Mexique par le père Marcial Maciel Degollado, cette congrégation est présente sur tous les continents mais surtout active en Amérique du Sud, au Mexique et aux États-Unis. Elle comprend 867 prêtres, 2 262 séminaristes et 124 paroisses. Les Légionnaires du Christ sont très actifs dans le domaine social, culturel et d'abord la presse et diffusent des informations sur www.zenit.org sur les activités du pape et du Saint-Siège notamment. Ils ont des universités, la plus connue est Regina Apostolorum à Rome, et les laïcs peuvent s'engager dans leur branche laïque Regnum Christi. La congrégation connaît depuis 1998 des scandales liés aux abus sexuels et des scandales financiers commis par son fondateur ainsi qu'un mode de fonctionnement trop secret et contraignant pour ses membres. C'est ainsi que, depuis juillet 2010, un délégué pontifical, le cardinal italien Velasio de Paolis, veille sur la congrégation.

Luciani, Albino. Né le 17 octobre 1912 à Canale d'Agordo, dans la province de Belluno, au nord de l'Italie – région qui donna six papes à l'Église au XXe siècle –, il est mort le 28 septembre 1978. Après avoir obtenu un doctorat de théologie et avoir été ordonné prêtre, puis évêque, il devient patriarche de Venise en décembre 1969 et prend trois années plus tard la vice-présidence de la

Conférence épiscopale italienne. Une marche vers le pouvoir. Paul VI le crée cardinal en mars 1973. Élu pape à 65 ans sous le nom de Jean-Paul Ier, le 26 août 1978, il décède d'un infarctus après seulement trente-trois jours de règne. Une mort subite et sans autopsie qui déclencha beaucoup de rumeurs… bien que les documents médicaux examinés pour son enquête canonique riche de cent soixante-sept témoignages confirment définitivement que Sa Sainteté n'a pas été tuée. Il n'eut que le temps d'inaugurer un nouveau nom de pape : en effet, c'est la première fois dans l'histoire de la papauté qu'un nom composé est utilisé, en hommage à ses deux prédécesseurs, Jean XXIII et Paul VI, mais aussi en souvenir de sa mère, employée dans la basilique Saint-Jean-et-Saint-Paul où reposent les doges de Venise. Issu d'un milieu très simple, Jean-Paul Ier a été le premier souverain pontife à avoir refusé la tiare à laquelle il préféra une simple mitre d'évêque.

Magistère. Tâche d'enseignement et autorité doctrinale du pape.

Maronites. Ils constituent la plus importante communauté chrétienne du Liban, l'une des Églises catholiques d'Orient et la seule à être restée fidèle à Rome depuis ses origines. Elle est née avec saint Maron, au Ve siècle, et rassemble de nos jours plusieurs millions de fidèles répandus à travers le monde. Comme toutes les Églises d'Orient en communion avec Rome, elle a évolué au cours des siècles avec son propre rite, plus flamboyant que le catholique.

Les maronites, avec une grande diaspora, ont vingt-trois diocèses et deux vicariats à New York, Paris, Sydney… qui dépendent du 77e patriarche d'Antioche et de tout l'Orient, Mgr Bechara Boutros Raï, élu le 15 mars 2011 par ses évêques réunis en conclave.

Messe. Cérémonie principale du culte catholique, avec la communion eucharistique.

Ministère. Le mot n'a pas ici le sens politique ou administratif habituellement employé dans le civil : il s'agit d'une mission confiée à un clerc au sein de l'Église afin d'assurer son unité. Telle, pour un prêtre, celle d'annoncer l'Évangile (par les sermons, le catéchisme), célébrer les sacrements, l'eucharistie ou le mariage, animer des communautés. Le ministère est d'abord un service et le pape n'échappe pas à cette règle : il est le « serviteur des serviteurs de Dieu ».

Miracles à Lourdes. La guérison inexpliquée de sœur Luigina Traverso, à Lourdes, en 1965, vient d'être officiellement reconnue comme miraculeuse par l'évêque de son diocèse à Casale-Monferrato (Italie). Salésienne, sœur de Don Bosco (ordre du Premier ministre actuel du pape qui ne serait pas étranger à cette décision), née en 1934 à Novi-Ligure (Piémont), la religieuse souffrait d'une paralysie de la jambe gauche avant de retrouver sa mobilité alors qu'elle avait reçu la communion sur un brancard. Cela porte à soixante-huit le nombre des miracles reconnus depuis 1858 dans les Hautes-Pyrénées, année des premières apparitions.

Monnaie. L'euro est la monnaie aussi utilisée au Vatican, depuis le 1er janvier 1999. L'État souverain peut néanmoins frapper ses propres pièces à hauteur maximale de 1 million d'euros par an.

Monseigneur. Titre porté par les évêques et l'aristocratie princière en France.

Monsignore. Appellation honorifique des prêtres ayant reçu le titre de prélat d'honneur du pape ou de chapelain de Sa Sainteté.

Montini, Giovanni Battista. Né à Concesio le 26 septembre 1897, mort à Castel Gandolfo le 6 août 1978. Nommé archevêque de Milan le 2 décembre 1954, créé cardinal lors du consistoire du 15 décembre 1958, Giovanni Montini s'impliqua beaucoup dans la préparation de Vatican II, puis fut élu pape le 21 juin 1963 sous le nom de Paul VI. Homme d'une vaste culture, diplomate, considéré à ses débuts comme novateur, il acheva brillamment le concile de Vatican II et pourrait être béatifié dans les mois à venir et fut le premier pape à voyager hors d'Italie et à prendre l'avion. En janvier 1964, il effectua un pèlerinage historique en Terre sainte. En décembre 1964, le congrès eucharistique de Bombay lui donne l'occasion de visiter le sous-continent indien victime d'une grande pauvreté. Enfin, il se rend en octobre 1965 à New York et prononce devant l'assemblée générale des Nations unies un discours historique où il proclame : « Plus jamais la guerre » et définit les contours de la politique internationale du Saint-Siège émancipée de tout pouvoir temporel. Il pourrait être béatifié par Benoît XVI à l'automne 2013 pour la clôture de l'année de la foi car le pape vient d'approuver ce décret de la Congrégation pour la cause des saints reconnaissant ses « vertus héroïques ».

Motu proprio. Littéralement, « de son propre chef ». Lettre apostolique rédigée par le pape de sa propre initiative.

Mule. Il ne s'agit pas, bien sûr, de l'hybride femelle engendrée par une jument et un âne, comme l'avait écrit Alphonse Daudet (1840-1897) dans *La Mule du pape*. C'est, depuis le XVIe siècle, le nom pompeusement donné aux souliers du Saint-Père, dont la tradition veut qu'il se chausse de souliers rouges dès son élection. Si, au fil du temps, ces « précieuses chaussures » ont été de velours ou de soie épaisse et si leur couleur a varié selon les habits liturgiques, elles sont maintenant faites sur mesure dans du chevrotin souple rouge sombre, dotées de semelles en caoutchouc. C'est Adriano Stefanelli qui vient spécialement de Novare pour chausser l'actuel souverain pontife.

Nonce. L'ambassadeur du pape auprès d'un gouvernement étranger est un évêque relevant directement du Saint-Siège, et plus précisément de la secrétairerie d'État, qui assure à la fois un rôle de liaison et d'unité entre le Saint-Siège et l'Église du pays où il est envoyé. Il établit aussi des listes de candidats locaux à l'épiscopat qu'il présente au pape et jouit dans ce domaine d'une véritable influence. Il a généralement l'honneur d'être traditionnellement reconnu comme le doyen du corps diplomatique du pays dans lequel il représente le souverain pontife.

Nonciature. La nonciature est le lieu où réside le nonce, l'ambassade du Saint-Siège. Jean-Paul II a plus que doublé le nombre de nonciatures en vingt-cinq ans : de 85 en 1978, date de son élection, elles sont aujourd'hui 174. En France, elle se situe au 10, avenue du Président-Wilson (Paris 16e), un hôtel particulier qui appartenait jadis à la famille Grimaldi, souverains régnants de Monaco.

Œcuménisme. Mouvement pour promouvoir l'unité de la famille chrétienne divisée en catholiques, protestants et orthodoxes.

Office. Messe, ou ensemble des prières et des cérémonies liturgiques.

Opus Dei. Seule prélature personnelle du pape, l'Opus Dei a longtemps suscité les polémiques les plus violentes en raison de sa proximité avec le régime de Franco, de son sens du secret et de son influence jugée excessive, notamment dans les médias. On a parlé de « secte », voire de « sainte mafia », mais le terme Opus Dei signifie « Œuvre de Dieu ». Cette prélature a été fondée à Madrid en 1928 par Josémaria Escríva de Balaguer – qui fut canonisé par Jean-Paul II en 2002 – afin de donner à ses membres, laïcs et ecclésiastiques, les moyens d'agir selon l'Évangile dans leur vie familiale, sociale, professionnelle ou politique. Il s'agit aujourd'hui d'une prélature personnelle, c'est-à-dire d'une circonscription ecclésiastique dédiée à un but précis. L'Opus Dei compterait près de quatre-vingt sept mille membres répartis dans quatre-vingt-dix pays. Le porte-parole du Saint-Siège sous Jean-Paul II, l'Espagnol Joaquín Navarro-Valls, en est un membre actif.

Ordres de chevalerie. Les ordres de chevalerie dépendant du Saint-Siège sont au nombre de cinq : l'ordre Suprême du Christ, l'ordre de l'Éperon d'Or, l'ordre de Pie IX, l'ordre de saint Grégoire le Grand et l'ordre de saint Sylvestre. En marge de ses propres « ordres », le Saint-Siège reconnaît l'ordre souverain militaire de Malte et l'ordre équestre du Saint-Sépulcre de Jérusalem.

Ordres religieux. Les principaux et plus anciens sont : les Bénédictins, fondés par saint Benoît (480-547). Les Cisterciens par saint Robert de Molesme (v. 1029-1111). Les Chartreux par saint Bruno (1030-1101). Les Prémontrés par saint Norbert (1080-1134). Les Dominicains par saint Dominique (1170-1221). Les Franciscains par saint François (1186-1226). Les Jésuites par saint Ignace (1491-1556). Les Réformatrices des Carmélites par sainte Thérèse d'Ávila (1515-1582). Les Lazaristes par saint Vincent de Paul (1581-1660). Les Petites Sœurs des Pauvres par sainte Jeanne Jugan (1792-1879). Les pères Blancs missionnaires d'Afrique et les sœurs Blanches ou sœurs missionnaires de Notre-Dame par le cardinal Lavigerie (1825-1892). Les Petits Frères et Sœurs de l'Évangile et les

Petites Sœurs du Sacré-Cœur, les Petits Frères de Jésus par Charles de Foucauld (1858-1916).

Osservatore Romano (L'). Le quotidien du Vatican est publié en italien, il compte vingt-cinq journalistes. Diffusé à partir de 15 heures, il en est tiré cinquante mille exemplaires. Des versions hebdomadaires en anglais, français, allemand, espagnol, polonais et portugais sont également éditées en cent mille exemplaires.

Palais pontifical. Principal édifice du Saint-Siège, il héberge les appartements du pape, mais aussi les bureaux de la curie, la Bibliothèque apostolique vaticane et une partie des musées du Vatican ; ces bâtiments grandioses de cinquante-cinq mille mètres carrés comprennent quelque mille quatre cents pièces.

Pallium. Ornement sacerdotal de laine blanche orné de six croix noires, porté durant les célébrations liturgiques par le pape, les primats et les archevêques. C'est un signe de collégialité dans l'Église.

Papabile. Se dit d'un cardinal susceptible d'être élu pape et figurant dans la liste des favoris.

Pape. Chef de l'Église catholique romaine, évêque de Rome, il est élu par les cardinaux sur le trône de saint Pierre. Le pape actuel, François, est son 266e successeur.

Pape noir. Surnom donné au supérieur général de la Compagnie de Jésus (les Jésuites) parce qu'il est vêtu de noir et, comme le souverain pontife, élu à vie.

Paroisse. Circonscription ecclésiastique.

Patriarche. Dans l'Église latine, le terme de patriarche ne désigne pas ici un homme âgé. Il s'agit d'un titre purement honorifique et historique, à la seule exception du patriarche latin de Jérusalem, l'un des patriarches catholiques orientaux qui, résidant dans cette ville, a juridiction sur les catholiques de rite latin d'Israël, de Jordanie et de Chypre, en majorité arabes. Son siège à Rome est la basilique Saint-Laurent-hors-les-Murs. Les titres de patriarche de Venise, de Lisbonne, des Indes orientales… honorent donc avec solennité les archevêques de ces villes sans leur attribuer de pouvoir supplémentaire.

Pénitencerie apostolique. Tribunal ecclésiastique habilité à donner l'absolution pour certaines fautes, avec l'aval du pape.

Préfecture de la Maison pontificale. Dirigée par un préfet nommé pour cinq ans, elle prépare toutes les audiences données par le Saint-Père et les visites qu'il reçoit. Elle organise aussi les cérémonies pontificales et les déplacements du pape hors de Rome. Pour participer aux audiences générales du pape, le mercredi, il faut écrire à la préfecture de la Maison pontificale (00120 – Cité du Vatican).

Préfet. Titre porté par un cardinal à la tête d'une congrégation.

Prélat. Titre conféré à un prêtre exerçant une fonction particulière au Vatican ou ailleurs.

Prélature. Circonscription ecclésiastique assimilée à un diocèse. Jean-Paul II a fait de l'Opus Dei la seule prélature personnelle de la papauté, soit un diocèse à l'échelle du monde, fondé sur des objectifs particuliers, qui doit agir en concertation avec les évêques locaux. C'est le statut qu'espère obtenir Mgr Bernard Fellay, à la tête de la Fraternité-Saint-Pie-X.

Prêtre. Ministre du culte, il célèbre l'eucharistie, baptise, marie, prêche, confesse, donne le sacrement des malades et enterre. On dit de lui qu'il a « charge d'âmes ». La règle du célibat sacerdotal s'applique depuis le XIe siècle. Elle s'étendra bientôt à tout l'Occident, malgré des îlots de résistance, tandis que le clergé catholique oriental peut vivre maritalement. C'est sous le pontificat de Grégoire VII, en 1074, que l'Église d'Occident décide de ne plus admettre d'hommes mariés au sacerdoce. Toute cohabitation avec une femme est proscrite sous peine d'être interdit de ministère. Cette règle n'engage ni le dogme ni la foi. On pense que le célibat et l'abstinence sont un moyen de ne pas apparaître comme moralement inférieur aux moines. Il n'y a pas vraiment d'explication rationnelle à cela.

Primat. Le titre de primat est accordé dans certains pays à un archevêque qui détient une primauté, parfois simplement d'honneur, sur le reste du Collège épiscopal. Mgr Barbarin, actuel primat des

Gaules, est donc sur le plan historique uniquement le premier archevêque de France avant celui de Paris. Cette primatie a été attribuée à Lyon, capitale de la Gaule, en vertu de l'ancienneté du siège datant de l'époque gallo-romaine (moitié du IIe siècle).

Primauté du pape et droit des patriarches. Le pontife romain possède la primauté sur toute la Terre en tant que successeur du bienheureux Pierre. L'ordre des quatre autres vénérables patriarches transmis par les canons est le suivant : le patriarche de Constantinople, puis celui d'Alexandrie, d'Antioche et enfin de Jérusalem.

Primus inter Pares. Ce terme latin désigne le « premier entre les égaux », à la fois le supérieur et le collègue des autres membres d'une organisation. Elle souligne la suprématie du souverain pontife sur l'ensemble des évêques et en particulier sur le patriarche orthodoxe de Constantinople, primat de l'orthodoxie.

Prince de l'Église. Cette expression désigne avec majesté, depuis la fin du XVIIIe siècle, les plus hauts dignitaires de l'Église catholique, c'est-à-dire les cardinaux de la Sainte Église apostolique et romaine.

Radio Vatican. Outre des bulletins d'information réguliers en cinq langues (italien, espagnol, français, anglais et allemand), l'émetteur du Saint-Siège diffuse chaque jour soixante-cinq heures d'émissions en quarante-cinq langues.

Relations internationales. Si le Saint-Siège entretient des relations avec les États, le Vatican est membre de multiples organisations internationales techniques : l'Union postale universelle, l'Union internationale des télécommunications, l'Organisation mondiale pour la propriété intellectuelle, l'Union pour la protection de la propriété industrielle, Intersat, Interpol.

Religions. Dans le monde, les religions se répartissent ainsi : chrétiens, 33 % ; musulmans, 20 % ; hindouistes, 13 % ; bouddhistes, 6 % ; animistes, 4 % ; juifs, 0,2 % ; autres religions asiatiques, 7 % ; autres religions, 2,8 % ; athées et sans religion, 14 %.

Rituel. Livre énumérant les cérémonies à observer dans l'administration des sacrements et la célébration des offices.

Roncalli, Angelo Giuseppe. Le bienheureux Angelo Giuseppe Roncalli vit le jour le 25 novembre 1881 à Sotto il Monte, près de Bergame. Élu pape le 28 octobre 1958 et « couronné », c'était alors encore le terme, le 4 novembre sous le nom de Jean XXIII, il convoqua le 2e concile œcuménique du Vatican, de 1962 à 1965, dont il ne vit pas la fin car il mourut le 3 juin 1963, deux mois après avoir achevé l'encyclique *Pacem in Terris*. Il a été béatifié par Jean-Paul II à l'occasion du Jubilé de l'an 2000. Né dans une famille de paysans modestes de quatorze enfants, dont il était le quatrième et premier fils, il entre au petit séminaire à 12 ans. Gravissant toute la hiérarchie, il sera notamment nonce à Paris, puis patriarche de Venise. Il est le premier pape à avoir pris le train, le 4 octobre 1962, pour traverser l'Italie et se rendre à Assise et à Lorette. Tout au long du parcours, des milliers de personnes lui réservèrent un accueil populaire très émouvant.

Rote. L'un des trois tribunaux du Saint-Siège. Ses bureaux sont situés hors les murs. Un palais qui bénéficie donc de l'extraterritorialité 1 piazza della Cancelleria. C'est un tribunal d'appel qui juge en deuxième instance les causes ayant été jugées par les tribunaux ordinaires, dont en particulier les demandes de reconnaissance de nullité de mariage. C'est également la juridiction d'appel du tribunal ecclésiastique de la cité du Vatican dont les juges instruisent en deuxième ou troisième instance les causes non administratives les affaires par rotation.

Sacré Collège. Assemblée composée de cardinaux qui assistent le souverain pontife dans ses décisions, assure le gouvernement en cas de vacance du pouvoir et élit le pape. Le Sacré Collège est actuellement composé de cent quatre-vingt-cinq cardinaux dont cent douze sont électeurs.

Saint. Personne qui, grâce à ses hautes vertus, est canonisée après sa mort, autrement dit reconnue par l'Église comme digne d'être vénérée. La première sainte sioux amérindienne canadienne Kateri Tekakwitha, morte en 1680, vient d'être canonisée le 21 octobre 2012.

Saint-Office. Érigée en tribunal, cette congrégation jugeait autrefois les cas d'hérésie liés à l'Inquisition. Elle est aujourd'hui remplacée par la Congrégation pour la doctrine de la foi.

Saint-Siège. Organe suprême de la souveraineté de l'Église, c'est lui qui noue des relations diplomatiques avec les États, qui a un statut d'observateur auprès de l'ONU et est reconnu par toutes les instances internationales.

Sa Sainteté. Titre de respect donné au pape.

Salésiens. Le souci de l'Église pour les jeunes en difficulté ne date pas d'hier : l'ordre des Salésiens a été fondé par Don Bosco le 26 janvier 1856 à Turin dans ce but. Ce prêtre piémontais avait un grand rayonnement auprès de la jeunesse : dès son adolescence, il organisa des spectacles dans son village, faisant l'acrobate sur un fil pour mieux parler de Dieu et inviter à réciter le chapelet. Il fut à l'origine de maisons d'accueil d'étudiants, de foyers pour jeunes ouvriers, de séminaires à vocations tardives et plaça son institut religieux sous le patronage de saint François de Sales. Dans le même esprit, il y ajouta l'institut féminin de Marie-Auxiliatrice, appelé plus communément les Salésiennes de Don Bosco. Ces communautés religieuses sont nombreuses à travers le monde. On compte de nos jours 14 885 salésiennes et 16 577 salésiens, présents dans les écoles et les cités difficiles. Le Premier ministre du Vatican, le cardinal secrétaire d'État Tarcisio Bertone, est salésien ; cela conforte naturellement la notoriété de l'ordre qui est présent au Vatican depuis le 2 octobre 1937 et a donc fêté récemment sur place son 75e anniversaire. C'est Pie XI qui, à l'époque, avait appelé des salésiens à la direction technique et administrative de la typographie polyglotte de *L'Osservatore Romano*.

SCV. Initiales pour *Stato delle Città del Vaticano* et plaque d'immatriculation des véhicules du Saint-Siège. La Mercedes et toutes les voitures personnelles du pape portent le numéro SCV 1, inscrit en lettres rouges.

Secrétairerie d'État. Dicastère de la curie romaine le plus proche du souverain pontife et chargé de l'assister dans l'exercice de ses charges. Elle est constituée de la section des Affaires générales et de la section des rapports avec les États. Un poste clé, car le secrétaire d'État est à la fois Premier ministre et ministre des Affaires étrangères du pape. Ses bureaux se trouvent au troisième étage du palais apostolique, c'est-à-dire le saint des saints puisque c'est dans ce bâtiment, au même étage, que vit le pape. Il peut donc s'entretenir avec le Saint-Père à l'abri des regards officiels et indiscrets…

Seguito (Il). C'est la suite du pape, qui diffère selon les circonstances et les déplacements. Suivent généralement son secrétaire particulier, le cardinal secrétaire d'État, le substitut, le maître de cérémonies liturgiques, quelques membres de la secrétairerie d'État, le directeur de Radio Vatican et celui de

L'Osservatore Romano. Des cardinaux en phase avec le lieu ou l'événement choisi et, sur un plan plus pratique, des gendarmes et gardes suisses, son majordome et ses médecins… mais cette liste n'est pas exhaustive.

Soutane. Cet habit ecclésiastique qui marque la patine du temps est surtout porté au Vatican lors des messes, cérémonies, et autres grandes occasions. Au quotidien, les prélats s'habillent surtout en clergyman, costume noir ou gris anthracite et chemise à col romain. Le pape porte une soutane blanche, celle des cardinaux est rouge, celle des évêques et des prélats est violette, et celle des prêtres noire. Les soutanes de couleur sont surtout réservées aux offices liturgiques et aux manifestations officielles. La soutane noire filetée de rouge ou de mauve est réservée aux cardinaux, évêques et prélats d'honneur pour eux sans croix.

Souverain pontife. Titre hérité de la Rome antique qui désigne le pape, successeur du siège de saint Pierre. Si l'on peut y voir une expression solennelle, on doit aussi considérer cette dénomination majestueuse comme un réel symbole ; le pape est celui qui jette des ponts, crée des liens entre les chrétiens et les Églises. (*Voir* Primus inter Pares.)

Synode. En grec, le mot signifie « avancer ensemble ». Il désigne une assemblée d'évêques ou d'ecclésiastiques qui vont réfléchir sur un thème particulier. Sorte de « concile en miniature », il peut s'intéresser à des sujets aussi divers que le rôle des prêtres, de la famille, la justice dans le monde, la célébration de la messe… Mais il y a aussi des synodes diocésains avec les clercs et des laïcs.

Telepace. Chaîne de radio et télévision créée en 1943 et reconnue par le Saint-Siège en 1948 en tant que chaîne de télévision catholique privée italienne, comme KTO en France.

Tiare. C'est le symbole flamboyant du pouvoir temporel du pape. Cette couronne, à mi-chemin entre le casque et l'obus, fut abandonnée par Paul VI qui la déposa solennellement, le 23 novembre 1964, sur l'autel de saint Pierre devant les pères conciliaires.

Tribunal de la Rote. La Rote (*voir cette entrée*) est surtout une cour d'appel des causes déjà jugées par les tribunaux ecclésiastiques, notamment les demandes en « nullité » de mariage. Les juges de la Rote sont nommés par le pape et le plus ancien d'entre eux préside les audiences.

Vatican. Pays souverain d'une superficie de quarante-quatre hectares, enclavé dans la ville de Rome et entouré de murs datant du Moyen Âge et de la Renaissance, l'État de la cité du Vatican (son nom officiel) est le plus petit État du monde. Créé en 1929 par les accords du Latran pour assurer une base temporelle à la souveraineté spirituelle du pape, c'est une théocratie dont le chef d'État est le Saint-Père, gouverneur de l'Église universelle. Outre la cité, le Vatican comprend une douzaine d'édifices situés à Rome : Saint-Jean-de-Latran, Sainte-Marie-Majeure, Saint-Paul-hors-les-Murs… ou en dehors (Castel Gandolfo), auxquels la République italienne accorde l'extraterritorialité et qu'avec un certain pragmatisme teinté d'humour Pie XI définissait comme « un petit lopin de terre bien utile au Saint-Siège ».

Le 11 octobre 1962, Jean XXIII ouvre le concile de Vatican II. Deux mille cinq cents évêques sont réunis pour se prononcer sur le dogme, la liturgie et la discipline. Une révolution pour les partisans du clan progressiste, un tremblement de terre pour les plus conservateurs, un nouveau souffle pour les théologiens, les intellectuels et une bonne partie des croyants. Un vent de réformes s'annonce, notamment pour la messe : l'autel, qui se tenait au fond du chœur, se dresse à présent à l'avant ; l'homélie était prononcée en chaire, elle se fera désormais au pupitre, proche de l'autel ; la messe, auparavant dite en latin, est maintenant prononcée dans la langue du pays ; le prêtre quitte ses habits faits d'ornements flamboyants, or, dentelles et surplus, pour porter une aube blanche et une étole de couleur différente selon les célébrations ; la consécration eucharistique pour laquelle les prêtres se tenaient dos aux fidèles, face au tabernacle, se donne à présent face aux fidèles, dos au tabernacle ; les femmes ne sont plus séparées des hommes et ne portent plus de mantille ou foulard sur la tête, et hommes et femmes sont ensemble ; alors que la communion se recevait devant la grille, à genoux, l'hostie déposée sur la langue, désormais on communie debout et l'hostie est déposée dans la main ou sur la langue ; la grille qui séparait le chœur des fidèles est supprimée.

Vicaire apostolique. Sorte de suppléant. Comme le pape est le vicaire de Dieu, le vicaire apostolique est le second de l'évêque ou le préposé au gouvernement d'un territoire de mission ayant vocation à devenir diocèse.

Vie apostolique. Le mot renvoie à l'expérience des apôtres qui ont connu le Christ et transmettent son message. Par extension, on désigne ainsi les religieux qui vivent au cœur du monde, par opposition aux religieux cloîtrés ou contemplatifs.

Vie contemplative. Venue d'un mot latin, l'expression de contemplation désigne l'adoration de Dieu. Ce sont des ordres religieux qui se retirent de la vie ordinaire, pour se consacrer totalement à la prière (Chartreux, Bénédictins, Trappistes, Carmélites, Clarisses...), qui témoignent de la vie contemplative. La carmélite sainte Thérèse de l'Enfant-Jésus en est l'une des figures emblématiques.

Visite *Ad limina apostolorum*. Le terme latin *ad limina* signifie étymologiquement « au seuil des apôtres ». Il désigne la visite que fait chaque évêque à Rome tous les cinq ans. Il est reçu avec les évêques de sa région ou de son pays par le Saint-Père au Vatican. Elle est d'abord un pèlerinage sur les tombeaux des apôtres Pierre et Paul.

Wojtyła, Karol. Né le 18 mai 1920 à Wadowice, en Pologne, mort le 2 avril 2005 dans la cité du Vatican. Premier pape étranger depuis 1522, l'élection de l'archevêque de Cracovie, le 16 octobre 1978, à l'âge de 58 ans, a été une surprise pour le monde entier et d'abord pour les Italiens. Le pontificat de ce souverain pontife polonais sera le plus long de l'Histoire, après celui de Pie IX, et aussi l'un des plus marquants. L'attentat du 13 mai 1981 ne réduira pas le dynamisme de ce pape voyageur qui effectua cent quatre déplacements à l'étranger. Socialement à gauche tout en restant attaché à la tradition, Jean-Paul II contribuera, c'était sa première ambition, à ouvrir grandes les portes de l'Église catholique et s'emploiera d'abord à visiter les églises locales plutôt qu'à administrer la curie. Inventif, médiatique, charismatique, mystique, on lui doit notamment les Journées mondiales de la jeunesse, la Rencontre interreligieuse pour la paix à Assise, la visite à la synagogue de Rome, le pèlerinage au mur des Lamentations à Jérusalem, le grand Jubilé de l'an 2000… Des gestes symboliques forts, tout comme ses « messes spectacles » rassemblant des millions de personnes à Rome et sur le reste de la planète. Jean-Paul II a aussi marqué son siècle et bouleversé le monde en contribuant à la chute du communisme et en relayant la révolte du syndicat Solidarność dans sa Pologne natale. Sa personnalité hors norme lui a valu d'être béatifié à Rome le 1er mai 2011, six ans seulement après ses obsèques, devant un million de pèlerins. Une première étape avant la canonisation !

Les recettes préférées du pape Benoît XVI[1]

Pâtes maison à l'italienne
Recette des sœurs

Ingrédients pour 4 personnes

400 g de farine blanche, 4 cuillères de parmesan râpé, 4 œufs, 2 courgettes, 10 tomates cerises, 1 fenouil, 1 noix de beurre, 1 cuillère à soupe d'huile, sel et poivre.

Préparation

* Faire une fontaine de farine avec au milieu les œufs. Travailler le tout jusqu'à obtenir une pâte lisse et sans grumeau. Laisser reposer.
* L'étaler ensuite soigneusement pour qu'elle soit très fine, puis la couper sur 40 cm de long et 4 mm de large. Une fois préparés, poser les spaghettis sur

1. Dont beaucoup proviennent de couvents.

une planche de bois inclinée afin qu'ils ne collent pas.

* Préparer ensuite la sauce avec les courgettes, les petites tomates et le fenouil. Les couper, puis les faire revenir quelques minutes avec la noix de beurre. Ajouter un demi-verre d'eau, couvrir et laisser frémir 15 minutes à la poêle.

* Pendant ce temps, faire cuire quelques minutes les pâtes fraîches dans une grande casserole remplie d'eau avec la cuillère à soupe d'huile bouillante afin qu'elles n'attachent pas.

* Mettre les spaghettis dans la poêle et mélanger avec la sauce. Saupoudrer de parmesan. Saler, poivrer. Servir immédiatement.

Œufs au fromage

Ingrédients pour 4 personnes

4 œufs, 2 cuillères de ricotta, 2 cuillères de pecorino (fromage de brebis sec), 1 grosse laitue romaine, 1 demi-scarole, 1 citron, huile d'olive extra vierge, sel et poivre.

Préparation

* Faire bouillir les œufs pendant 7 minutes. Les laisser refroidir, puis les écaler.

* Les couper en deux puis extraire délicatement le jaune.

* Dans une terrine, mélanger les jaunes avec la ricotta, le pecorino râpé, le sel et le poivre.

* Garnir les blancs avec le mélange.
* Laver la laitue et la scarole. Bien les essuyer et les couper en julienne.
* Assaisonner avec une émulsion d'huile d'olive et de citron, salée et poivrée.
* Présenter les œufs sur un plat de service accompagnés de salade.

Cassolette d'artichauts

Ingrédients pour 4 personnes

600 g d'artichauts tendres, 2 œufs, 1 boule de mozzarella, lait, 4 cuillères de parmesan, huile à frire, farine, 300 ml de sauce tomate, 1 oignon, 2 feuilles de basilic, 2 cuillères d'huile d'olive extra vierge, 30 g de beurre, sel.

Préparation

* Faire revenir dans une poêle l'oignon haché avec de l'huile et du beurre. Ajouter la sauce tomate avec une pincée de sel. Faire mijoter très doucement pendant 20 minutes.
* Ajouter le basilic coupé.
* Nettoyer les artichauts en ôtant les feuilles du bas et les barbes. Les couper en tranches très fines, puis les saupoudrer de farine. Les passer ensuite dans les œufs battus mélangés à un peu de lait.
* Faire dorer les tranches d'artichauts dans de l'huile très chaude.

* Dans un plat beurré, mettre la moitié des artichauts, une demi-boule de mozzarella coupée grossièrement, 2 cuillères de parmesan râpé et un peu de sauce tomate.

* Saler légèrement, puis étaler une seconde couche de la même préparation.

* Mettre au four à 200 °C pendant 20 minutes.

Flan de haricots verts

Ingrédients pour 4 personnes

500 g de haricots verts, 3 œufs, 30 g de beurre, 3 cuillères de parmesan, 2 cuillères de concentré de tomate, chapelure, sauce tomate fraîche, basilic, sel, poivre.

Préparation

* Nettoyer, laver et couper les haricots en deux. Les faire cuire à l'eau, en réservant une tasse d'eau de cuisson.

* Les faire revenir ensuite dans une poêle à feu vif avec le concentré de tomate, l'eau de cuisson, le beurre et une pincée de sel.

* Hors du feu, ajouter le parmesan en mélangeant, puis les œufs battus avec sel et poivre.

* Remplir 4 moules beurrés et saupoudrés de chapelure avec la préparation.

* Faire cuire au bain-marie pendant 15 minutes.

* Laisser reposer, puis renverser chaque moule dans une assiette décorée d'une sauce tomate fraîche et de basilic.

Carré d'agneau papal

Ingrédients pour 4 personnes

1 carré d'agneau d'environ 1 kg, 100 g de lard, 2 petits oignons, 1 cuillère de marjolaine, 2 anchois à l'huile, 1 citron non traité, 1 pincée de cannelle en poudre, 250 ml de vin blanc sec, 2 cuillères de concentré de tomate, sel et poivre.

Préparation

* Laver l'agneau, l'essuyer et le laver de nouveau avec le vin blanc.
* Dans une sauteuse, faire revenir le lard, les oignons et la marjolaine hachés.
* Ajouter le carré d'agneau salé et poivré. Le faire dorer de tous les côtés.
* Ajouter la purée de tomate délayée dans une tasse d'eau chaude.
* Faire cuire à l'étouffée pendant 40 minutes en remettant de l'eau si nécessaire.
* Pendant ce temps, faire fondre les anchois dans le jus de citron avec le zeste et la pincée de cannelle. Réserver la sauce au bain-marie.
* Napper le carré d'agneau de la préparation au moment de servir.

Côtelettes d'agneau

Ingrédients pour 4 personnes

2 côtelettes d'agneau par personne, 4 tranches de fromage de fontine, 4 tranches de jambon cuit, 2 œufs, 150 g de beurre, farine, chapelure, sel, poivre.

Préparation

* Battre les œufs dans un bol.
* Battre les côtelettes avec un pilon à viande.
* Les saler, poivrer et les saupoudrer de farine, puis les passer dans les œufs et ensuite la chapelure.
* Faire fondre le beurre dans une poêle et dorer les côtelettes d'un seul côté.
* Les ôter du feu, les retourner et couvrir le côté doré avec du sel, une tranche de jambon cuit et une tranche de fontine.
* Remettre sur le feu.
* Quand le fromage commence à fondre au-dessus des côtelettes, mettre le plat au four à 180 °C afin que la fontine soit dorée. Servir sans attendre.

Beignets de pommes

Ingrédients pour 4 personnes

160 g de farine, 4 œufs, 100 ml de lait, 80 ml de bière, 3 pommes, 50 g de beurre, 100 g de sucre, ½ cuillère à café de cannelle, sel, huile d'arachide.

Préparation

* Passer la farine au tamis avec 2 cuillères à café de sucre et de sel.

* Battre ensemble les œufs et le lait. Ajouter la bière et la farine et continuer à battre pour rendre le mélange homogène. Évider les pommes, les éplucher et les détailler en rondelles de 4 mm d'épaisseur. Les plonger dans le mélange en ajoutant de la farine si nécessaire.

* Mélanger 2 cuillères de sucre et la cannelle.

* Chauffer l'huile dans une poêle et plonger les beignets le temps qu'ils dorent de chaque côté.

* Les sortir et les éponger. Saupoudrer de sucre et de cannelle.

Pêches au sirop

Recette du sanctuaire de Sainte-Catherine-de-Sienne

Ingrédients pour 4 personnes

1,6 kg de pêches, 1 litre d'eau, 850 g de sucre, quatre bocaux à confiture.

Préparation

* Faire bouillir l'eau avec le sucre jusqu'à l'obtention d'un sirop pas trop épais. Laisser refroidir.

* Éplucher les pêches, les couper en deux, les

dénoyauter. Les disposer ensuite délicatement dans des bocaux. Fermer hermétiquement et mettre à bouillir au bain-marie pendant 3 minutes.

* Laisser les bocaux tiédir dans l'eau, puis les retourner sur une table.

* Attendre 48 heures avant de consommer.

Lait à la portugaise

Recette du sanctuaire de La Verna, à Ripatransone

Ingrédients

4 œufs, 8 jaunes d'œufs, 200 g de sucre, 1 litre de lait, 1 petit sachet de vanille en poudre.

Préparation

* Faire bouillir le lait dans une casserole, puis l'ôter du feu. Ajouter le sucre et la vanille, puis le laisser tiédir.

* Battre les œufs et les jaunes. Ajouter doucement le lait.

* Verser cette crème dans un moule à manqué et faire cuire au bain-marie pendant 1 h 30 (four à 200 °C).

* Servir avec du caramel liquide.

Tarte aux amandes

Ingrédients pour 4 personnes

250 g d'amandes pelées et moulues, 250 g de

sucre, 2 œufs, 100 g de farine, 100 g de beurre, 1 cuillère à café de levure, 1 citron non traité, sucre glace.

Préparation

* Bien mélanger le sucre et le beurre. Ajouter les jaunes d'œufs en continuant de mélanger avec la spatule pour obtenir une crème.

* Toujours en mélangeant, ajouter doucement la farine et la levure, passées ensemble au tamis.

* Monter les blancs en neige, puis les ajouter à la crème avec les amandes et le zeste du citron.

* Beurrer un moule et le saupoudrer de farine.

* Mettre au four à 180 °C pendant 30 minutes.

* Saupoudrer de sucre glace et servir.

Remerciements

Je remercie chez Plon mes éditeurs Muriel Beyer et Grégory Berthier-Gabrièle, qui m'ont laissé beaucoup de liberté.

Mes remerciements vont aussi à Olivier Royant, directeur de la rédaction de *Paris Match*, qui m'a permis de gérer mon temps et m'a toujours soutenue.

Au service photo, à son directeur, Guillaume Clavières, à Marc Brincourt et Jérôme Huffer.

Un grand merci également à Chantal Blatter, responsable de la documentation texte et à son équipe.

À Clément Vogt.

À Jean-Pierre Bouyxou et à Pascale Sarfati, pour leur révision.

À Rome, des mentions particulières à d'éminents cardinaux qui ont choisi le silence, mais qui se reconnaîtront, et au cardinal Tucci, pour son humour et ses lumières théologiques.

À Son Excellence Bruno Joubert, notre ambassadeur près le Saint-Siège.

À Bruno Bartoloni et Marco Politi, pour leur érudition vaticane.

À Sophie Pigozzi, pour son soutien italien.

À Paris, à son excellence Frédéric Baleine de Laurens, à Elisabeth Abbal, Clara Aubersón, Pierre Barillet, Olivier de Rohan, Gilles Martin-Chauffier, pour avoir veillé au poids des mots. À Jean-Pierre de Beaumarchais, pour ses idées.

À Marc Taïeb, pour son étude technologique au Vatican.

À Muriel Lanceleur-Simottel, pour ses recherches et sa relecture.

À Keira Alabouch, Madeleine Delvaque van Wœrkem, Omar Fawzi, Jean-Pierre Guillemin, Nadia Radovan, Malcy Ozannat, Christian Pottier, Andrée Socquet-Clerc.

Au personnel du Café de Flore, boulevard Saint-Germain, à Paris, qui a quotidiennement mis trois tables à ma disposition pour écrire.

À Antibes, à Vincent Dambrosio, à Patrice Dambrosio, pour son talent d'informaticien et son enthousiasme communicatif. À Christine Loiacono.

Aux photographes Alvaro Canovas, Jean-Claude Deutsch, Éric Vandeville, Philippe Petit, et à Bruno Bartoloni pour sa participation photographique furtive.

À Sylvain Maupu, pour la jaquette du livre.

À Muriel Lanceleur-Simottel, ma fidèle complice pour ses multiples talents et sa patience… angélique.

Et mon infinie tendresse à Marina et Cosima, mes filles, qui ont malgré elles partagé mes moments de stress et de mauvaise humeur. Je les remercie pour leur gaieté et leur soutien, ainsi que tous nos chiens, Joë, Sabrina, Daïla, Simca, Plume et Tommy qui par leur présence chaleureuse et leur agitation permanente ont accompagné mes longues soirées sans sommeil et m'ont ainsi aidée à rester éveillée pour travailler.

Crédits photographiques du cahier hors-texte

Page 1 : haut et milieu © Eric Vandeville, bas © AFP photo/*Osservatore Romano*/Francesco Sforza

Page 2 : haut © Sophie Pigozzi, milieu et bas © Eric Vandeville

Page 3 : haut et bas gauche © Eric Vandeville, bas droite © Eric Vandeville/Gamma/Gamma Rapho

Page 4 : haut gauche © Droits réservés, haut droite et bas © Eric Vandeville

Page 5 : première rangée © Eric Vandeville, Jean-Claude Deutsch ; deuxième rangée © Eric Vandeville, Jean-Claude Deutsch ; troisième rangée © Eric Vandeville ; quatrième rangée © Jean-Claude Deutsch, Eric Vandeville

Page 6 : haut © Eric Vandeville/Gamma/Gamma Rapho, milieu gauche © Jean-Claude Deutsch, milieu droite © Alessia Giuliani/CPP/CIRIC, bas © Droits réservés

Page 7 : haut © *Paris Match*, bas © Droits réservés

Page 8 : haut gauche © Droits réservés, haut droite © Philippe Petit, milieu © Bruno Bartoloni, bas gauche © Bruno Bartoloni, bas droite © Eric Vandeville

Page 9 : haut © Droits réservés, milieu © Bruno Bartoloni, bas gauche © Eric Vandeville, bas droite © Bruno Bartoloni

Page 10 : toutes les images © Droits réservés

Page 11 : haut © Eric Vandeville, milieu © Philippe Petit, bas © Philippe Petit, Eric Vandeville, Droits réservés

Page 12 : haut © Jean-Claude Deutsch, bas © Droits réservés.

La Cité du Vatican

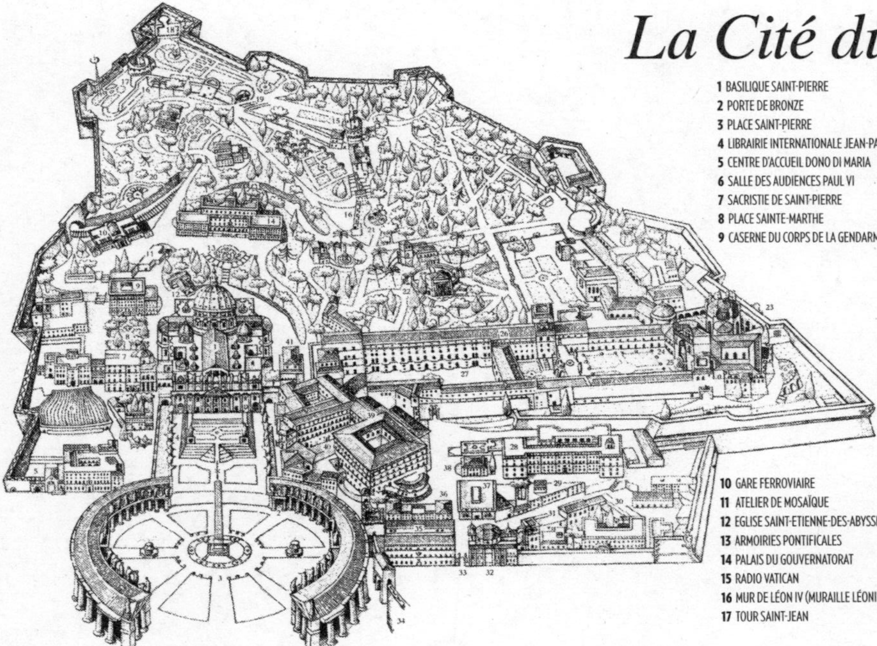

1 BASILIQUE SAINT-PIERRE
2 PORTE DE BRONZE
3 PLACE SAINT-PIERRE
4 LIBRAIRIE INTERNATIONALE JEAN-PAUL II
5 CENTRE D'ACCUEIL DONO DI MARIA
6 SALLE DES AUDIENCES PAUL VI
7 SACRISTIE DE SAINT-PIERRE
8 PLACE SAINTE-MARTHE
9 CASERNE DU CORPS DE LA GENDARMERIE
10 GARE FERROVIAIRE
11 ATELIER DE MOSAÏQUE
12 EGLISE SAINT-ETIENNE-DES-ABYSSINS
13 ARMOIRIES PONTIFICALES
14 PALAIS DU GOUVERNATORAT
15 RADIO VATICAN
16 MUR DE LÉON IV (MURAILLE LÉONINE)
17 TOUR SAINT-JEAN
18 HÉLIPORT
19 GROTTE DE LOURDES
20 JARDINS DU VATICAN
21 FONTAINE DE L'AIGLE
22 PAVILLON DE PIE IV
23 ENTRÉE DES MUSÉES DU VATICAN
24 PALAIS DU BELVÉDÈRE
25 COUR DE LA PIGNE
26 MUSÉES DU VATICAN
27 COUR DU BELVÉDÈRE
28 PHARMACIE VATICANE, CENTRE DE TÉLÉVISION ET SERVICE TÉLÉPHONIQUE
29 SUPERMARCHÉ
30 L'OSSERVATORE ROMANO
31 LABORATOIRE DE CONSERVATION ET DE RESTAURATION DU PATRIMOINE
32 EGLISE SAINTE-ANNE-DES-PALEFRENIERS
33 PORTE SAINTE-ANNE
34 PASSETTO DI BORGO
35 CASERNE DE LA GARDE SUISSE PONTIFICALE
36 BANQUE DU VATICAN
37 INTENDANCE ET LIBRAIRIE ÉDITRICE DU VATICAN
38 POSTE VATICANE
39 PALAIS APOSTOLIQUE DU VATICAN
40 COUR DE SAINT-DAMASE
41 CHAPELLE SIXTINE

Table des matières

Composé par Nord Compo
à Villeneuve-d'Ascq (Nord)

Imprimé en France par

CPi
BRODARD & TAUPIN

à La Flèche (Sarthe)
en janvier 2014

POCKET – 12, avenue d'Italie – 75627 Paris Cedex 13

N° d'impression : 3003920
Dépôt légal : février 2014
S24238/01